3수 문화의 세계관

3

동북아 모태문화
유라시아 모태문화

우실하 지음

소나무

3수 분화의 세계관

초판 발행일 2012년 2월 27일

지은이 | 우실하
펴낸이 | 유재현
출판감독 | 장만
편집 | 강주한
마케팅 | 박수희
디자인 | 박정미
인쇄·제본 | 영신사
종이 | 한서지업사

펴낸곳 | 소나무
등록 | 1987년 12월 12일 제2-403호
주소 | 121-830 서울시 마포구 상암동 11-9, 201호
전화 | 02-375-5784
팩스 | 02-375-5789
전자우편 | sonamoopub@empal.com
전자집 | www.sonamoobook.co.kr
책값 | 15,000원

ISBN 978-89-7139-576-9 93150

소나무 머리 맞대어 책을 만들고, 가슴 맞대고 고향을 일굽니다.

3수 분화의 세계관

The World View of Trichotomy

우실하 지음

부족한 저를 격려해주시고 최근 선종하신 장모님
(조화섭 사라: 1929. 4. 16~2012. 2. 6) 영전에 바칩니다.

목 차

여는 글 • 11

제1부 '3수 분화의 세계관'의 논리체계

제1장 | 동북아시아의 '문화적 문법' • 24

1. 무지개는 도대체 몇 색인가? • 24
2. 인식전환의 필요성과 동도동기론東道東器論 • 32
3. 동양의 문화를 만들어 온 '문화적 문법(Cultural Grammar)'들 • 34

제2장 | '3수 분화'와 '2수 분화'의 차이 • 40

1. '3수 분화의 세계관(1-3-9-81)'이라는 개념에 대하여 • 40
2. 『주역周易』과 '2수 분화의 세계관(1-2-4-8-64)' • 44
3. 양웅의 『태현경太玄經』과 '3수 분화의 세계관' • 52
4. 성세영의 『일청사고一晴私稿』·『부인경符印經』과 '3수 분화의 세계관' • 59
5. 유교는 왜 '3수 분화의 세계관'과 결별하였는가? • 72

제3장 | '3수 분화의 세계관'과 3·1철학 • 77

1. '하나이면서 셋이고, 셋이면서 하나'인 3·1철학의 특징 • 77
2. 도교에 대한 오해 • 78
3. 장군방의 『운급칠첨雲笈七籤』과 3·1철학 • 80
4. 『주역周易』과 3·1철학 • 86
5. 『한서漢書』「율력지律曆志」와 '태극원기 함삼위일太極元氣 函三爲一' • 94
6. 『천부경天符經』·『삼일신고三一神誥』와 3·1철학 • 98

제4장 | '3수 분화의 프랙탈fractal 구조'와 성수 3, 9, 81의 생성 • 103

1. 프랙탈 구조란 무엇인가? • 103
2. '3수 분화의 프랙탈 구조': 1→3→9→27→81 • 105
3. 기본 성수와 그 제곱수들이 성수가 된다 • 108
4. 『예기禮記』와 '3수 분화의 프랙탈 구조'의 제도화 • 114

제5장 | '3수 분화의 세계관'에서 성수 3, 9, 81의 상징적 의미 • 118

1. '변화의 계기수(Number of Chance for Change)' 3 • 119
2. '변화의 완성수(Number of Completing Change)' 9 • 127
3. '우주적 완성수(Number of Universal Completeness)' 81 • 133
   1) '구구九九' 와 '구십구九十九'는 다르다 • 134
   2) '구구九九' 개념에 대한 오류 • 136
   3) 성수 81(9×9)의 사례 • 143

제2부 '3수 분화의 세계관'의 기원과 확산

제6장 | '3수 분화의 세계관'의 기원과 환일幻日현상 • 164

1. 사진 한 장에서 풀린 의문들 • 164
2. '환일幻日'과 세 개의 태양 • 167
3. 동양의 사서史書에 기록된 환일현상 • 176
   1) 『삼국사기三國史記』와 『삼국유사三國遺事』에 기록된 2~3개의 태양 • 177
   2) 『고려사高麗史』에 기록된 2~3개의 태양 • 179
   3) 『조선왕조실록朝鮮王朝實錄』에 기록된 2~3개의 태양 • 181
   4) 중국 25사 중 『진서晉書』에 기록된 2~3개의 태양 • 184
4. 북방 민족의 신화와 설화에 보이는 환일현상 • 186
5. 세 가닥으로 꼬인 탯줄 • 187

제7장 | 홍산문화와 '3수 분화의 세계관'의 체계화 • 192

1. 요하문명에 대한 간략한 소개 • 192
2. 요하문명의 주도 세력은 누구인가? • 198
3. 홍산문화 유적·유물과 '3수 분화의 세계관'의 흔적들 • 201
   1) '하나이면서 셋이고, 셋이면서 하나'인 3·1신神 • 202
   2) 홍산문화의 삼공기三孔器와 세 개의 태양 • 204
   3) 삼계관三界觀, 천지인 삼재관三才觀, 원·방·각 관념 • 216
   4) 홍산문화와 성수 '3' • 226
   5) 홍산문화와 성수 '9'와 '81' • 230

제8장 | 북방 샤머니즘과 '3수 분화의 세계관' • 242

1. 북방 샤머니즘의 삼계구천설三界九天說과 우주수宇宙樹 • 242
2. 북방 샤머니즘과 3·1신神인 삼신三神 • 246
3. 북방 샤머니즘의 삼혼신앙三魂信仰, 삼혼일체설三魂一體說 • 248
   1) 유교의 음양혼백론陰陽魂魄論 • 249
   2) 북방 샤머니즘의 삼혼신앙三魂信仰, 삼혼일체설三魂一體說 • 251
      (1) 명혼命魂=생명혼生命魂=주혼主魂 • 253
      (2) 부혼浮魂=사상혼思想魂=유혼游魂 • 254
      (3) 진혼眞魂=전생혼轉生魂=전세혼轉世婚 • 261
4. 북방 샤머니즘과 성수 3, 9, 81 • 265
   1) 브리야트족 샤먼 입무入巫 의식 차나르Chanar • 266
   2) 북방 샤먼의 복식·기물·전설과 성수 3, 9, 81 • 268

제9장 | '3수 분화의 세계관'의 확산 가설: 동북아 모태문화에서 북방 유라시아 모태문화로 • 279

1. '3수 분화의 세계관'의 확산 가설 • 279
2. 북유럽 신화와 '3수 분화의 세계관' • 281
3. 글을 마치며 • 295

참고문헌 • 300
찾아보기 • 306

〈자료〉 목차

〈자료 1-1〉 프리즘을 통과한 가시광선의 색을 일곱 색으로 구별한 것 • 25
〈자료 1-2〉 전자기파電磁氣波의 범위와 인간의 가시광선可視光線 • 26
〈자료 1-3〉 2008년 동몽골 답사 때 찍은 쌍무지개 • 26
〈자료 1-4〉 음양론에 흡수된 '왜곡된 삼재론과 오행론' • 38
〈자료 2-1〉 『주역』에서 64괘의 생성 과정 • 48
〈자료 2-2〉 『주역』의 '복희 64괘 차서지도伏羲六十四卦次序之圖' • 48
〈자료 2-3〉 『주역』의 '복희 64괘 방위지도伏羲六十四卦方位之圖' • 49
〈자료 2-4〉 '복희 64괘 방위지도'를 괘卦 대신에 검정색과 백색의 칸으로 그린 것 • 50
〈자료 2-5〉 『주역』과 '복희 64괘' • 51
〈자료 2-6〉 양웅의 『태현경』과 81가家 혹은 81수首의 생성과정 • 55
〈자료 2-7〉 『태현경』의 81수 • 56
〈자료 2-8〉 『태현경』의 첫 수인 '중中'의 찬贊과 측測 • 57
〈자료 2-9〉 『태현경』에 보이는 일의 3과정, 9단계 • 58
〈자료 2-10〉 성세영의 「일화삼오단팔십일도一化三五段八十一圖」①방도方圖 • 61
〈자료 2-11〉 성세영의 「일화삼오단팔십일도一化三五段八十一圖」②원도圓圖 • 62
〈자료 2-12〉 성세영의 「일화삼오단팔십일도一化三五段八十一圖」③삼분도三分圖 • 64
〈자료 2-13〉 성세영의 「일화삼오단팔십일도一化三五段八十一圖」④외부적분 원도外附積分 圓圖 • 65
〈자료 2-14〉 성세영의 「구변삼화생성도九變三化生成圖」 • 66
〈자료 2-15〉 성세영의 「구변삼화도설九變三化生圖說」 • 66
〈자료 2-16〉 성세영의 '「일화삼오단팔십일도」삼분도'와 『주역』의 '복희 64괘 차서지도'의 비교 • 68
〈자료 2-17〉 성세영의 '「일화삼오단팔십일도」외부적분 원도'와 『주역』의 '복희 64괘 방위지도'의 비교 • 70
〈자료 3-1〉 『주역』의 삼재지도三才之道·삼극지도三極之道와 삼일태극三一太極 • 93
〈자료 3-2〉 『천부경』 81자 • 99
〈자료 4-1〉 '코흐 곡선'과 '시어핀스키 삼각형'의 프랙탈 구조 • 105
〈자료 4-2〉 프랙탈 구조의 비교: 코흐 곡선, 시어핀스키 삼각형, 음양론, '3수 분화의 세계관' • 107
〈자료 4-3〉 수메르의 '운명을 결정하는 일곱 신'(dingir-nam-tar-ra 7-bi) • 110
〈자료 5-1〉 한국 속담에 보이는 수의 상징 의미 • 120
〈자료 5-2〉 『몽골비사』에서 성수 3을 이용한 시간·거리 표현 (총 17회) • 126
〈자료 5-3〉 제주도 구구동九九洞의 위치 • 140
〈자료 5-4〉 몽골 게르의 형태와 81개의 우니Uni • 148
〈자료 5-5〉 신라 미추왕릉지구 계림로 14호분 출토 장식보검(보물 635호) • 150
〈자료 5-6〉 신라 장식보검(보물 635호)에 보이는 삼태극 문양의 수상數象 전개 • 150
〈자료 5-7〉 북경 천단天壇의 환구圜丘이 기년전祈年殿 모습 • 153
〈자료 5-8〉 북경 천단天壇의 한 가운데 천심석天心石 부분 • 154

〈자료 5-9〉 북경 천단天壇의 9층의 계단 • 155
〈자료 5-10〉 북경 천단天壇 환구圜丘의 난간 모습 • 155
〈자료 5-11〉 명나라 시대의 환구圜丘 • 157
〈자료 5-12〉 종서척縱黍尺의 3분 구조와 횡서척橫黍尺의 비교 • 158
〈자료 5-13〉『관자』「지원」에 보이는 5음 산출 과정과 5음의 순서 • 159
〈자료 5-14〉『사기』「율서」에 보이는 5음 산출 과정과 5음의 순서 • 160
〈자료 6-1〉 '환일幻日 현상'의 용어와 동양 사서史書에서의 표현 • 170
〈자료 6-2〉 환일현상에서 이론적으로 보일 수 있는 열개의 태양의 위치 • 171
〈자료 6-3〉 태양의 고도(0°~30°)에 따른 상단접호와 패리 호의 분리 • 171
〈자료 6-4〉 환일현상과 '3개의 태양': 2009년 2월 18일 미국 노스-다코다주 파고Fargo • 173
〈자료 6-5〉 환일현상과 '3개의 태양': 2005년 1월 22일 미국 미네소타주 뉴-우름New Ulm • 173
〈자료 6-6〉 환일현상과 '3개의 태양': 2011년 1월 8일 중국 장춘시長春市 • 174
〈자료 6-7〉 환일현상과 '3개의 태양': 2011년 4월 21일 한국 강원도 대관령 • 174
〈자료 6-8〉 환일현상과 '3개의 태양': 2011년 12월 20일 중국 내몽고 • 175
〈자료 6-9〉 환일현상과 '2개의 태양': 2007년 11월 14일 중국 하얼빈시哈爾濱市 • 175
〈자료 6-10〉 환일현상과 '2개의 태양': 2011년 5월 2일 한국 강원도 대관령 • 176
〈자료 6-11〉 탯줄 이미지의 분화과정과 새끼줄, 뱀, 탯줄의 상징체계 • 191
〈자료 7-1〉 요하문명, 황하문명, 장강문명의 비교 • 196
〈자료 7-2〉 요하문명, 황하문명, 장강문명의 위치 • 196
〈자료 7-3〉 요하 지역 주요 신석기, 청동기문화 • 197
〈자료 7-4〉 요하 지역 주요 신석기문화 분포 지역 • 197
〈자료 7-5〉 요하 지역 중요 홍산문화 유적지 분포도(▲) • 198
〈자료 7-6〉 신석기시대 4대 문화권 • 199
〈자료 7-7〉 동북아시아 지형도 • 200
〈자료 7-8〉 도소삼인상: 홍산문화 홍륭구 제2지점 21호 부장용 구덩이 출토 • 203
〈자료 7-9〉 쌍수수삼공기: 홍산문화 우하량 제16지점 2호묘 출토 • 205
〈자료 7-10〉 쌍인수삼공기: 홍산문화 우하량 제2지점 1호총 12호묘 출토 • 205
〈자료 7-11〉 삼공기: 홍산문화 나일사태 유적지 출토 • 206
〈자료 7-12〉 홍산문화 쌍련옥벽과 삼련옥벽 • 207
〈자료 7-13〉 왕홍력王弘力의『고전석원古篆釋源』에 보이는 '홍虹'자의 갑골문 • 210
〈자료 7-14〉 서중서徐中舒의『갑골문자전甲骨文字典』에 보이는 '홍虹'자의 갑골문 • 211
〈자료 7-15〉 동한시대 산동 지역 무씨사武氏祠 화상석畵像石의 쌍용수雙龍首 무지개 • 212
〈자료 7-16〉 홍산문화 객좌喀左 동산취東山嘴 유적에서 발굴된 쌍용수옥황雙龍首玉璜 • 213
〈자료 7-17〉 홍산문화 쌍수수황형기雙獸首璜形器: 중국 홍산옥기 전문가 서강 소장품 • 213
〈자료 7-18〉 홍산문화 쌍저수옥황雙豬首玉璜: 개인 소장품 • 214
〈자료 7-19〉 태양 고도가 낮을 때 '안쪽 햇무리'인 내훈內暈의 모습 • 215
〈자료 7-20〉 홍산문화 우하량 유적 분포도 • 217

〈자료 7-21〉 우하량 제2지점 제단 유적지 발굴조사 그림 • 218
〈자료 7-22〉 우하량 제2지점 3원 구조의 '원형 제단'과 그 복원도 • 218
〈자료 7-23〉 우하량 제2지점 전체 분포도와 제1단원 상세도 • 219
〈자료 7-24〉 우하량 유적지 제2지점 6개 단원의 특징 • 219
〈자료 7-25〉 홍산문화 시기의 삼계관을 보여주는 원구, 방단, 여신묘의 특징 • 220
〈자료 7-26〉 원형옥벽圓形玉璧: 홍산문화 우하량 제2지점 1호총 7호묘 출토 • 223
〈자료 7-27〉 방형옥벽方形玉璧: 홍산문화 초모산 제2지점 1호총 출토 • 223
〈자료 7-28〉 방원형옥벽方圓形玉璧: ① 우하량 제2지점 2호총 1호묘 출토 • 224
〈자료 7-29〉 방원형옥벽方圓形玉璧: ② 우하량 제2지점 5호총 1호묘 출토 • 224
〈자료 7-30〉 방원형옥벽方圓形玉璧: ③ 우하량 제2지점 16호묘 출토 • 225
〈자료 7-31〉 홍산문화 우하량 출토 쌍련옥벽雙連玉璧 • 225
〈자료 7-32〉 홍산문화 삼련옥벽三連玉璧 • 226
〈자료 7-33〉 여신묘 터와 복원도 • 227
〈자료 7-34〉 발굴된 실물 크기의 여신의 얼굴과 복원된 여신상 • 228
〈자료 7-35〉 발굴된 실물 1~3배 크기의 여신상 잔편들 • 229
〈자료 7-36〉 우하량 유적 여신묘 터에서 발견된 채색 벽화 잔편 • 230
〈자료 7-37〉 우하량 제1지점(여신묘)과 세 개의 신전神殿 터 • 231
〈자료 7-38〉 홍산문화 석인상: 파림우기巴林右旗 나일사태那日斯台 유적지 출토 • 233
〈자료 7-39〉 홍산문화 석인상: 이상윤 교수 소장품 • 234
〈자료 7-40〉 홍산문화 옥조신玉祖神: 중국 홍산옥기 전문가 서강 소장품 • 235
〈자료 7-41〉 대홍도발大紅陶鉢과 기좌器坐: 우하량 제2지점 부근 출토 • 235
〈자료 7-42〉 황강태 선생의 〈홍산문화옥석기정품전〉 전시장 앞에서 • 237
〈자료 7-43〉 9마리 옥저룡玉猪龍: 황강태 선생 소장품 • 237
〈자료 7-44〉 81마리 옥저룡으로 구성된 홍산문화 옥기: 황강태 선생 소장품 • 238
〈자료 8-1〉 유가의 영혼관 • 251
〈자료 8-2〉 『태을금화종지太乙金華宗旨』에 실린 「단공명심도端拱冥心圖」 • 258
〈자료 8-3〉 도관道觀에 전해오는 「수진도修眞圖」 • 259
〈자료 8-4〉 『삼재도회』에 보이는 명상하는 용수존자龍樹尊者 • 260
〈자료 8-5〉 『삼재도회』에 보이는 명상하는 나한존자羅漢尊者 • 261
〈자료 8-6〉 북방 샤머니즘의 삼혼신앙과 삼혼일체설 • 263
〈자료 8-7〉 몽골 샤먼의 모자 말르개малга: 몽골 역사박물관 소장 • 269
〈자료 8-8〉 샤먼의 웃옷 뒷면 상단의 헝히노르хонхинуур: 몽골 역사박물관 소장 • 270
〈자료 8-9〉 아홉 개의 홈이 파여진 몽골의 차찰Цацал, Tsatsal • 273
〈자료 8-10〉 여든한 개의 홈이 파여진 몽골의 차찰Цацал, Tsatsal: 박원길 박사 제공 • 275
〈자료 8-11〉 어룬춘(鄂倫春, Oroqen, Orochon)족의 9명의 조상신 • 275
〈자료 9-1〉 '3수 분화의 세계관'의 확산에 대한 우실하의 가설 • 281
〈자료 9-2〉 북유럽 신화의 삼계구층설에 따른 9층 세계 • 283

〈자료 9-3〉 켈트족의 3·1(Three in one)관념의 상징 도상들 • 292
〈자료 9-4〉『켈즈의 서(Book of Kells)』에 보이는 '셀틱 스피랄Celtic Spiral' • 293
〈자료 9-5〉 '셀틱 스피랄Celtic Spiral'과 음양태극, 삼일태극의 비교 • 294
〈자료 9-6〉 '3수 분화의 세계관(1-3-9-81)' 정리 • 298

| 여는 글 |

1. 인문학의 즐거움

최근 '인문학의 위기'라는 말이 자주 들린다. 누군가 우스갯소리로 경제가 어려워지면 가장 먼저 버림받는 학문 순서가 철학, 역사, 문학 등의 순서란다. 소위 인문학을 대표하는 문文, 사史, 철哲이다. 실제로 경제가 어려워지면서 관련 학과들이 통폐합되기도 했다. 역으로 먹고살 만하면 찾게 되는 순서도 역시 문, 사, 철이다. 먹고살기에 급급할 때는 '나와는 상관없다'고 생각했던 것들이 결국 삶의 질과 자신의 정체성을 위해서 스스로 찾게 된다는 것이다.

특별한 이론을 통해서 보지 않아도 세상은 본디 모습대로 존재하고 또 절로 흘러간다. 수요 공급 곡선, 마르크스의 자본론, 뉴턴이나 아인슈타인의 이론, 음양오행론 등을 몰라도 세상은 본래 그런대로 돌아간다. 하지만 '왜' 그렇게 흘러가는지를 일목요연하게 설명할 수가 없다. 수많은 사건과 현상들이 '왜' 그런지를 나름대로 설명하는 틀이 인문과학이나 사회과학의 이론이다.

우리 속담에 '구슬도 꿰어야 보배'라는 말이 있다. 흩어져 있는 하나하나의 구슬들을 실에 꿰어야 아름다운 목걸이가 된다는 것이다. 필자는 인문 사회과학의 즐거움은 이곳저곳에 별 연관 없는 듯이 흩어져 있는 구슬들을 하나의 실에 꿰어 목걸이를 만드는 것이라고 본다. 이 목걸이가 바로 인문 사회과학의 이론이다. 이런 이론적 틀을 통해서 보면 뿔뿔이 흩어진 낱개의 현상들이 연관되어 읽히고, 세상을 이해하는 새로운 시각이 생기는 것이다.

이 책에서 필자는 우리나라를 비롯한 북방 민족들의 기층문화 이곳저곳에 흩어진 수數와 관련된 현상과 자료들을 하나로 꿸 수 있는 필자 나름의 이론적 틀을 제시하고자 한다. 독자들도 이 책을 읽어가면서, 필자가 어떤 구슬들을 어떤 실로 꿰어서 얼마나 아름다운 목걸이를 만들었는지 살펴보면서 인문학의 즐거움을 느낄 수 있기를 바란다.

2. 주제 중심의 연구

1980년대 이후 많은 학자들의 논문 말미에는 "이제는 진정으로 학제간 연구가 필요하다"거나 "21세기에는 학문간 융합이 필요하다"는 제안을 많이 한다. 자신은 하지 못하지만 필요하다는 것이다.

하지만 실제로 특정한 의문을 풀기 위해서 학문의 경계를 넘나들며 쓴 책은 출판 분야 표기부터 헷갈리고, 이런 논문은 실을 곳도 마땅치 않다. 심하면 "저 사람은 도대체 전공이 뭐야?" 하며 비아냥거림을 당하기 일쑤다. 그렇게 비아냥거리는 사람들도 논문 말미에서는 학제간 연구나 학문간 융합의 필요성을 말하고 있으니 참으로 아이러니한 일이다.

필자가 학문의 길에 들어서면서 지속적으로 파고들었던 화두는 '한국 문화와 사상의 원류'를 밝히는 것이었다. 필자의 연구실에 오는 사람들은 필자의 전공이 무엇인지 다시 한 번 묻는 사람들이 많다. 필자의 연구실에는 사회사상, 문화이론, 종교사회학 분야의 사회학 서적을 비롯하여, 한·중·일·몽골의 역사학, 고고학, 미술사, 음악사, 철학, 종교학, 민속학 등 관련 분야의 책들이 일반인이 보기에는 어지럽게 섞여 있기 때문이다. 이런 잡학적 성격은, '한국 문화와 사상의 원류'를 밝히려는 주제 중심의 연구가 어느 한 분야의 연구만으로는 불가능했기 때문이다.

꼬리에 꼬리를 무는 질문에 스스로 답을 찾기 위해서는 수많은 인접 학문의 성과와 관점들도 필요하고, 오랜 기간의 밑그림도 필요하다. 하지만 오랜 밑그림을 바탕으로 꼬리를 무는 질문에 차근차근 답을 찾아가며 나름대로의 이론적 틀을 완성해가는 과정 자체가 학문하는 즐거움이다. 이런 과정의 끝에서 자신만의 시각, 자신만의 이론이 만들어지는 것이다. 후학들에게 필자는 학문을 할 때는 궁금한 것과 풀고 싶은 의문이 무엇인지를 분명히 하고, 그 주제를 깊이 있고 폭넓게 연구하라고 조언한다. 그래야 자기 나름의 이론을 만들 수 있기 때문이다.

3. 한국과 중국의 숫자에 대한 인식 차이

중국에서는 한대漢代 이후 2,000여 년 동안 유교를 국가의 중심적인 사상으로 받아들인 이후 '3수 분화의 세계관'은 점차 비주류로 밀려나게 된다. 유교는 모든 것이 '2수 분화의 세계관'에 입각한 논리로 구조화된다. 이를 통해서, '천지인天地人 합일'은 '천인天人 합일'로 축소된다. 또 유가 계통에서는 군자君子와 소인小人, 인심人心과 천심天心, 도道와 기器, 이理와 기氣 등의 대립적 개념들을 생산해 낸다.

현재 중국에서는 요리나 술을 시킬 때에도 두 개, 네 개, 여섯 개, 여덟 개, 열 개 등 어김없이 짝수로 시킨다. 결혼식의 축의금도 200위엔, 400위엔 등 짝수로 낸다. 3자가 들어간 것은 특별히 꺼리는데, 이것은 3의 중국어 발음이 '싼[sān]'으로 '흩어질 산散'자의 발음 '싼[sǎn]'과 비슷하기 때문이다.

우리나라에서는 이와는 반대로 술을 시킬 때나 축의금을 낼 때도 모두 1, 3, 5, 7, 9 등 홀수를 사용하며, 특별히 3자를 무척 좋아한다. 우리나라의 경우는, '3수 분화의 세계관'을 바탕으로 한 전통적인 선도仙道, 풍류도風流徒의 사유체계가 불교와 습합되면서 독특한 신불교神佛敎(유동식 교수의 개념)의 모습으로 지속되어 왔다. 조선시대 이후 유교가 국가 이데올로기로 자리하면서 과거의 모습들이 많이 훼손되기는 했지만, 중국에 비하면 많은 것들이 기층문화에 남아 있다.

4. '세 개의 태양'과 3·1신神

3(3=1), 9(3×3), 81(9×9)을 성수聖數로 사용하는 '3수 분화의 세계관(1–3–9–81)'은, (1) '하나이면서 셋이고, 셋이면서 하나'라는 3·1철학의 본체론적 논리와, (2) '하나에서 셋'으로 지속적으로 분화되는 '3수 분화의 프랙탈 fractal 구조'를 지니고 있다. 결국 '3수 분화의 세계관'의 가장 핵심적인 논리는 '하나이면서 셋이고, 셋이면서 하나'인 3·1이라는 관념체계라고 할 수 있다.

필자는 '3수 분화의 세계관'이라는 사유체계를 연구해 오면서 북방 샤머니즘을 공유하고 있는 많은 민족들의 기층문화에 3, 9, 81이라는 성수가 반복적으로 사용되고 있음을 많은 글과 책을 통해 발표하면서도 풀지 못한 수수께끼가 있었다. 지난 20년 이상 필자의 머리 한 구석을 차지하고 있던 그 수수께끼 같은 질문은 꼬리에 꼬리를 물며 해결되지 않는 채 남아 있었다. 꼬리를 무는 질문들은 다음의 몇 가지로 정리할 수 있다.

·'왜' 하나이면서 셋이고, 셋이면서 하나일까?
·이 세상에 '하나이면 동시에 셋'인 그 무엇인가가 실제로 있을 수 있는가?
·북방 샤머니즘에서 3·1신 관념이 있었다면, 고대인들이 실제로 관찰 가능했던 '하나이면서 셋이고, 셋이면서 하나'인 그 무엇인가가 있지는 않았을까?
·고대인들이 '하나이면서 셋이고, 셋이면서 하나'인 관념을 하나의 사유 체계로 정리할 수 있을 만큼 강력하고 실제적이며 반복적인 경험은 무엇이었을까?

20년이 넘게 지녀온 이 모든 의문을 한꺼번에 해결한 것은 신문에 실린 한 장의 사진 때문이었다. 인터넷 「서울신문 나우뉴스」 2010년 1월 10일자에는 〈종말 징조? 태양이 3개로 보이는 '환일현상' 포착〉이라는 짧은 기사가 실려 있었다. 기사의 사진을 보는 순간 그토록 고민하던 필자의 의문들이 한순간에 풀렸다. 세 개의 태양이 뜨는 '환일현상'이었다. 필자는 그때 처음으로 환일현상의 사진을 보았다. 기사를 쓴 기자도 처음 보는 것인지 '종말의 징조'라는 다소 충격적인 제목을 달았다.

공기 중의 얼음입자에 태양빛이 굴절되어 본래의 태양 좌우에 두 개의 가짜 태양이 함께 떠오르는 현상을 환일幻日(Sun dog, Sundog, Mock Sun, Parhelion)현상이라고 한다. 기상학자들에게는 잘 알려진 현상이지만, 일반인들에게는 낯선 개념이다. 태양의 좌우에 두 개의 가짜 태양이 나타나는 특이한 기상현상은, (1) 우리말로는 '여러 개의 해'를 의미하는 '무리해', (2) 한자로는 '가짜 태양'이라는 의미의 환일幻日, (3) 영어권에서는 '썬독Sun dog'(또는 Sundog) 혹은 '모크 썬Mock Sun'(가짜 태양), (4) 과학 용어로는

'파히리온Parhelion'이라고 불린다. 환일현상은, (1) 위도가 높아서 기온이 차고, (2) 습도가 많으며, (3) 초원이나 평지 지역에서 자주 관찰된다.

세 개의 태양이 동시에 관찰되는 환일현상은 필자의 모든 고민과 질문을 한 번에 해결하는 실마리가 되었다. 이제까지 연구한 것들을 정리해서 '3수 분화의 세계관'을 체계적으로 소개하는 책을 낼 수 있겠다는 생각이 들었던 것도 이때였다. 2010년 이후 1년 가까이 환일현상에 대한 각종 자료들을 모으고 동양의 사서史書들을 뒤져보니 과거에도 중국이나 한국에서 5~10년 주기로 반복적으로 관찰되었다는 점도 알게 되었다. 이 책을 집필하고 있던 2011년 4월 21일과 5월 2일에는 우리나라 대관령 지역에서도 두 차례나 환일현상이 관찰되었다(제6장 참조).

그리고 환일현상은, 위도가 높고 기온이 낮은 평지 지역일수록 잘 일어난다는 것도 알게 되었다. 이런 조건은 북방 샤머니즘 지역과 거의 일치하는 조건들인 것이다.

필자는 '3수 분화의 세계관'의 가장 핵심적인 논리인 '하나이면서 셋이고, 셋이면서 하나'인 3·1이라는 관념체계의 기원이 바로 '3개의 태양'이 뜨는 '환일현상'에 있다고 보고, 이와 관련한 글을 학회에서 발표하고 그 결과들을 정리한 논문 2편을 발표하였다.*

원시시대 이래로 오랫동안 태양은 세계 어느 문화권에서나 신神 곧 태

---

* 우실하, 「'3수 분화의 세계관(1-3-9-81)'의 기원과 홍산문화: 홍산문화에 보이는 성수(聖數) 3, 9, 81을 중심으로」, 비교민속학회, 『비교민속학』 제44집(2011. 4), 11-61쪽. 이 글의 초고는 〈비교민속학회 2010 추계학술대회〉(2010. 11. 27 한남대)에서 처음 발표한 바 있다.
______, 「홍산문화 옥저룡(玉猪龍)·쌍수수황형기(雙獸首璜形器)·쌍수수삼공기(雙獸首三孔器)의 상징적 의미와 '환일(幻日: Sundog)' 현상」, 동아시아고대학회, 『동아시아고대학』 제24집(2011. 4), 63-133쪽. 이 글의 초고는 〈제42회 동아시아고대학회 학술대회〉(2010. 12. 3 인하대)에서 발표되었다.

양신太陽神이었다. 태양신인 태양이 어느 날 갑자기 세 개가 되어 떠오른다는 것은 형용하기 어려운 충격이었을 것이다. 세 개의 태양이 떠오르는 것을 본 고대인들은, 하나의 태양 안에 이미 세 개의 태양이 내재되어 있는 것으로 여겼을 것이다.

필자는 '하나이면서 셋'인 태양신에서 출발한 것이 북방 샤머니즘을 공유한 지역에서 공통으로 보이는 3·1신神 관념이고, 이를 논리화, 철학화한 것이 3·1철학이라고 본다. 뒤에서 보겠지만 1980년대 이후 요서 지역에서 새롭게 발견되고 있는 신석기시대 홍산문화紅山文化에서는 이런 사유체계가 최초로 체계화된다.

5. '3수 분화의 세계관(1-3-9-81)'에 대한 개괄적 소개

세계 여러 문화권에서 숫자 3은 신성한 상징을 지닌 보편적인 성수聖數이다. 삼위일체의 신도 여러 문화권에서 동시에 보인다. 하지만 3의 제곱수인 9(3×3), 9의 제곱수인 81(9×9)이 동시에 성수가 되는 것은 북방 샤머니즘의 고유한 사유체계이다.

필자는, (1) '하나이면서 셋이고, 셋이면서 하나'인 3·1(Three in One)관념을 바탕으로 한 3·1철학을 '본체론적인 논리'로 지니고, (2) 하나에서 둘을 거치지 않고 셋으로 지속적으로 분화되는 '3수 분화의 프랙탈 구조'에 기초한 '우주론적 자기 전개의 논리'를 지니며, (3) 이 과정에서 탄생하는 3, 9(3×3), 81(9×9)이 특별한 상징성을 지닌 성수로 사용되는 북방 샤머니즘의 일련의 사유체계를 '3수 분화의 세계관'이라고 부른다.

'3수 분화의 세계관'이 후대에 논리화, 철학화 된 것이 도가道家나 신선사상神仙思想, 선도仙道 계통에서 잘 정리된 소위 '3·1철학'이다. '3·1철학'에서는 '하나이면서 셋이고, 셋이면서 하나'임을 강조하고 논리 전개의 출발점으로 삼는다. 이것은 도교, 신선사상 계통의 저서들에 잘 나타나 있는데, (1) 11세기 송대宋代 장군방張君房이 편찬한 도교道敎 교리의 개설서인 『운급칠첨雲級七籤』, (2) 노자老子의 『도덕경道德經』, (3) 한대漢代의 도교 경전인 『태평경太平經』, (4) 전한대前漢代 양웅揚雄의 『태현경太玄經』, (5) 한국의 대종교大倧敎 교인 성세영成世永의 『일청사고一晴私稿』와 『부인경符印經』등에 잘 남아 있다.

'2수 분화'와 '3수 분화'의 차이는 하나에서 둘로 분화되느냐, 셋으로 분화되느냐의 차이이다. '2수 분화'의 논리는 1기氣가 음양陰陽으로 지속적으로 분화되는 음양론으로 대표될 수 있다. '3수 분화'의 논리는 1기가 3기로 분화되는 체계로 도가나 선도 계통의 저서들에 잘 남아 있다.

북방 샤머니즘에서 사용되는 성수는 3, 9(3×3), 81(9×9) 이외에도 북두칠성과 관련된 성수 7이나 13 등이 있다. 그러나 7, 13 등의 성수는 '3수 분화의 세계관'과는 다른 기원을 지닌 것이기 때문에 이 책에서는 상세히 다루지 않을 것이다.

이 책은 그동안 '3수 분화의 세계관'에 대한 필자의 연구를 정리하는 첫 번째 책으로 주로 '3수 분화의 세계관'의 논리체계와 기원 그리고 그 확산 과정을 다양한 분야의 자료를 통해서 살펴본 것이다. 이를 바탕으로 한 각 지역별, 각 분야별 연구 결과들은 후속의 책들로 선보일 것이다.

필자는 이 책을 통해서 고대 북방 샤머니즘의 고유한 사유체계인 '3수 분화의 세계관(1-3-9-81)'의 모습을 다양한 측면에서 제시하였다. 그 내용들을 먼저 간단히 소개하면 아래와 같다.

첫째, '3수 분화의 세계관'을 이루는 가장 핵심적인 논리인 '하나이면서 셋이고, 셋이면서 하나'라는 3·1관념은, 고대인들에게 신으로 여겨졌던 태양(太陽神)이 세 개가 떠오르는 '환일幻日현상'에서 기원한 것이다.

이러한 3·1관념을 일상생활에서 지속시킬 수 있었던 것은 '세 가닥으로 꼬인 탯줄'을 통한 반복적 경험이다. 생명줄로서 탯줄은 '탯줄-새끼줄-뱀'으로 그 의미 영역을 확대해 간다.

둘째, '3수 분화의 세계관'이 최초로 체계화된 것은 요하문명의 핵심적인 신석기문화인 홍산문화紅山文化(BC 4500~BC 3000) 시기, 특히 후기(BC 3500~BC 3000)이다.

셋째, '3수 분화의 세계관'은 기본적으로 우주를 3층, 9층으로 나누는 삼계구천설三界九天說과 그 여러 층의 세계들을 연결하는 우주수宇宙樹 관념을 통해서 우주를 이해하고 있다.

넷째, '3수 분화의 세계관'은 '하나이면서 셋이고, 셋이면서 하나'라는 3·1관념에 입각한 3·1철학을 본체론으로 지니고 있다.

다섯째, '3수 분화의 세계관'은 3·1관념을 바탕으로 하나에서 셋으로 지속적으로 분화하는 '3수 분화의 프랙탈 구조'를 우주론적 자기 전개의 논리로 지니고 있다.

여섯째, '3수 분화의 세계관'에서는 '3수 분화의 프랙탈 구조'라는 우주론적 자기 전개의 과정에서 생성된 수들 가운데, (1) 3은 '변화의 계기수(Number of Chance for Change)', (2) 9(3×3)는 '변화의 완성수(Number of Completing Change)', (3) 81(9×9)은 '우주적 완성수(Number of Universal Completeness)'라는 상징성을 지닌 성수聖數로 사용된다.

일곱째, '3수 분화의 세계관'은, (1) 동북아시아에서는 선도, 신선사상, 도가, 도교, 풍류도, 대종교, (2) 북유럽에서는 켈트족의 드루이드교 Druidism 등으로 철학화 혹은 종교화되었다.

여덟째, '3수 분화의 세계관'의 핵심 논리인 '하나이면서 셋이고, 셋이면서 하나'인 3·1관념은, (1) 동북아시아에서는 삼일태극도三一太極圖로, (2) 북유럽에서는 켈트족과 드루이드교를 중심으로 사용되던 트라이스켈 Triskel, 트리플 스피랄Triple spiral, 트라이퀴트라Triquetra(Triqueta), 오윈Awen, 세 잎 크로버 샴록Shamrock, 트리플-트리플 스피랄 Triple-Triple Spiral 등으로 도상화된다.

아홉째, '3수 분화의 세계관'은, (1) 홍산문화(BC 4500~BC 3000) 후기(BC 3500~BC 3000)에 최초로 체계화되어, (2) 북방 샤머니즘 안에 잘 보존되어 있으며, (3) 북방 유라시아 초원 루트를 통한 민족과 문화의 이동, 교류, 전파를 통해서 중앙아시아 샤머니즘, 북유럽 신화, 고대 켈트족의 드루이드교 등을 통해 이들의 기층문화에 남아 있고, (4) 몽골리안 루트를 따라 간헐적으로 이동이 이루어진 남북 아메리카 지역까지 전승되었으며, (5) 기원전 2,000~1,500년 대대적인 고대 아리안족의 남방 이동으로 이들이 점령한 인더스 문명 지역에도 일부 전승되었고, (6) 한반도 쪽으로 내려오면서 선도와 풍류도 그리고 대종교 등 각종 민족종교와 기층문화에 전승되었으며, (7) 중국 쪽으로 남하하면서 신선사상, 도가, 황노학, 도교 등과 기층문화에 전승되었다.

북방 유라시아 초원 벨트에서 공유되던 '3수 분화의 세계관'은, 고대 북유럽의 여러 민족들의 이동과 교류를 통해 프랑스 남부 갈리아 지역이나 스페인 지역까지도 일부 전승되어 있다. 이 책에서는 전파과정과 관련하여 북유럽 신화와 고대 켈트족 전설 등을 통해서 북유럽 지역에 남겨진 흔적들만을 간단히 살펴보았다. 기타 지역에 남겨진 명백한 흔적들에 대해서도 필자는 이미 연구를 시작했고 많은 자료들을 찾았다. 그 결과는 이어지는 책들을 통해서 선보일 것이다.

6. 우실하 바이러스(?)

필자는 20년을 넘게 '3수 분화의 세계관'에 대해서 연구하면서 무엇을 보든 숫자를 세는 버릇이 생겼다. 한국, 중국, 일본, 몽골을 돌아다니며 각종 유적과 유물에 장식된 문양의 숫자를 세거나, 신화나 전설에 등장하는 수의 상징성을 꼼꼼히 보는 버릇이 생긴 것이다. 특히 3, 9, 81과 연결된 수를 발견하면 다시 한 번 꼼꼼히 살피고 문헌을 뒤지는 것이 몸에 익어 있다.

'3수 분화의 세계관'과 관련한 강좌에서는 수강하는 학생들에게 우리나라의 서원, 향교, 사찰 등을 답사하고 음양태극이나 삼일태극 문양의 형태나 유형을 조사하는 과제를 내준다. 한 학기 강의를 듣고 답사까지 마친 학생들은 하나같이 '무엇을 보든 숫자를 세는 버릇'이 생겼다고 한다. 이런 현상에 대해서 학생들은 당시 유행하던 '베토벤 바이러스'라는 드라마에 빗대어, '우실하 바이러스'에 걸렸다고 하면서 웃었던 기억이 새롭다. 필자의 숫자 세는 버릇이 자신들에게 전염(?)되었다는 것이다.

이 책을 꼼꼼하게 읽은 독자들도 '우실하 바이러스'에 걸릴지 모른다. 아니 걸리기를 바란다. 그러나 '우실하 바이러스'는 우리나라를 포함한 동북아시아와 드넓은 유라시아의 기층문화를 이해하고 해독할 수 있는 유쾌한 바이러스, 진정한 바이러스다.

한국, 동북아시아, 북유럽 기층문화의 심층구조를 형성하고 있는 숫자 3을 비롯한 9(3×3), 81(9×9) 등의 상징성은 북방 샤머니즘의 사유체계인 '3수 분화의 세계관'을 바탕으로 하고 있다. '우실하 바이러스'에 감염된 많은 독자들이 생겨나서 '3수 분화의 세계관'을 바탕으로 유라시아의 문화적 산물들을 새롭게 살펴본다면 필자가 미처 보지 못했던 많은 흔적들을 새롭게 발견할 수 있을 것이다.

'우실하 바이러스'에 걸린 많은 분들이 새롭게 발견한 것들은 필자 홈페이지(www.gaonnuri.co.kr)의 '가온누리 사랑방'에 올려서 공유하고 이야기를 이어갈 수 있었으면 좋겠다. 또한 이 책을 계기로 문화사, 사상사, 종교사, 민속학, 문화인류학 등 각 관련 학문 분야에서도 이에 대한 좀 더 체계적인 연구가 이어지기를 바란다.

2012년 정초에 일죽一竹 우실하

| 제1부 |

'3수 분화의 세계관'의 논리체계

제1장 | 동북아시아의 '문화적 문법'

제2장 | '3수 분화'와 '2수 분화'의 차이

제3장 | '3수 분화의 세계관'과 3·1철학

제4장 | '3수 분화의 프랙탈fractal 구조'와 성수 3, 9, 81의 생성

제5장 | '3수 분화의 세계관'에서 성수 3, 9, 81의 상징적 의미

제1장

동북아시아의 '문화적 문법'

1. 무지개는 도대체 몇 색인가?

무지개가 몇 가지 색이냐고 물으면, 서구인이나 한국인이나 대부분의 현대인들은 일곱 색이라고 대답한다. 우리나라 유치원에서는 '무지개 색칠하기 놀이'를 하면서 이미 일곱 칸으로 나누어진 빈 무지개가 그려진 도화지를 나누어주고 '빨, 주, 노, 초, 파, 남, 보'의 일곱 색으로 채우도록 가르친다. 그렇다면 500년 전 아니 1,000~2,000년 전, 또 그 이전의 동북아시아 사람들도 무지개를 일곱 색으로 인식했을까?

사실 무지개는 인간이 눈으로 볼 수 있는 모든 색을 포함하고 있다. 우리 눈에 보이는 실제 무지개에서 일곱 색을 하나씩 구별하는 것은 거의 불가능하다. 붉은색, 노란색, 파란색이 희미하게 뒤섞여 보일 뿐이다. 그런데 우리는 왜 무지개를 일곱 색이라고 배우고 있는 것일까?

전자기파電磁氣波 중에서 사람의 눈에 보이는 범위의 파장인 380~780 나노미터(nm)의 파장을 가시광선可視光線(Visible rays)이라고 한다.[1] 눈으로 보이는 가시광선의 파장의 영역은 곤충이나 동물에 따라 다르고 인간과

1) 나노미터(nm)는 10억분의 1m를 가리키는 길이의 단위로 고대 그리스어의 난쟁이를 뜻하는 나노스nanos라는 단어에서 유래한 것이다.

같지도 않다.

가시광선의 파장이 780나노미터에 가까우면 인간의 눈에는 붉은색에 가깝게 보이고, 380나노미터에 가까우면 보라색에 가깝게 보인다. 780~380나노미터 사이의 파장에는 실제로 인간이 눈으로 볼 수 있는 모든 색이 다 들어 있다. 모든 색을 포함하는 가시광선의 색을 몇 가지 색으로 나눌 것인가는 결국 인간의 사유체계의 산물일 뿐이다.

〈자료 1-1〉 프리즘을 통과한 가시광선의 색을 일곱 색으로 구별한 것
* 실제로 이렇게 일곱 색으로 선명하게 구별되지 않는다.

〈자료 1-2〉 전자기파電磁氣波의 범위와 인간의 가시광선可視光線

* 가시광선 안에는 인간이 볼 수 있는 모든 색이 포함되어 있다.

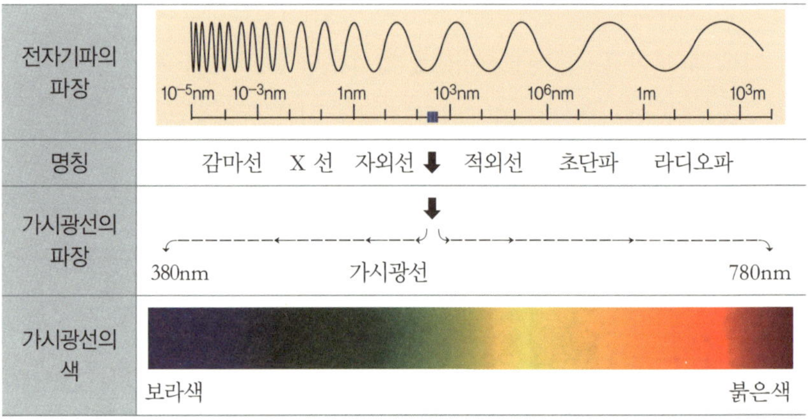

〈자료 1-3〉 2008년 동몽골 답사 때 찍은 쌍무지개

* 육안으로 보는 무지개의 색을 일곱 색으로 구별하는 것은 거의 불가능하다.

또한 무지개의 색이 모든 나라, 모든 시기에 일곱 색이었던 것도 아니었다. 예를 들어서, (1) 아프리카의 일부 부족이나 그리스 철학가 크세노폰Xenopōn(BC 430?~BC 355?)은 세 가지 색으로 생각하였고, (2) 아리스토텔레스Aristoteles(BC 384~BC 322)는 네 가지 색으로 생각했으며, (3) 세네카Lucius Annaeus Seneca(BC 4?~AD 65)는 다섯 가지 색으로 여겼고, (4) 뉴턴Isaac Newton(1642~1727)이 스펙트럼을 통과한 빛의 무수한 색들을 단지 일곱 색으로 분류하면서부터 무지개가 일곱 색이라는 생각이 서구에서 광범위하게 퍼졌다고 한다. 왜 뉴턴은 그 많은 색들을 굳이 일곱 색으로 구분했을까? 이것은 뉴턴이 기독교 문화에 젖어 있었기 때문에 —하나님이 세상을 7일 만에 창조하고 7일을 일주일로 정했듯이— 스펙트럼을 통과한 무수한 빛의 색도 일곱 색깔로 구분했을 것이라고 한다.[2)]

그렇다면 500년 전 아니 수 천 년 전의 동북아시아 사람들도 무지개를 일곱 색으로 인식했을까? 모든 색이 포함된 무지개를 몇 색으로 인식하는가는 사유체계의 산물이다. 그렇다면 동북아시아에서 무지개는 도대체 몇 색으로 인식되었고, 그 사유체계는 무엇이었을까? 무지개 색을 인지하던 사유체계가 우리 사회에서 어떻게 변화되어 왔는지 추적을 해보자.

첫째, 서구에서 뉴턴으로부터 일반화되기 시작한 일곱 색깔 무지개라는 관념은 불과 100여 년 전 개항기에 서양식의 무지개 개념이 들어온 이후이다. 7을 신성한 성수聖數로 여기는 사유체계의 출발은 인류 최초의 기록을 남긴 수메르Sumer 문명에서부터 시작되어 서구로 전파된 것이다.

수메르 지역에서 성수 7이 자리 잡은 것은 기원전 30~28세기로 보고

2) 이어령, 『지성에서 영성으로』(서울: 열림원, 2010), 제1부의 '〈23〉 일곱 빛깔 무지개와 칠일산의 천지창조' 참조.

있다. 이 시기는 수메르에서 최고의 권위를 가진 '운명을 결정하는 일곱 신(dingir-nam-tar-ra 7-bi)' 가운데 하늘신 안An이 하늘을 담당하고 나머지 여섯 개 도시의 수호신들이 니푸르Nippur라는 도시의 신인 엔릴Enlil을 중심으로 공동체가 형성된 시기다.[3)]

수메르 신화를 보면 모든 중요한 상징수는 7로 되어있다. 수메르의 성수聖數 7에 대해서 필자는 아래와 같이 정리한 바 있다.

> 고대 수메르의 신화에서는 삼계관(三界觀)과 함께 가장 중요한 성수는 7이며 9는 보이지 않는다는 점이다. 인류의 최초 기록으로 알려진 수메르 신화에서는 3, 7, 50, 60, 3,600×10, 3,600×60 등과 같은 수가 중요한 상징으로 사용되고 있다. 이 수들이 모두 특별한 의미를 지니고 사용된다. 그러나 7은 그 빈도에 있어서 다른 수들과는 비교할 수 없을 정도로 반복적으로 사용된다. 7이라는 수는 각종 수메르 신화에시 수없이 반복되는 성수(聖數)로 사용된다. 또한 성수 7의 제곱수인 49(7×7)도 '일곱에 일곱을 곱한 수'라는 표현으로 보인다. 필자가 보기에 수메르 문명의 특징적인 수는 7이며, 성수 7의 문화가 바로 수메르 문명이다.[4)]

예를 들어, 수메르 신화에서는 (1) 태초의 대홍수 이전에 일곱 명의 현자賢者(Apkallu)가 살았고, (2) 대홍수 때에는 7일 밤낮으로 비가 내렸으며, (3) 3,600(60×60)명의 신들 가운데 세상의 모든 일을 결정하는 최고 권위의

3) 조철수, 『수메르 신화: Ⅰ』(서울: 서해문집, 1996), 31쪽.

4) 우실하, 「동북아 샤머니즘의 성수(聖數 : 3.7.9.81)의 기원에 대하여」, 단군학회, 『단군학연구』 제10호(2004), 209쪽.

신은 '운명을 결정하는 일곱 신(Dingir-nam-tar-ra 7-bi)' 이고, (4) 저승사자도 일곱 명이고, (5) 지옥의 문도 일곱 겹이고, (6) 죽은 자의 영혼을 심판하는 심판관도 일곱 명이고, (7) 영웅 길가메쉬는 '7탈렌트 7마니'의[5] 무게가 나가는 일곱 개의 톱니가 달린 별도끼를 가지고 태양신이 보내준 일곱 별자리를 상징하는 일곱 명의 용사를 동반하고 일곱 개의 산과 일곱 개의 물을 건너 여행을 떠나는 것으로 표현하며, (8) 축제도 7일 동안 열렸다. 이러한 성수 7은 수메르 신화에서는 대단히 반복적으로 사용되고 있다.[6]

수메르 지역의 성수 7의 관념은 인접한 지역으로 확대되어 간다. 특히 『성경』에도 그대로 흡수된다. 이후에 기독교의 전파 루트를 따라 그리스와 로마를 거쳐서 전 유럽으로 확대되었다. 고대 수메르 지역에서 기원한 이러한 성수 7이 현재 서양에서 '행운의 수 7(Lucky Seven)'의 원형이다. 이런 성수 7의 관념을 바탕으로 서구인들은 무지개를 일곱 색으로 인지하였던 것이다.

이러한 서구인들의 일곱 색 무지개 관념은 근대 개항기에 동북아시아 지역에 본격적으로 전파되었고, 현재 우리나라를 포함한 대부분의 동북아시아에서도 무지개를 일곱 색으로 그리고 있는 것이다.

둘째, 음양론과 오행론이 결합되어 음양오행론陰陽五行論으로 정착되는 기원전 4세기 전국시대戰國時代부터 개항기 이전까지 약 2,500여 년 동안

5) 수메르의 60진법에 따라서 1탈렌트는 60마니이고, 1마니는 60쉐켈이다. 1마니는 약 500g 정도이니 1탈렌트는 30kg(0.5kg×60)정도가 된다. 결국 '7탈렌트(30kg×7) + 7마니(7×0.5kg)'면 약 213.5kg이나 된다. 이는 실제 무게라기보다는 성수 7을 반복하여 '거대한 무기' 혹은 '엄청난 무기'라는 상징적 의미로 사용된 것이라고 볼 수 있다.

6) 우실하, 「동북아 샤머니즘의 성수(聖數: 3.7.9.81)의 기원에 대하여」, 205-240쪽. 특히 'Ⅲ. 고대 수메르와 메소포타미아 지역의 성수 3과 7'을 참조.

대부분의 동북아시아에서는 음양오행론이라는 사유체계의 영향으로 무지개는 언제나 다섯 가지 색으로 표현되었다. '오색五色찬란한 무지개' 혹은 '오색 무지개'라는 표현은 2,500년 이상 관용적으로 사용되었고, 현재도 사용되고 있다. 결론적으로 음양오행론이 광범위하게 확산되었던 유교문화권에서는 서구와 만나는 개항기 이전까지 이러한 '오색 무지개' 관념을 지니고 있었다.

셋째, 음양오행론이 광범위하게 확산되기 이전 동북아시아에서는 북방 샤머니즘의 고유한 사유체계인 '3수 분화의 세계관'(The World View of Trichotomy: 1-3-9-81)'에 입각하여 무지개를 아홉 색이라고 여겼다. 북방 샤머니즘에서는 하나에서 셋으로 지속적으로 분화되어 '1-3-9-81'로 이어지는 '3수 분화의 세계관'을 공유하고 있었다. 이런 사유체계에서 3, 9, 81은 성수聖數로 취급된다. 음양오행론 이전에 북방 샤마니즘을 공유하던 북방 민족들은 성수인 9를 사용하여 무지개를 아홉 색으로 표현했다.

음양오행론의 영향권에 있던 한국이나 중국 등에서는 지난 2,500년 동안 '오색찬란한 무지개'로 표현되었지만, 음양오행론의 영향을 거의 받지 않고 북방 샤머니즘의 전통을 깊이 간직하고 있는 몽골에서는 "아홉 빛깔 무지개"로 표현된다.[7] 이런 표현은 지금도 만주족, 에벵키족, 몽골족의 전설이나 민담 등에 풍부하게 남아 있다.

중국에서도 특히 신선사상, 도가철학 계통의 전통에서는 '아홉 색 구름'이라는 표현이 사용된다. 예를 들어, 당나라 장적張籍의 〈동엄급사문당창관옥조근유선과同嚴給事聞唐昌觀玉藻近有仙過〉라는 시에는 "아홉 빛깔

---

7) 데. 체렌소드놈 지음, 이평래 옮김, 『몽골 민간 신화』(서울: 대원사, 2001), 197-201쪽 〈12. 천불의 기원〉 참조. 인용문은 201쪽.

구름 속의 자주색 봉황 수레, 신선을 찾아 동굴 속 선仙 수행자에게 도달했네(九色雲中紫鳳車, 尋仙來到洞仙家)."라는 표현이 보인다.

'오색찬란한 구름' 대신 '아홉 빛깔 구름'으로 표현한 것은 이 시가 신선사상을 바탕으로 한 시이기 때문이다. 뒤에서 자세히 논의하겠지만 '3수 분화의 세계관'은 중원에서는 신선사상神仙思想, 황노학黃老學 혹은 황노도黃老道,[8] 도가道家나 도교道敎 계통으로 이어지고, 한반도에는 선도仙道, 풍류도風流徒, 대종교大倧敎 등으로 전승되고 있기 때문에 '아홉 빛깔 구름'이라는 표현이 등장하는 것이다.

결국 무지개를 일곱 색으로 가르치고 배우는 것은 실제로는 수메르 지역에서 시작되어 서구에서 보편화된 성수 7이라는 사유체계의 산물일 뿐이다. 개항기 이전 동아시아 어디에서도 무지개를 일곱 색이라고 한 기록이 없다. 음양오행론이 확대되면서 '오색찬란한 무지개'라는 관용적 표현이 사용되었고, 그 이전에는 '아홉 색 무지개'라는 표현이 북방민족들에서 사용되었다. 필자가 이 책에서 주목하고 있는 '3수 분화의 세계관'이 바로 무지개나 구름을 아홉 색으로 인지했던 고대 동북아시아의 사유체계인 것이다.

8) 황노학黃老學 혹은 황노도黃老道는 도가철학이나 이를 종교화한 도교 등이 완비되기 전의 원시 도가를 주로 지칭한다. 이에 대해서는 황노학을 하나의 철학사조로 독립시켜 황노학으로 정립한 군산대 철학과 심성환 교수가 그동안의 연구들을 정리한 역작인 아래의 책을 참조하시오.
金晟煥, 『黃老道探源』(北京: 中國社會科學出版社, 2008).

2. 인식전환의 필요성과 동도동기론東道東器論

서양의 시각으로 동양의 문화를 바라보고 '비합리적, 비과학적, 비논리적'이라고 비하하는 사유체계를 에드워드 사이드Edward Said는 오리엔탈리즘Orientalism이라고 개념화하였다. 오리엔탈리즘은 이제 학술적 용어가 되었다. 그 의미를 간단히 요약하면 '서구의 시각으로 바라본 왜곡된 동양관'이라고 할 수 있다. 동양 문화를 서구의 눈으로 읽고 비하해 온 것이 오리엔탈리즘이라면, 동양 문화를 동양의 눈으로 읽는 인식전환이 필요하다.[9)]

자신의 문화와 전혀 다른 문화를 이해한다는 것은 그 문화에 내재한 세계관이나 원리를 이해하는 것에서 출발해야 한다. 이런 이해를 바탕으로 할 때 진정한 의미의 문화적 상대주의가 실현될 수 있다.

음악, 건축, 미술, 제도 등 모든 '문화적 산물'에는 그것을 구성하는 세계관·구성원리가 내재되어 있다. 예를 들어, 동양 의학과 서양 의학은 인간의 신체나 병을 바라보는 시각부터 다르다. 동양 음악과 서양 음악도 음을 산출하는 원리부터 다르다.

서로 다름을 만들어내는 원리나 세계관을 이해하지 못하고, 서양 의학의 시각이나 서양 음악의 원리로 동양 의학이나 동양 음악을 이해하는 것은 근본적으로 불가능하다. "무지개는 일곱 색인데 멍청하게 다섯 색이나 아홉 색이라고 한다."고 비판하는 것은 비판이 아니라 왜곡이다. 이것

---

9) 상세한 논의는 아래의 논문과 책을 참조하시오.
우실하, 「오리엔탈리즘의 해체를 위한 인식 전환으로서의 동도동기론東道東器論」, 동양사회사상학회, 『동양사회사상』 제1집(창간호, 1998), 9-45쪽.
______, 『오리엔탈리즘의 해체와 우리 문화 바로 읽기』(서울: 소나무, 1997).

은 단지 서양의 기준으로 동양을 재단하고 평가하는 잘못된 서구중심주의일 뿐이다.

사실 서로 다른 문화를 지닌 동양과 서양이 만나면서 이런 식의 '문화적 마녀사냥'은 수도 없이 일어났었다. 비서구 사회의 근대화라는 것은 '근대화는 서구화'라는 착각을 바탕으로 하고 있었다. 그 결과가 서구 종속적인 문화이며 자기 문화에 대한 스스로의 비하였다.

'동양의 문화적 산물'을 '동양의 문화적 문법'에 입각해서 읽어내는 것이 필자가 제시한 동도동기론東道東器論이다. 동도동기론에서 '도道'와 '기器'의 개념은 『주역周易』「계사상전繫辭上傳」에 보이는 "형태가 갖추어지기 이전의 (원리적인) 것을 도라고 부르고, 형태가 갖추어진 이후의 (구체적인) 것들은 기라고 부른다(形而上者謂之道 形而下者謂之器)."라는 구절에서 보이는 도道와 기器의 본래의 의미에 가까운 것이다. 곧 형태를 갖추기 이전의 문화적 문법 혹은 원리를 '도'라고 하고, 이러한 문화적 문법 혹은 원리를 바탕으로 만들어진 각종 문화적 산물을 '기'로 보는 것이다.

동도동기론에서, '도道'는 각 나라의 문화에 내재되어 있는 세계관이나 원리로 다양한 문화적 산물을 만들고 형성해온 '문화적 문법(Cultural Grammar)'을 의미하는 것이다. 따라서 '동도東道'란 '동양의 독특한 문화를 만들어 온 문화적 문법이나 원리'를 말한다.

'기器'는 '문화적 문법'을 바탕으로 만들어진 음악, 건축, 미술 등의 구체적인 '문화적 산물(Cultural Products)' 혹은 '문화적 텍스트(Cultural Text)'를 의미하는 것이다. 따라서 '동기東器'란 동도東道를 바탕으로 해서 형성된 동양 의학, 동양 음악, 동양 회화, 동양 문학작품, 한글, 동양의 건축물, 동양의 각종 종교, 동양의 각종 사회제도 등을 말한다.

이러한 '문화적 산물' 혹은 '문화적 텍스트'에는 이미 '문화적 문법'이 내재되어 있는 것이다. '문화적 문법'을 이해하지 않고는 '문화적 문법'을 바탕으로 형성된 '문화적 산물'들을 제대로 이해한다는 것은 불가능하다.

3. 동양의 문화를 만들어 온 '문화적 문법(Cultural Grammar)'들

동북아시아의 전통문화를 만들어 온 '문화적 문법'을 필자는 세 가지로 보고 있다. 이 세 가지를 형성 시기가 빠른 순으로 간략히 소개하면 아래와 같다.[10)]

첫째, 북방 샤머니즘의 고유한 사유체계인 '3수 분화의 세계관(The World View of Trichotomy: 1-3-9-81)'이다. 이러한 사유체계는 한자문화권 안에서는 천지인天地人 삼재론三才論, 3·1(Three in one)철학 등으로 체계화된다. 북방 여러 민족들의 샤머니즘 안에는 그 원형적인 모습들이 많아 남아 있다.

'3수 분화의 세계관'은 중원 쪽에서는 황노학黃老學, 도가道家나 도교道教, 신선사상神仙思想 등에 체계화된다. 한반도 쪽에서는 삼신사상三神思想, 선도仙道, 풍류도風流徒, 대종교大倧教 등에 체계화된다.

북방 샤머니즘의 '3수 분화의 세계관'을 토대로 한 천지인 삼재론과 관련하여 미리 기억해둘 것이 있다. 삼재론은 '하나이면서 셋이고, 셋이면서 하나'라는 3·1철학의 설명방식 가운데 하나이다. 이러한 '본래의 삼재론'은 주로 도가철학 계통에 남아 있고, 유가철학 계통에서는 한자문화권의 음양론적 질서 안에 흡수되면서 '천天=양陽, 지地=음陰, 인人=음양이 합

10) 상세한 논의는 우실하, 『전통문화의 구성원리』(서울: 소나무, 1998) 참조.

쳐진 중성中性'이라는 모습으로 왜곡된다.

곧, 유가철학 계통에서도 '3수 분화의 세계관'의 삼재론이 부분적으로 수용되지만, 대부분은 음양론적 질서에 흡수된 '왜곡된 삼재론'의 모습이다. '3수 분화의 세계관'이 지닌 '하나이면서 셋이고, 셋이면서 하나'인 3·1철학은 유교철학 계통에서는 거의 찾을 수 없다. 이에 대해서는 3·1철학 부분에서 상세히 논의할 것이다.

'3수 분화의 세계관'에서는 대체로, (1) 영적 세계나 신의 존재를 인정하며, (2) 우주를 수직적으로 하늘세계, 인간세계, 지하세계로 3분하고 하늘세계를 다시 9층으로 나누거나 삼계를 각각 3층으로 나누어 인식하는 삼계구천설三界九天說을 바탕으로 한 수직적 우주 이해를 특징으로 하며, (3) '하나이면서 셋이고, 셋이면서 하나(一卽三 三卽一 혹은 一而三 三而一)'라는 3·1(Three in one)신, 3·1철학에 기초한 '본체론적 논리'를 지니고 있으며, (4) 하나에서 둘을 거치지 않고 셋으로 지속적으로 분화되는 '3수 분화의 프랙탈fractal 구조'에 기초한 '우주론적 자기 전개의 논리'를 지니고 있으며, (5) 하나가 셋으로 지속적으로 분화되면서 형성되는 3, 9(3×3), 81(9×9)은 중요한 성수聖數로 사용되며, (6) 이러한 사유체계를 바탕으로 한 도가·선도 계통의 논리에서는 정기신精氣神, 성명정性命精, 천지인天地人, 삼재三才 등 셋을 하나로 묶은 개념들을 만들어 내며, (6) 이러한 '하나이면서 셋이고, 셋이면서 하나'인 '3수 분화의 세계관'을 나타내는 도상이 삼일태극을 그린 삼일태극도三一太極圖( )이다.

필자가 이전까지 쓴 모든 책과 논문에서는 삼일태극三一太極이라는 용어 대신에 삼태극三太極이나 삼원태극三元太極이라는 용어를 사용했었다. 그러나, (1) 삼태극이라는 용어는 '하나이면서 셋이고, 셋이면서 하나'라는

3·1관념을 담기에 부족하고, (2) 삼일태극은 하나의 본체에서 셋으로 분화되는 것인데, 삼원태극이라는 용어는 마치 본체가 셋인 3원론처럼 들리기 때문에 부적절하다. 그래서 2011년 8월 이후에는 삼일태극이라는 용어를 사용하고 있다. 이에 대해서도 뒤에서 다룰 3·1철학 부분에서 상세히 논의할 것이다.

둘째, 남방 농경문화를 바탕으로 한 '2수 분화의 세계관(The World View of Dichotomy: 1–2–4–8–64)'이 체계화된 음양론陰陽論이다. 음양론은 하나에서 두 개의 대립적 짝인 '음과 양'으로 지속적으로 분화되는 이분법적 사유체계이다.

음양론은 도가철학 계통이나 유가철학 계통에 모두 수용된다. 한나라 이후에 음양론과 오행론이 결합된 음양오행론이 유교철학에 흡수되어 한나라 이후의 유교를 흔히 '음양오행화된 유교'라고 한다. 이는 송대의 성리학性理學으로 이어지면서 주렴계의 『태극도설太極圖說』을 통해 유가의 우주론으로 자리 잡는다. 음양론에서는 각종 대립적 개념 쌍을 만들어 낸다.

'2수 분화의 세계관'은 『주역周易』의 64괘 생성 논리를 통해 체계화되어 한나라 이후 유가의 전통으로 흡수되며, (1) 영적 세계나 신의 존재를 부정하며, (2) 우주를 4방方, 8방方, 16방方 등으로 수평적으로 인식하며, (3) '하나이면서 둘이고, 둘이면서 하나(一則二 二則一 혹은 一而二, 二而一)'라는 '본체론적 논리'를 바탕으로 논리를 전개하며, (4) 『주역』에서는 하나에서 지속적으로 둘로 분화되며 1=태극太極, 2=음양陰陽, 4(2×2)=4상四象, 8(4×2)=8괘八卦, 64(8×8)=64괘六十四卦 등을 통해서 세상사를 설명하는 '2수 분화의 프랙탈 구조에 기초한 '우주론적 자기 전개의 논리'를 지니고 있으며, (5) 유교에서는 성性과 정情, 이理와 기氣, 천심天心과 인심人心 등의 대립적 개념들을 만들어내게 되며, (6) 이러한 '2수 분화의 세계관(1-2-4-8-64)'을 나타내는 도상이 음양태극陰陽太極을 그린 음양태극도陰陽太極圖(☯ ☯ ☯)이다.

셋째, '3수 분화의 세계관'과 '2수 분화의 세계관'이 산동반도와 요동반도를 잇는 발해만 주변 지역에서 만나면서 새롭게 형성된 것이 오행론五行論이다. 오행론은 음양론에 쉽게 흡수되어 음양오행론陰陽五行論으로 거듭난다.

오행론은 기원전 4세기경에 오행상생론五行相生論, 오행상극론五行相剋論 등 세부적인 논리를 갖춘 모습으로 완비된다. 오행론은 모든 것을 다섯 가지 유형으로 분류하는 독특한 사유체계이다. 오미五味, 오방五方, 오색五色, 오상五常, 오음五音, 오향五香, 오장五臟 등이 이러한 산물이다. 그러나 오행론은 큰 틀에서 음양론의 질서 안에 흡수되어 일반적으로 음양오행론으로 합칭된다.

오행론이 음양론에 흡수되면서 '목木, 화火, 토土, 금金, 수水' 오행을 음양론적 질서에 따라 '목=양陽의 시작, 화=양의 극대화, 토=음과 양의 조화, 금=음陰의 시작, 수=음의 극대화'로 보는 시각이 일반화된다.

〈자료1-4〉 음양론에 흡수된 '왜곡된 삼재론과 오행론'[11]

<table>
<tr><td>음양론</td><td colspan="5">양陽</td><td colspan="5">음陰</td></tr>
<tr><td rowspan="2">삼재론</td><td colspan="4">천天</td><td colspan="2">인人</td><td colspan="4">지地</td></tr>
<tr><td colspan="4">삼재 가운데 양陽</td><td colspan="2">음양을 조화시키는 주재자·원리·중성中性</td><td colspan="4">삼재 가운데 음陰</td></tr>
<tr><td rowspan="2">오행론</td><td colspan="2">木</td><td colspan="2">火</td><td colspan="2">土</td><td colspan="2">金</td><td colspan="2">水</td></tr>
<tr><td colspan="2">▸양의 시작
▸양 가운데 음</td><td colspan="2">▸양의 극대화
▸양 가운데 양으로 군화君火라고 부름</td><td colspan="2">▸극대화된 양을 음으로 혹은 음을 양으로 변화시키는 오행의 주재자, 원리</td><td colspan="2">▸음의 시작
▸음 가운데 양</td><td colspan="2">▸음의 극대화
▸음 가운데 음</td></tr>
</table>

음양론과 오행론이 음양오행론으로 합쳐지기 때문에, 동북아시아의 전통문화를 형성해 온 '문화적 문법'은 크게 보면 '3수 분화의 세계관'과 '음양오행론' 두 가지로 압축할 수 있다. 음양론적으로 왜곡되지 않은 '본래의 삼재론'의 바탕이 '3수 분화의 세계관'이고, 오행론을 흡수하는 음양론의 바탕이 '2수 분화의 세계관'이다. 세부적으로는 세 가지, 크게는 두 가지의 '문화적 문법'은 수 천 년 이상 지속되면서 동양의 각종 전통문화를 형성해 왔다.

이러한 '동양의 문화적 문법'을 이해하지 못하면, 그 원리에 의해서 만들어진 '문화적 산물'이나 '문화적 텍스트'들을 정당하게 이해할 수 없다. '서구의 문화적 문법'으로 '동양의 문화적 산물'을 해독하는 왜곡된 사유체계가 바로 오리엔탈리즘인 것이다.

이제까지 음양론, 음양오행론 등에 대한 연구들은 많았다. 그러나 가장 이른 시기에 형성되어 동북아시아의 가장 깊숙한 곳에서 기층문화에 영

11) 우실하, 『전통 음악의 구조와 원리: 삼태극의 춤, 동양음악』(서울: 소나무, 2004), 214쪽.

향을 미치고, 각국의 전통문화를 형성해 온 '3수 분화의 세계관'에 대해서는 그동안 체계적인 연구가 없었다. 이제부터는 '3수 분화의 세계관'이 어떤 사유체계인지를 구체적으로 살펴보기로 한다.

제2장

'3수 분화'와 '2수 분화'의 차이

1. '3수 분화의 세계관(1-3-9-81)'이라는 개념에 대하여

한국을 포함한 동북아시아 기층문화(샤머니즘, 음악, 무용, 신화, 전설, 민담 등) 연구에 있어서 숫자 3의 상징성은 늘 주목의 대상이었다. 그러나 이제까지 '숫자 3'에 대해서는 많은 연구가 있었지만, 그 연속선상에 있는 9(3×3), 81(9×9) 등에 주목하는 사람은 많지 않았다. 특히 이러한 특징을 하나의 논리체계를 갖춘 별도의 사유체계로 본 시도는 필자가 처음이었다.

필자는 1997년 박사학위 논문에서 '하나이면서 셋이고, 셋이면서 하나'라는 관념을 바탕으로 '하나에서 셋으로 지속적으로 분화되는 일련의 사유체계'를 '3수 분화의 세계관(The World View of Trichotomy: 1-3-9-81)'이라고 명명하고, 이러한 사유체계가 북방 샤머니즘을 공유하고 있는 북방 민족들에게 보편적으로 존재한다는 점을 밝힌 바 있다. 이러한 사유체계에서 3, 9(3×3), 81(9×9) 등은 주요한 상징성을 지닌 성수聖數로 사용된다.[12]

'3수 분화의 세계관(1-3-9-81)'에서 성수로 사용되는 독특한 수數의 상징

---

12) 우실하, 「한국 전통 문화의 구성 원리에 대한 연구」, 연세대 사회학과 박사학위논문, 1997. 이 학위논문은 『전통문화의 구성 원리』(서울: 소나무, 1998)로 출판되었다.

적 의미에 대해서 필자는 다음과 같이 정리한 바 있다.

> 3수 분화의 세계관은… 하나(1)에서 셋(3)으로 분화되고, 셋이 각각 셋으로 분화되어 아홉(9)이 생겨난다. 이러한 인식틀에서 3은 '변화의 계기수'가 되고, 9는 '변화의 완성수'가 되며, 9의 자기 복제수인 81(9×9=81)은 '우주적 완성수'를 의미한다.[13)]

이런 까닭에 필자는, (1) 영적靈的 세계의 존재를 인정하고[14)], (2) '하나이면서 셋이고, 셋이면서 하나'라는 3·1관념을 기본으로, (3) 하나가 셋으로 분화되어 '변화의 계기수' 3을 이루고, (3) 셋이 각각 또다시 셋으로 분화되어 '변화의 완성수' 9를 이루고, (3) 9의 제곱수로 '우주적 완성수' 81을 이루는 일련의 사유체계를 '3수 분화의 세계관(1-3-9-81)'이라고 부른다. '3수 분화의 세계관'에서 3, 9, 81은 중요한 상징성을 지닌 성수로 사용된다. 이런 북방 샤머니즘의 '3수 분화의 세계관'이 동북아 여러 민족의 문화, 사상, 민속 등에 다양한 모습으로 전승되고 있다.

---

13) 우실하, 『전통문화의 구성 원리』(서울: 소나무, 1998), 12쪽 참조.

14) 유有 앞에 무無를 인정하는가 하는 것은 도가, 불가의 입장이고, 무無를 인정하지 않는 것이 성리학의 입장이다. '무극이태극無極而太極'이라는 주렴계의 표현에서 무극과 태극의 관계를 어떻게 설정하며, 태극에 선행하여 무극을 인정하는가 하는 점이 성리학의 대표적인 논쟁이다. 중국에서는 주자朱子와 육사산陸梭山·육상산陸象山 형제의 '주·육태극논변朱陸太極論辨'으로 시작되어 계속해서 이어졌다(임헌규, 「주·육태극논변朱陸太極論辨과 형이상학」, 한국철학사연구회, 『한국철학논집』 제17집(2005), 369-398쪽 참조).
우리나라에서는 회재晦齋 이언적李彦迪(1491-1553)과 망기당忘機堂 조한보曺漢輔(생졸년 미상)의 논쟁에서 시작되어 퇴계와 율곡을 거쳐 후대에까지 이어진다(정윤수, 「한국 성리학에서 '무극태극' 논쟁」, 대한철학회, 『철학연구』, 제61집(1997), 169-188쪽 ; 임헌규, 「사암思庵, 율곡 태극논변과 율곡의 태극론」, 한국사상문화학회, 『한국사상과 문화』 제29집(2005), 169-196쪽. 참조).

예를 들어, '3수 분화의 세계관'은, (1) 북방 샤머니즘의 중요한 관념 체계인 삼일신三一神, 삼계구천설三界九天說, 우주수宇宙樹, 삼혼일체설三魂一體說 등과 연결되어 있고, (2) 『한서』「율력지」에 보이는 '태극원기 함삼위일太極元氣 函三爲一'이라는 최초의 태극 관념인 삼일태극三一太極 관념과도 이어지며, (3) 중국 북방 지역에서 전래되고 있는 구구가九九歌, 구구소한도九九消寒圖, 구구소한시도九九消寒詩圖에 나타나는 수의 상징성과도 연결되어 있고, (4) 도교와 한국 민족종교의 각종 상징체계에서 '하나에서 셋으로' 분화되는 '3·1철학'의 바탕이기도 하며, (5) 몽골의 민속, 전설, 신화, 『몽골비사』등에서도 잘 드러나고 있고, (6) 동양음악의 5음音 12율律을 만드는 수리체계와도 연결되어 있고, (7) 요서 지역의 신석기시대 홍산문화紅山文化(BC 4500~BC 3000) 유적과 옥기玉器에서도 이미 보이고 있다.[15]

15) 우실하, 「동북아시아 모태문화와 '3수 분화의 세계관'」, 한국문화심리학회, 『문화와 사람』 창간호(2000), 225-255쪽.
_____, 「최초의 태극 관념은 음양태극이 아니라 삼태극/삼원태극이었다」, 동양사회사상학회, 『동양사회사상』 제8집(2003), 537쪽.
_____, 「동북아 샤머니즘의 성수(聖數: 3. 7. 9. 81)의 기원에 대하여」, 단군학회, 『단군학연구』 제10호(2004), 205-240쪽.
_____, 「도교와 민족종교에 보이는 '3수 분화의 세계관'」, 한국도교문화학회, 『도교문화연구』 제24집(2006), 99-133쪽.
_____, 「구구가(九九歌), 구구소한도(九九消寒圖)의 기원과 '3수 분화의 세계관'」, 동양사회사상학회, 『동양사회사상』 제13집(2006), 347-379쪽.
_____, 「삼태극(三太極)/삼원태극(三元太極) 문양의 기원에 대하여」, 한국정신문화연구원, 『정신문화연구』 제29권 제2호, 통권 103호(2006년 여름호), 205-237쪽.
_____, 「「천부경」, 「삼일신고」의 수리체계와 '3수 분화의 세계관(1-3-9-81)'」, 선도문화연구원, 『선도문화』 제1집(2006), 35-101쪽.
_____, 「몽골문화와 '3수 분화의 세계관(1-3-9-81)'」, 단군학회, 『단군학연구』 제18집(2008), 307-345쪽.
_____, 「몽골문화와 '3수 분화의 세계관(1-3-9-81)' - Ⅱ: 9·9의 상징성을 중심으로」, 한국몽골학회, 『몽골학』 제27호(2009), 87-118쪽.
_____, 『전통음악의 구조와 원리』(서울: 소나무, 2004).
_____, 「'3수 분화의 세계관(1-3-9-81)'의 기원과 홍산문화: 홍산문화에 보이는 성수

이에 대한 상세한 논의는 뒤에서 할 것이다.

필자는 연구 초기에 '3수 분화의 세계관'을 '동북아시아의 모태문화母胎文化'라고 보았었다. "'모태문화'라는 개념은, 같은 어머니에서 비롯하지만 서로 다른 자식이 태어나는 것처럼 동북 샤머니즘을 공유하고 있는 한·중·일·몽골 등의 비슷하지만 서로 다른 문화의 기저에 깔린 공유된 문화라는 의미로 사용된 것이다."[16]

이후 20년 가까이 연구를 지속한 결과, 이러한 '3수 분화의 세계관'이 동북아시아뿐만이 아니라 고대 북방 샤머니즘을 공유하고 있던 중앙아시아나 북유럽 지역의 기층문화에도 폭넓게 존재하고 있다는 점을 알게 되었다. 이런 까닭에 현재는 '3수 분화의 세계관'을 '동북아 모태문화'라는 범위를 넘어 '북방유라시아 모태문화'라고 부르고 있다.

이 책은 (1) 그동안 연구한 '3수 분화의 세계관(1-3-9-81)'의 이론적 윤곽을 소개하고, (2) 북방 샤머니즘의 고유한 사유체계의 핵심인 '하나이면서 셋이고, 셋이면서 하나'라는 3·1관념이 태양이 3개로 떠오르는 '환일幻日(Sun Dog, Sundog, Mock Sun, Parhelion)현상'에서 기원하였음을 밝히고, (3) 이러한 사유체계에서 파생되는 3, 9(3×3), 81(9×9)을 성수로 여기는 일련의 사유체계가 최초로 체계화된 것은 1980년대 이후 새롭게 발견된 홍산문

(聖數) 3, 9, 81을 중심으로」, 한국비교민속학회, 『비교민속학』 제44집(2011).

_____, 「홍산문화 옥저룡(玉猪龍)·쌍수수황형기(雙獸首璜形器)·쌍수수삼공기(雙獸首三孔器)의 상징적 의미와 '환일(幻日: Sundog)' 현상」, 동아시아고대학회, 『동아시아고대학』 제24집(2011), 63-133쪽.

_____, 「한국문화의 심층구조 '3수 분화의 세계관(1-3-9-81)'」, 한민족학회, 『한민족연구』 제9집(2009), 137-164쪽.

16) 우실하, 「도교와 민족종교에 보이는 '3수 분화의 세계관'」, 한국도교문화학회, 『도교문화연구』 제24집(2006), 100-101쪽.

화(BC 4500~BC 3000) 후기(BC 3500~BC 3000)임을 논증하고, (4) 이러한 '3수 분화의 세계관'의 흔적들이 다양한 북방 민족들의 기층문화에 남아 있는 흔적들을 개괄적으로 소개하기 위한 개설서이다. 필자가 그동안에 각 지역별, 민족별, 분야별로 나누어 좀 더 깊이 있고 구체적으로 연구한 결과들은 별도의 책들을 통해 선보일 것이다.

2. 『주역周易』과 '2수 분화의 세계관(1-2-4-8-64)'

동양의 고대 사유체계에는 '3수 분화의 세계관'과 '2수 분화의 세계관'이 공존한다. 둘 사이의 가장 근본적인 차이점은 '하나'에서 '둘'로 분화하는가, '셋'으로 분화하는가 하는 점이다. 필자는 하나에서 둘로 지속적으로 분화되는 사유체계를 '2수 분화의 세계관(The World View of Dichotomy: 1-2-4-8-64)'이라고 부른다. 이러한 사유체계는 『주역周易』의 체계에서 살펴볼 수 있다.

인류학자 레비 스트로스는 구조주의를 논하면서 남과 여, 밤과 낮 등과 같은 대립적인 개념 쌍들이 모든 문화권에서 인간의 사고체계의 기본적인 구조를 이루고 있음을 지적한 바 있다. 이런 대립적 개념 쌍으로서의 음과 양이라는 것이 지속적으로 다시 음과 양이라는 둘로 분화되는 하나의 사유체계를 체계화하고 철학화한 것이 동양의 음양론陰陽論이다.

『주역』의 체계 안에는 '3수 분화의 세계관'의 산물인 3·1철학으로서의 삼재론과 '2수 분화의 세계관'인 음양론이 결합되어 있다. 그럼에도 불구하고 이제까지 『주역』에서 주로 주목받은 것은 주로 삼재지도三才之道, 삼극지도三極之道가 '움직여 가는 원리', '변화해 가는 원리'를 설명하고 있는 음양론적 체계였다.

최근 송재국은 『송재국 교수의 역학담론』에서 필자의 '3수 분화의 세계관'이라는 틀로 『주역周易』과 『정역正易』을 새롭게 해석하고 있다. 그의 책은 1부와 2부로 구성되어 있는데, 2부 전체가 '2수 분화의 세계관'과 '3수 분화의 세계관'이라는 틀로 『주역』과 특히 『정역』을 분석하는 것이다. 그는 『주역』에는 '2수 분화의 세계관'과 '3수 분화의 세계관'이 공존하고 있음을 다음과 같이 설명한다.

> ① 역의 사상적 본질을 충실히 해명하려고 할 때 음양론으로 대표되는 2수 분화의 논리만으로 결코 충분하지 않음을 저자는 지적하고자 한다. 역학을 이해할 때 음양론이란 필요조건이긴 해도 충분조건은 아니다. 역학이 철학적 사상체계로 성립되기 위해서는 '2수 분화의 세계관'이 반영된 음양적 사유구조와 함께 '3수 분화의 세계관'이 반영된 삼재적(三才的) 사유구조를 그 본질적 내용으로 동시에 포함하고 있어야 하기 때문이다. 역학은 음양과 삼재 중 어느 한편의 입장을 고집하여 우선하거나 중시해서는 성립 자체가 원천적으로 불가능하다.[17]

> ② 공자에 의하여 『주역』의 십익(十翼)으로 정착된 역학사상은 '2수 분화의 논리인 음양적 구조라는 기둥(외형적 하드웨어)으로 세운 집'이지만, 그 집 안의 온갖 살림살이(내부적 소프트웨어)는 3수 분화의 논리인 삼재적 관점으

17) 송재국, 『송재국 교수의 역학담론: 하늘의 빛 正易, 땅의 소리 周易』(서울: 예문서원, 2010), 324쪽.

로 진하게 색칠되어 있음을 알아야 할 것이다.[18]

송재국이 『주역』을 연구하면서 '3수 분화의 세계관'에 주목하는 이유는 필자의 입장과 다르지 않다. 송재국은 필자가 『주역』의 음양론적 구조에만 주목하여 『주역』을 오로지 '2수 분화의 세계관'의 산물로 보고 있다는 오해를 하고 있는 것 같다. 이제까지 필자는 '2수 분화의 세계관'을 잘 보여주는 64괘의 생성과정을 주로 인용했기 때문에 이런 오해도 생긴 것이다.

그러나 『주역』에는 '2수 분화의 세계관'에 입각한 음양론과 '3수 분화의 세계관'에 입각한 3·1철학, 삼재론이 결합되어 있다는 입장에 필자는 전적으로 동의한다. 앞서 출판된 필자의 책이나 논문 각주에서도 이런 설명을 이미 해두었다. 그의 지적과 마찬가지로 대부분의 학자들은 이제까지 음양적 구조에 관심을 집중하여 '3수 분화의 세계관'은 별로 주목받지 못했던 것이다.

『주역』에 보이는 '3수 분화의 세계관'과 3·1철학에 대해서는 이어지는 제3장의 '『주역』과 3·1철학' 부분에서 필자의 입장을 상세히 밝힐 것이다. 우선 이 장에서는 '2수 분화'를 잘 보여주고 있는 『주역』의 '외형적 하드웨어'인 음양론에 입각한 '2수 분화의 세계관'에 주목하기로 한다.

우주적 원리인 도道가 변화해 가는 원리를 밝힌 『주역』은 음양론의 질서에 따라서 '태극(1)-음양(陰陽:2)-4상(四象:4=2×2)-8괘(八卦:8=4×2)-64괘(六十四卦:64=8×8)'로 분화되어 간다.

음양 이분법에 따라 태극에서부터 계속적으로 음양으로 분화하여

---

18) 송재국, 『송재국 교수의 역학담론: 하늘의 빛 正易, 땅의 소리 周易』(서울: 예문서원, 2010), 325쪽 참조.

1-2-4-8-16-32-64-128 … 등으로 분화될 수 있다. 그러나 실제로 상징을 지니고 주로 사용되는 것은 1(太極), 2(陰陽), 4(四象:2×2), 8(八卦:4×2), 64(六十四卦:8×8)이다. 중간의 16, 32 그리고 100이 넘는 128 등은 거의 사용되지 않는다. 태극에서 지속적으로 음양으로 분화되어가는 일련의 음양론적 사유체계를 필자는 '2수 분화의 세계관'이라고 부른다. 이러한 2수 분화의 세계관을 형상화한 도상이 '음양태극도陰陽太極圖()'이다.

『주역』의 64괘 생성과정은 철저히 음양론에 따른 '2수 분화의 세계관'을 보여준다. 그런데 『주역』에서 음陰과 양陽이 빈복되는 것은 '도道가 움직여 가는 원리'를 나타내는 것일 뿐이다. 그래서 영어권에서는 보통 『주역』을 『변화의 책(The Book of Changes)』이라고 번역한다.

『주역』에는 음양이라는 '2수 분화'의 논리만 있는 것이 아니다. 『주역』에서 말하는 도道는 '천도天道·지도地道·인도人道의 3도三道를 포함하는 삼재지도三才之道' 혹은 '천극天極·지극地極·인극人極의 3극三極을 포함하는 삼극지도三極之道' 등으로 표현된다. '하나이면서 셋이고, 셋이면서 하나'인 삼재지도·삼극지도인 도 혹은 태극을 형상화한 것이 '삼일태극도三一太極圖'()이다. 이것은 우리가 흔히 천지인 삼재론으로 부르는 3·1철학을 바탕에 깔고 있는 개념이다. 뒤에서 살펴보겠지만, 삼재론은 '3수 분화의 세계관'의 산물이다.

그러나 『주역』에서 보이는 '복희 64괘 차서지도伏羲六十四卦次序之圖'를 보면 태극에서부터 64괘가 생성되는 과정에서 음양론에 입각한 '2수 분화'의 논리가 분명하게 드러난다. 『주역』의 삼재론에 드러난 '3수 분화의 세계관'은 다음 장에서 살펴볼 것이고, 이 장에서 주목하는 것은 『주역』이 지닌 음양적 질서인 '2수 분화의 세계관'이다.

〈자료 2-1〉 『주역』에서 64괘의 생성 과정

태극 (1)								
음양 (2)	⚋ 음				⚊ 양			
사상 (4)	⚏ 태음		⚎ 소양		⚍ 소음		⚌ 태양	
팔괘 (8)	☷ 곤坤	☶ 간艮	☵ 감坎	☴ 손巽	☳ 진震	☲ 이離	☱ 태兌	☰ 건乾
64괘	* 8괘가 아래위로 쌓이면서 64괘를 만든다.							

〈자료 2-2〉 『주역』의 '복희 64괘 차서지도伏羲六十四卦次序之圖'

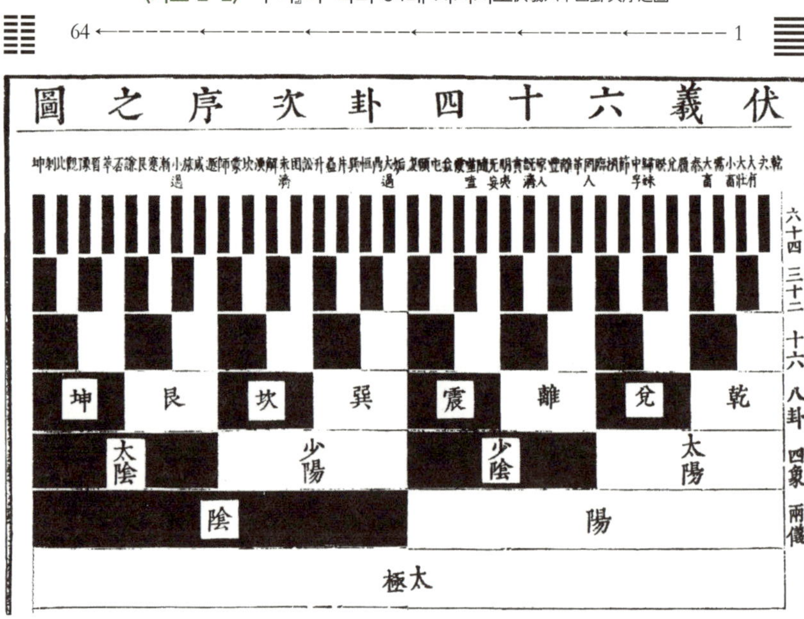

〈자료 2-1〉과 〈자료 2-2〉는 태극에서 음양, 4상, 8괘, 64괘가 형성되는 원리와 과정을 보여주고 있다. 하나가 지속적으로 음양으로 분화되는 '2

수 분화'의 논리를 잘 보여주고 있다.

〈자료 2-3〉과 〈자료 2-4〉는 '2수 분화'의 논리를 통해 최종적으로 형성된 64괘를 보여준다. 이 64괘가 지닌 상징적인 의미를 풀이하고 해석하는 것이 『주역』의 기본적인 골격이다.

이러한 『주역』에 보이는 음양의 '2수 분화'의 논리는 뒤이어서 설명할 양웅揚雄의 『태현경太玄經』이나 대종교大倧教 교인이었던 성세영成世永의 『일청사고一晴私稿』와 『부인경符印經』에 보이는 '3수 분화'의 논리와 전혀 다르다. '3수 분화'의 논리는 하나에서 음양으로 분화되는 것이 아니라 천지인 셋으로 분화된다.

〈자료 2-3〉 『주역』의 '복희 64괘 방위지도伏義六十四卦方位之圖'

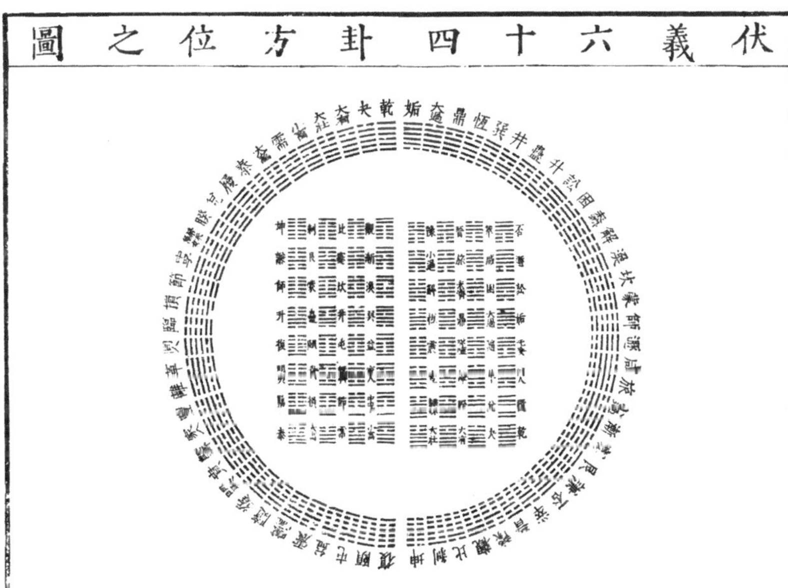

〈자료 2-4〉 '복희 64괘 방위지도'를 괘卦 대신에 검정색과 백색의 칸으로 그린 것[19]

* 가운데 원이 태극이고 밖으로 한 겹씩 원을 그려 음양, 4상, 8괘, 16괘, 32괘, 64괘를 표현하고 있으며, 각각 계절과 방위에 배당된다.

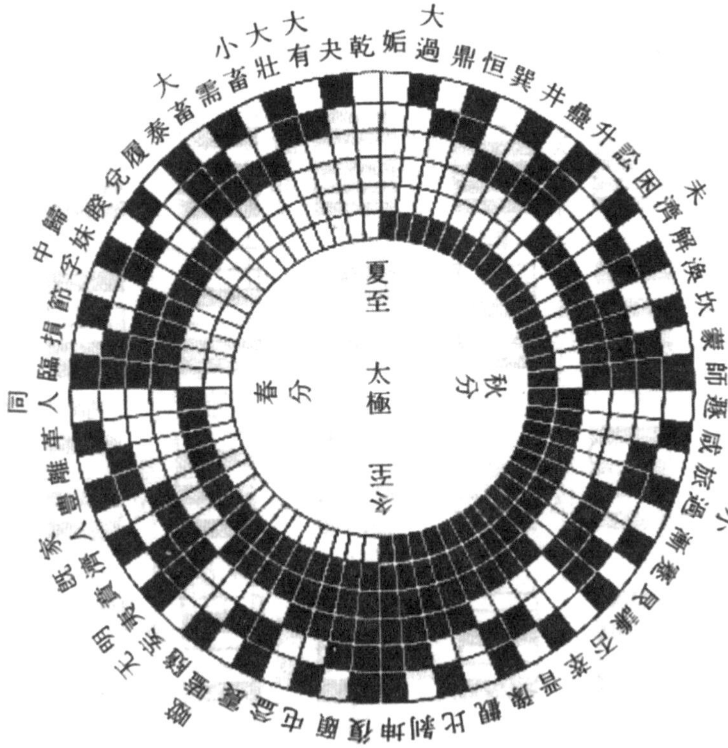

19) 양리 지음, 김충렬·홍원식 외 옮김, 『주역과 중국의학: 상』(서울: 법인문화사, 1995), 109쪽.

〈자료 2-5〉『주역』과 '복희 64괘'

* 8괘가 아래위로 조합되면서 64괘가 형성된다.

內卦 / 外卦	☰ 一乾天	☱ 二兌澤	☲ 三離火	☳ 四震雷	☴ 五巽風	☵ 六坎水	☶ 七艮山	☷ 八坤地
☰ 一乾天	乾爲天	天澤履	天火同人	天雷无妄	天風姤	天水訟	天山遯	天地否
☱ 二兌澤	澤天夬	兌爲澤	澤火革	澤雷隨	澤風大過	澤水困	澤山咸	澤地萃
☲ 三離火	火天大有	火澤睽	離爲火	火雷噬嗑	火風鼎	火水未濟	火山旅	火地晉
☳ 四震雷	雷天大壯	雷澤歸妹	雷火豐	震爲雷	雷風恒	雷水解	雷山小過	雷地豫
☴ 五巽風	風天小畜	風澤中孚	風火家人	風雷益	巽爲風	風水渙	風山漸	風地觀
☵ 六坎水	水天需	水澤節	水火旣濟	水雷屯	水風井	坎爲水	水山蹇	水地比
☶ 七艮山	山天大畜	山澤損	火山旅	山雷頤	山風蠱	山水蒙	艮爲山	山地剝
☷ 八坤地	地天泰	地澤臨	地火明夷	地雷復	地風升	地水師	地山謙	坤爲地

3. 양웅의 『태현경太玄經』과 '3수 분화의 세계관'

'3수 분화의 세계관'에서 1은 그 안에 3을 포함하고 있는 '3·1'을 의미한다. 그래서 1은 3으로 분화되는 것이다. 3·1에 대해서는 제3장에서 상세히 논의할 것이고, 여기에서는 하나에서 셋으로 분화되는 '3수 분화'의 논리에 주목하기로 한다.

'3수 분화의 세계관'에서는 하나가 셋으로 분화되면 1-3-9-27-81-162 … 등으로 계속 분화되지만, 중간에 낀 27과 100이 넘어가는 162 등은 상징성을 지닌 수로 사용되지 않는다. 이것은 『주역』에서 음양 이분법에 따라 태극으로부터 1-2-4-8-16-32-64-128 … 등으로 계속 분화되지만 실제로 상징을 지니고 사용되는 것은 1(太極), 2(陰陽), 4(四象), 8(八卦), 64(六十四卦)이고 중간의 16괘, 32괘 그리고 100이 넘는 128괘 등은 거의 사용하지 않는 것과 마찬가지이다.

'3수 분화'와 '2수 분화'의 차이는 『주역周易』과 『태현경太玄經』의 차이에서도 분명하게 나타난다. 『주역』은 2수 분화의 논리에 의해 양(—)과 음(--)으로 지속적으로 분화되는 1(太極)-2(陰陽)-4(四象)-8(八卦)-64(六十四卦)로 세상사를 설명하는 것이다. 그러나 양웅揚雄(BC 53~AD 18)의 『태현경太玄經』에서는 이와는 전혀 다른 '3수 분화'의 논리를 보여준다.[20]

전한 시대에 『도덕경지귀道德經指歸』를 지은 엄군평嚴君平의 제자이자 대표적인 도가 사상가였던 양웅은 모두 10권으로 된 『태현경』을 저술하

20) 양웅揚雄의 자는 자운子雲이고 촉군蜀郡 성도成都 사람으로 대부에 오르기도 했으며, 주로 저술과 학술 활동에 전념하였다. 그의 주요 저작으로 『태현太玄』과 『법언法言』이 있다. 『태현』을 높여서 보통 『태현경太玄經』이라고 한다.

였다. 양웅의 『태현경』 속에는 '3수 분화'의 특징인 '1–3–9–27–81'로 이어지는 정연한 수리체계가 잘 드러나 있다.

『태현경』에서는 3수 분화의 논리에 따라, (1) 분화되기 이전의 1기氣라고 할 수 있는 1현玄은 천天·지地·인人 3기氣에 해당하는 1(⚊)·2(⚋)·3(---)의 셋으로 분화되어 3방方이 되고, (2) 3방方은 각각 셋으로 분화하여 9주州가 되고, (3) 9주州는 각각 셋으로 분화하여 27부部가 되며, (4) 27부部는 각각 셋으로 분화하여 81가家가 된다. 『태현경』은 1현玄–3방方–9주州–27부部–81가家로 분회되며, 81가를 괘로 그린 81수首(주역의 64괘에 해당)로 세상사를 설명하고 있다.[21] 이에 대해 좀 더 상세히 살펴보면 아래와 같다.

첫째, 『주역』이 음·양이라는 2수 분화의 논리를 전개하고 있다면, 『태현경』은 3수 분화의 논리로 전개된다. 곧, 『주역』에서는 두 가지 획이 있어서 '⚊양과 ⚋음'으로 분화되지만, 『태현경』에서는 세 가지 획이 있어서 각각 '⚊천, ⚋지, ---인'의 셋으로 분화된다.[22]

둘째, 분화되기 이전의 도道 혹은 1기氣라고 할 수 있는 1현玄은 계속하여 셋으로 분화되는데, (1) 1현玄은 천지인에 해당하는 셋으로 분화되어 1방, 2방, 3방으로 나뉘어 총 3방方이 되고, (2) 3방方은 각각 1주, 2주, 3주의 셋으로 분화하여 총 9주州가 되고, (3) 9주州는 각각 1부, 2부, 3부 셋으로 분화하여 총 27부部가 되며, (4) 27부部는 각각 1가, 2가, 3가의 셋으로 분화하여 총 81가家가 된다.

---

21) 우실하, 「도교와 민족종교에 보이는 '3수 분화의 세계관'」, 한국도교문화학회, 『도교문화연구』, 제21집(2006), 99–133쪽 참조.

22) 양웅, 『태현경』 卷七 「太玄圖」: 夫玄也者, 天道也, 地道也, 人道也.

이렇게 분화된 81가家는 각기 자신의 이름을 가진 81개의 괘卦인 81수首가 된다. 81수는 각각 '방·주·부·가'를 상징하는 4개의 획(『주역』의 효에 해당)로 구성된다.[23]

셋째, 81수의 구체적인 모습을 보면, (1) 81수의 첫 번째인 '중수中首'는 위에서부터 '1방(—)·1주(—)·1부(—)·1가(—)'의 4개의 획이 쌓여있는 모양이고, (2) 두 번째인 '주수周首'는 위에서부터 '1방(—)·1주(—)·1부(—)·2가(- -)'의 4개의 획이 쌓여있는 모양이며, (3) 81번째 마지막 '양수養首'는 위에서부터 '3방(- - -)·3주(- - -)·3부(- - -)·3가(- - -)'가 쌓여 있는 모양이다. 『태현경』은 『주역』의 64괘에 해당하는 이 81수에 대한 풀이로 구성되어 있다(〈자료 2-6〉 참조).

넷째, 9주州는 각각 40일을 담당해서 '9주'는 일 년 360일을 상징하고 있다. 이런 까닭에 81수 중에서 9주의 각 첫 수를 모은 9개의 수는 구천九天이라고 부르며, 수의 이름에다 천天자를 붙여서 표기한다. 구체적으로 이 구천은, 81수의 1번을 중천中天, 81수의 10번을 이천羡天, 81수의 19번을 종천從天, 81수의 28번을 경천, 81수의 37번을 수천睟天, 81수의 46번을 곽천, 81수의 55번을 감천減天, 81수의 64번을 심천沈天, 81수의 73번을 성천成天이라고 부른다.[24](〈자료 2-7〉 참조).

23) 양웅, 『태현경』 卷十 「太玄圖」: 玄有一道, 一以三起, 一以三生. 以三起者, 方州部家也. 以三生者, 參分陽氣, 以爲三重, 極爲九營. 是爲同本離生, 天地之經也. 旁通上下, 萬物并也. 九營周流, 始終貞也. 始於十一月, 終於十月, 羅重九行, 行四十日.

24) 양웅, 『태현경』 卷七 「太玄數」: 九天 一爲中天, 二爲羡天, 三爲從天, 四爲更天, 五爲睟天, 六爲廓天, 七爲減天, 八爲沈天, 九爲成天.

〈자료 2-6〉 양웅의 『태현경』과 81가家 혹은 81수首의 생성과정

<table>
<tr><td></td><td colspan="27">81가家 혹은 81수首의 생성: 1현玄→3방方→9주州→27부部→81가家</td></tr>
<tr><td>1
玄</td><td colspan="27">1현玄</td></tr>
<tr><td>3
方</td><td colspan="9">1방 (—)</td><td colspan="9">2방 (--)</td><td colspan="9">3방 (---)</td></tr>
<tr><td>9
州</td><td colspan="3">1주</td><td colspan="3">2주</td><td colspan="3">3주</td><td colspan="3">1주</td><td colspan="3">2주</td><td colspan="3">3주</td><td colspan="3">1주</td><td colspan="3">2주</td><td colspan="3">3주</td></tr>
<tr><td>27
部</td><td>1
부</td><td>2
부</td><td>3
부</td><td>1
부</td><td>2
부</td><td>3
부</td><td>1
부</td><td>2
부</td><td>3
부</td><td>1
부</td><td>2
부</td><td>3
부</td><td>1
부</td><td>2
부</td><td>3
부</td><td>1
부</td><td>2
부</td><td>3
부</td><td>1
부</td><td>2
부</td><td>3
부</td><td>1
부</td><td>2
부</td><td>3
부</td><td>1
부</td><td>2
부</td><td>3
부</td></tr>
<tr><td>81
家</td><td colspan="27"></td></tr>
</table>

* 81가는 칸이 비좁아 괘를 그리는 것을 생략하였다. 27부의 아래 부분에 차례로 1가(—), 2가(--), 3가(---)를 더해주면 81가가 완성된다. 이 81가를 괘卦의 형태로 그린 것을 81수라고 부른다. 81가는 뒤의 〈자료 2-7〉 참조.

〈자료 2-7〉『태현경』의 81수首

다섯째, 각 수首마다 그 의미를 밝히는 아홉 개의 찬贊과 아홉 개의 측測이 있어, 『태현경』 전체는 81수, 729(81수×9)개의 찬, 그리고 729(81수×9)개의 측으로 구성되어 있다. 81수는 각각 '▬, ▬ ▬, ▬ ▬ ▬'이 위로부터 방·주·부·가의 순으로 네 개씩 배합된 모습이다. 81개의 수에는 초일初一부터 상구上九까지 아홉 개의 '찬'과 '측'이 붙어 있는데, 찬과 측은 81수 각각의 상징적 의미를 설명하는 내용이다.

〈자료 2-8〉『태현경』의 첫 수인 '중中'의 찬贊과 측測

中 : 陽氣潛萌于黃宮, 信無不在乎中	
初一 : 昆侖磅礴, 幽。	測曰 : 昆侖磅礴, 思之貞也。
次二 : 神戰于玄, 其陳陰陽。	測曰 : 神戰于玄, 善惡並也。
次三 : 龍出於中, 首尾信, 可以爲中庸。	測曰 : 龍出於中, 見其造也。
次四 : 庳虛無因, 大受性命, 否。	測曰 : 庳虛之否, 不能大受也。
次五 : 日正于天, 利用其辰作主。	測曰 : 日正於天, 貴當位也。
次六 : 月闕其摶, 不如開明於西。	測曰 : 月闕其摶, 賤始退也。
次七 : 酋酋,火魁頤, 水包貞。	測曰 : 酋酋之包, 任臣則也。
次八 : 黃不黃, 覆秋常。	測曰 : 黃不黃, 失中德也。
上九 : 顛靈氣形反。	測曰 : 顛靈之反, 時不克也。

여섯째, 『태현경』에서는 인간이 하는 모든 일을 '사思, 복福, 화禍' 3과정으로 나누고 각각이 다시 셋으로 분화된 총 9단계의 과정을 거친다고 본다. 생각을 서서히 일으키고(1~3단계), 일을 행해서 서서히 성공을 이루어 절정에 이르며(4~6단계), 점차로 재난이 시작되어 쇠락과 전멸에 이르는 과정(7~9단계)으로 설명하고 있다.[25] 이것을 간단하게 정리하면 다음과 같다.

25) (1) 양웅, 『태현경』 卷十 「太玄圖」: 故思心乎一, 反復乎二, 成意乎三, 條暢乎四, 著明乎五, 極大乎六, 敗損乎七, 剝落乎八, 殄絕乎九. 生神莫先乎一, 中和莫盛乎五, 倨劇莫因乎九. 夫一也者, 思之微者也, 四也者, 福之資者也, 七也者, 禍之階者也. 三也者, 思之崇者也, 六也者, 福之隆者也, 九也者, 禍之窮者也. 二五八, 三者之中也.
(2) 양웅, 『태현경』 卷十 「太玄圖」: 自一至三者, 貧賤而心勞, 四至六者, 富貴而尊高, 七至九者, 離咎而犯菑, 五以下作息, 五以上作消.

〈자료 2-9〉『태현경』에 보이는 일의 3과정, 9단계

<table>
<tr><th></th><th colspan="9">사람이 하는 일의 3과정, 9단계 과정</th></tr>
<tr><td>3과정</td><td colspan="3">思
생각을 일으킴</td><td colspan="3">福
성공을 이룸</td><td colspan="3">禍
재난의 시작과 쇠락</td></tr>
<tr><td>9단계</td><td>思心乎
一</td><td>反復乎
二</td><td>成意乎
三</td><td>條暢乎
四</td><td>著明乎
五</td><td>極大乎
六</td><td>敗損乎
七</td><td>剝落乎
八</td><td>殄絶乎
九</td></tr>
<tr><td>9단계의 특성</td><td>思之微者</td><td>中者</td><td>思之崇者</td><td>福之資者</td><td>中者</td><td>福之降者</td><td>禍之階者</td><td>中者</td><td>禍之窮者</td></tr>
<tr><td>9단계의 특성에 대한 풍우란馮友蘭의 해석[26]</td><td>생각을 일으킴(起念)</td><td>고려(考慮)</td><td>하나의 정해진 뜻이 있음(有一定之意)</td><td>일을 시작함(發於行事)</td><td>상당한 성공을 이룬 것으로 복(福)이라 부른다.(得相當之成功 所謂福也)</td><td>발전의 극단에 이름(事至此已發展至於極端)</td><td>재난의 시작(禍之階)</td><td>박락함(剝落禍之窮)</td><td>전멸함(殄絶禍之窮)</td></tr>
<tr><td rowspan="2">3과정의 특성</td><td colspan="3">1~3단계에서는 빈천하고 노신초사한다. (一至三者 貧賤而心勞)</td><td colspan="3">4~6단계에서 부귀하고 존귀하다. (四至六者 富貴而尊高)</td><td colspan="3">7~9단계에서는 근심을 넘어 모든 것을 엎어버린다. (七至九者 離咎而犯菑)</td></tr>
<tr><td colspan="5">5단계 이하에서는 쉴 수가 없다.
(五以下作息)</td><td colspan="4">5단계 이상에서는 쇠약해진다.
(五以上作消)</td></tr>
</table>

'도가 역학설易學說의 효시'로 불리는 『태현경』은 후에 "역학 의리파義理派의 귀감이 되어 의리파를 계발하는 구실"을 하였고, "황로학黃老學을 『주역』과 뒤섞어 황로학으로 『역』을 풀이하는 학풍을 확산"시켜 "특히 북송, 남송의 상수파象數派 역학은 『태현경』을 아주 높이 쳤다."고 한다.[27]

결국 양웅의 『태현경』의 수리체계는 철저하게 '3수 분화의 세계관'에 의해서 구성되어 있다는 점을 알 수 있다. 이러한 『태현경』의 수리체계는 뒤

26) 馮友蘭, 『中國哲學史』(京都: 中文出版社, 1973), 582-583쪽.

27) 료명춘·강학위·양위현 지음, 심경호 옮김, 『주역철학사』(서울: 예문서원, 1994), 251쪽.

에 보게 될 대종교의 각종 서적들에 보이는 사유체계와 거의 같다.

4. 성세영의 『일청사고一晴私稿』·『부인경符印經』과 '3수 분화의 세계관'

대종교 교인이었던 성세영成世永(1885~1955)[28] 선생은 붓으로 한 자 한 자 직접 쓴 『일청사고一晴私稿』[29]와 『부인경符印經』[30]을 남겼다. 이 책들의 첫

28) 성세영成世英은 독립운동가, 대종교 중진의 한 사람으로 본관은 창녕昌寧 호는 나옹裸翁이다. 경상북도 성주 출신으로 1910년 경술국치를 당하자 곧 상경하여 대종교에 입교한 뒤 고향에 성선시교당星善施敎堂과 월선시교당月善施敎堂을 세워 포교에 힘썼다. 1919년 3·1운동 때 대대적인 만세운동을 벌였으나 고향을 떠나 쫓기는 몸이 되었다.
1945년 만주로부터 환국한 총본사總本司와 연락하여 또다시 고향에 고선시교당高善施敎堂을 위시하여 13개 교당을 세워 포교에 힘쓰던 중 6·25전쟁을 맞았다. 휴전 뒤 고향에 다시 성주지사星州支司를 세웠고, 고선高善·자선紫善·산선山善·문선文善 등 여러 교당을 부활시켰다. 이러한 공로를 인정하여 교단에서는 정교正敎와 동시에 대형호大兄號를 수여하였으며, 성주지사 전무典務로 선임하였다.(大倧敎倧經倧史編修委員會, 『大倧敎重光六十年史』(서울: 大倧敎總本司, 1971) 참조).

29) 성세영이 직접 붓으로 써서 남긴 『일청사고』는 1, 2권으로 나뉘어 있다. 1권의 앞에는 「일화삼오단팔십일지도一化三五段八十一之圖」 ①방도方圖 ②원도圓圖 ③삼분도三分圖 ④외부적분 원도外附積分 圓圖, 「구변삼화생성지도九變三化生成之圖」, 「육대성상지도六大成象之圖」, 「육대상연락순환지도六大象連絡循環之圖」, 「일월대왕명교유래지도日月大王明敎由來之圖」, 「부인급신시유래지도符印及神市由來之圖」, 「신시급부인지도神市及符印之圖」등의 그림이 있다. 이어서 「구변삼화도설九變三化圖說(개천 4408년, 서기로는 1951년) 361자, 「육상경六象經」(1952년) 361자, 「신시부인경神市符印經」(1952년) 361자, 「천부경주해天符經註解」(1947년), 「천부경서天符經序」(1947년) 366자, 「천부경원문天符經原文」과 「천부경주해·도설天符經註解·圖說」(1947년), 「발跋」(1949년) 216자, 「육대성상도설六大成象圖說」, 「국전지박국이기상징도國傳地博局理氣象徵圖」, 「지박국설명地博局說明」, 「국전사박이기상징지도國傳柶博理氣象徵之圖」, 「사박국도면지도柶博局圖面之圖」, 「척사계산지도擲柶計算之圖」, 「척사설명擲柶說明」등으로 구성되어 있다. 2권은 국한문 혼용으로 된 10여 편의 글을 묶어 놓은 것이다.

30) 성세영이 남긴 『부인경』의 앞쪽에는, 「육대성상지도六大成象之圖」, 「구변삼화생성도九變三化生成圖」, 「육대성상도설六大成象圖說」, 「일화삼오단팔십일지도一化三五段八十一之圖」①방도方圖 ②원도圓圖 ③삼분도三分圖 ④외부적분 원도外附積分 圓圖,

부분에 공통으로 보이는 네 가지 형태의 「일화삼오단팔십일도一化三五段八十一圖」와 「구변삼화생성도九變三化生成圖」 등은 철저하게 '1-3-9-81'로 분화되는 '3수 분화의 세계관'을 바탕으로 하고 있다.

이 그림들은 대종교의 경전으로 인정되는 『천부경天符經』과 『삼일신고三一神誥』의 수리 철학적 논리를 성세영이 그림으로 그려 놓은 것이다. 1이 지속적으로 3분하여 81에 이르는 과정을 그린 「일화삼오단팔십일도」는 양웅의 『태현경』의 논리와 거의 같은 형태를 지니고 있다.

첫째, 네 가지 형태의 「일화삼오단팔십일도一化三五段八十一圖」는, (1) '1이 3으로 분화(一化三)'되는 과정이, (2) '5단계를 거쳐서(五段)', (3) 최종적으로 '81에 이르는 그림(八十一圖)'을 그려놓은 것이다.

성세영은 '1' 자체를 하나의 단계로 보아 전체를 5단계로 보았지만, 사실 분화의 단계는 1→3→9→27→81의 4단계인 셈이다. 결국 「일화삼오단팔십일도」는 앞서 살펴본 양웅의 『태현경』 1현→3방→9주→27부→81가의 4단계와 같은 것이고, 이러한 3수 분화의 논리를 그대로 그림으로 그려놓은 것이라고 할 수 있다.

「구변삼화생성도九變三化生成圖」, 「육대성상급상합상종도六大成象及相合相從圖」, 「육자대명왕도六字大明王圖」, 「부인급신시유래지도符印及神市由來之圖」, 「신시급부인도神市及符印圖」, 「국전지박국리기상징도國傳地博局理氣象徵圖」, 「지박국설명地博局說明」, 「국전사박이기상징도國傳柶博理氣象徵圖」, 「사박국도면도柶博局圖面圖」, 「척사계산도擲柶計算圖」 등의 그림이 있다. 이어서 「구변삼화도설九變三化圖說」(개천4408년, 서기1951년) 361자, 「육자대명경六字大明經」(1952년) 361자, 「신시부인경神市符印經」(1952년) 361자, 「천부경주해天符經註解」(1947년), 「천부경서天符經序」(1947년) 366자, 「천부경원문天符經原文」과 「천부경주해·도설天符經註解·圖說」(1947년), 「발跋」(1949년) 216자 등으로 구성되어 있다.

『부인경』은 『일청사고』와 내용이 대부분 중복된다. 필자는 복사본을 성세영 선생의 아드님으로부터 1999년에 얻었다. 99년 말에 필자가 중국 요녕대학교 교수로 가면서 당시 교장(교감?) 선생님으로 퇴직하셨다던 아드님과 현재는 연락이 두절되었다. 혹 연락처를 아시는 분은 필자에게 연락해주시기 바란다.

둘째, 〈자료 2-10〉의 '「일화삼오단팔십일도」①방도方圖'는 1기氣가 4단계를 거쳐서 81기氣로 나뉘는 과정을 각 단계별로 그려 놓았다.

셋째, 〈자료 2-11〉의 '「일화삼오단팔십일도」②원도圓圖'는 중앙의 1기가 81기로 분화되는 과정을, 가운데 한 개의 둥근 점에서 각각 세 개의 점으로 분화되는 방사상放射狀의 원형으로 그려 놓았다.

〈자료 2-10〉 성세영의 「일화삼오단팔십일도一化三五段八十一圖」①방도方圖
* 성세영은 5단계라고 보았지만 실제 분화과정은 『태현경』과 마찬가지로 4단계이다.

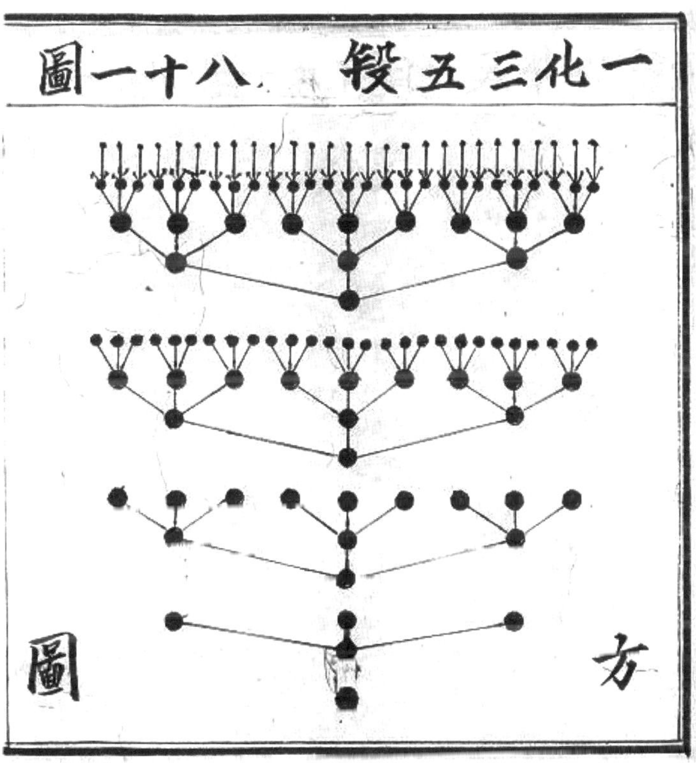

〈자료 2-11〉 성세영의 「일화삼오단팔십일도一化三五段八十一圖」②원도圓圖
* 한 개의 점에서 계속 3분되어 81개의 점으로 분화하는 과정을 그리고 있다.

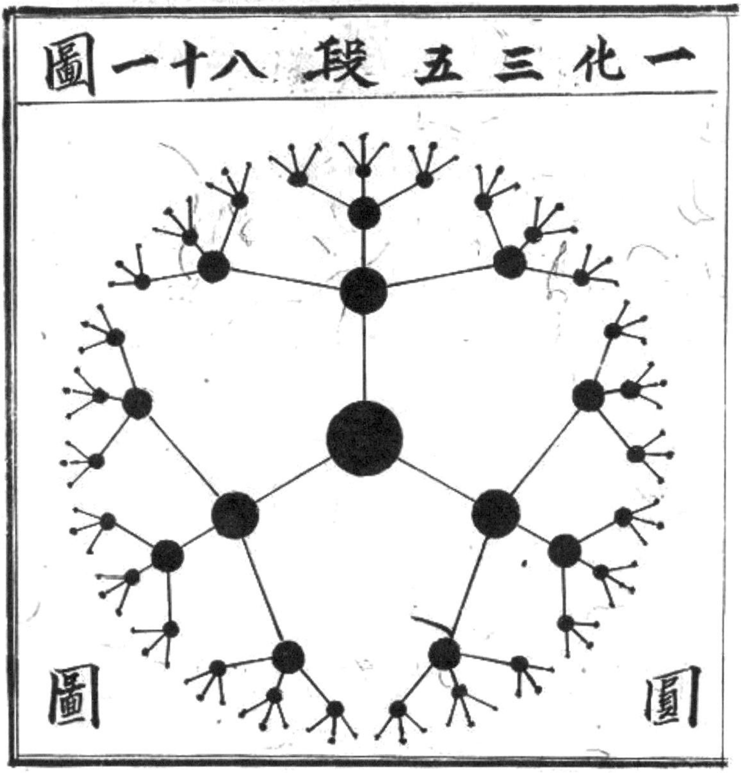

넷째, 〈자료 2-12〉 '「일화삼오단팔십일도」③삼분도三分圖'에서는 1기가 천·지·인 3기로 지속적으로 분화되는 것을 보여주고 있다. 최초의 도道 혹은 1기氣가 3분된 천(靑色)·지(黃色)·인(赤色)은 각각 계속해서 천·지·인 3기의 다른 이름인 원圓·방方·각角 3기로 3분되어 27기, 81기로 나누어진다는 것을 보여주고 있다. 성세영은 이 그림의 제목 뒤에 괄호를 치고 분명하게 삼분도三分圖라고 명기해 놓았다.

성세영의 그림에서는 흑백 명암으로 처리했지만 〈자료 2-12〉의 오른쪽 끝에는 작은 글씨로 "푸른색은 하늘의 색을 상징하고, 노란색은 땅의 색을 상징하며, 붉은색은 사람의 색을 상징한다(靑象天色, 黃象地色, 赤象人色)."고 밝혀 놓았다.

또한 〈자료 2-12〉의 왼쪽 끝에는 "(하늘을 상징하는) 푸른색은 원圓이 되고, (땅을 상징하는) 노란색은 방方이 되며, (사람을 상징하는) 붉은색은 각角이 된다(靑爲圓, 黃爲方, 赤爲角)."고 기록하였다. 곧, 1기는 하늘天=원형圓=청색靑, 땅地=네모方=노란색黃, 사람人=삼각형角=붉은색赤 3기로 분화된다는 것이다.

결국 『주역』은 '⚊양과 ⚋음'으로 분화되지만, 성세영의 『일청사고』나 『부인경』에서는 '천·지·인' 혹은 '원·방·각'의 셋으로 분화된다.

다섯째, 〈자료 2-13〉의 '「일화삼오단팔십일도」④외부적분 원도外附積分圓圖'는 가운데 원형의 1기가 원(청색=하늘)·방(황색=땅)·각(적색=사람) 3기로 분화되고, 이것이 다시 원·방·각으로 계속해서 분화되어 81기로 분화된다는 것을 보여주고 있다. 특히 원의 바깥쪽에는 네 겹으로 누적된 청(圓=天)·황(方=地)·적(角=人)을 천·지·인의 다른 표현이기도 한 구체적인 도상인 '○·□·△'으로 그려 넣었다.

앞서 살펴본 양웅의 『태현경』에서는 분화되기 이전의 1기氣인 1현玄은 계속하여 셋으로 분화되고, '1-천(⚊), 2-지(⚋), 3-인(- - -)' 3기가 방·주·부·가를 거쳐 4중으로 쌓여 81수首를 형성한다. 그러데 성세영의 '「일화삼오단팔십일도」④외부적분 원도'에서는 『태현경』에서 '천·지·인'에 해당하는 '⚊천, ⚋지, - - -인'을 각각 '원(○)·방(□)·각(△)' 혹은 '청색·황색·적색'으로 표현한 것 이외에는 다른 차이가 없다.

따라서 〈자료 2-13〉에 제시한 '「일화삼오단팔십일도」④외부적분 원도'

의 바깥쪽에 그려진 네 겹의 '○·◇·△'을 '▬천, ▬▬지, ▪▪▪인'으로 바꾸면 『태현경』의 81수首와 똑같다.

〈자료 2-12〉 성세영의 「일화삼오단팔십일도一化三五段八十一圖」③삼분도三分圖
* 1기가 분화된 천, 지, 인을 편의상 3단으로 나누어 그린 것이다.
* 하늘天=원형圓=청색靑, 땅地=네모方=노란색黃, 사람人=삼각형角=붉은색赤

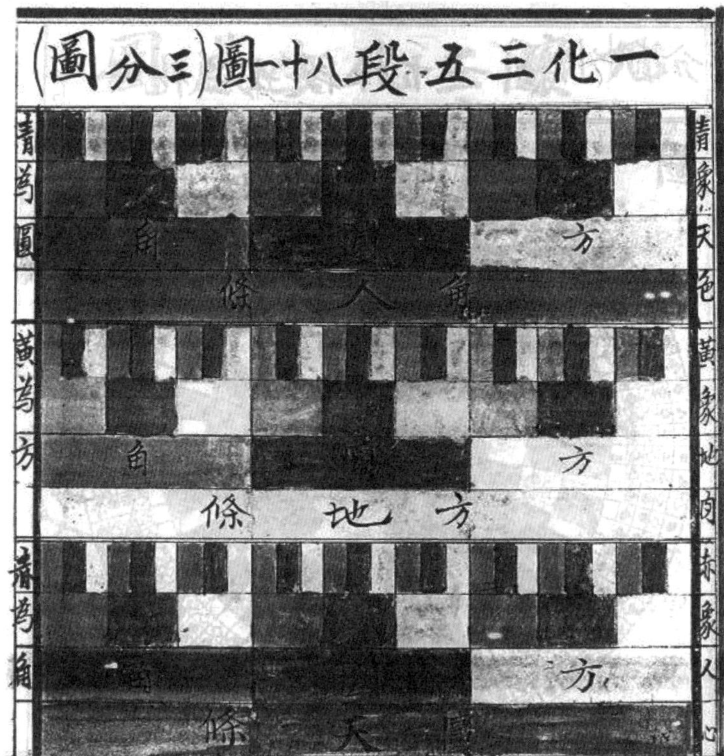

〈자료 2-13〉 성세영의 「일화삼오단팔십일도一化三五段八十一圖」④외부적분 원도外附積分 圓圖
* 바깥쪽 네 겹의 '○ · ◇ · △'을 '━, ━ ━, ▪▪▪'으로 바꾸면 『태현경』의 81수首와 똑같다.

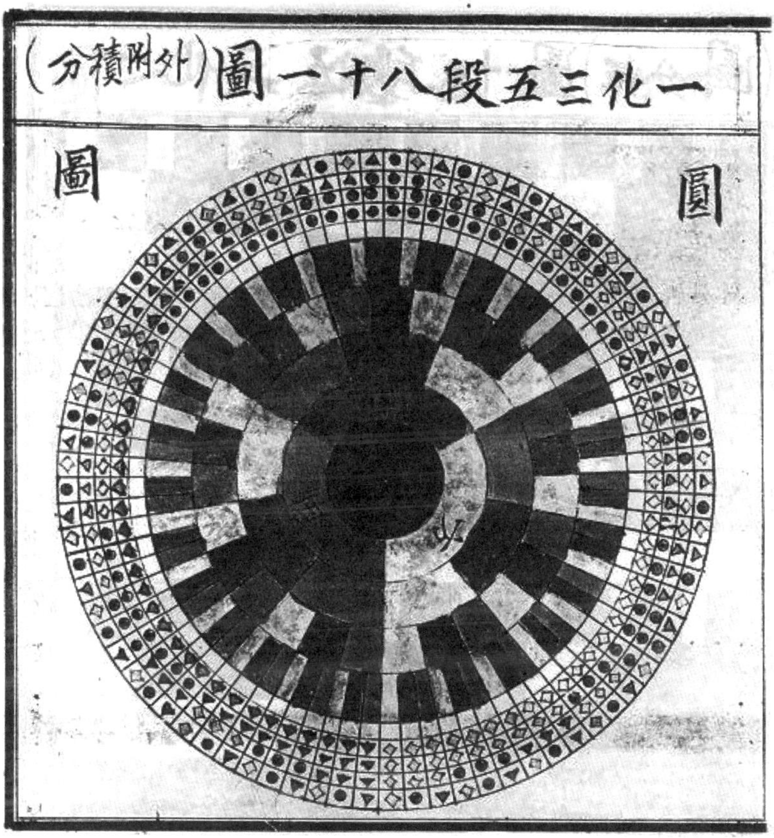

여섯째, 〈자료 2-14〉, 〈자료 2-15〉에 제시한 성세영의 「구변삼화생성도九變三化生成圖」와 「구변삼화도설九變三化圖說」은 만물의 형성 과정이, 크게 세 과정(一化, 二化, 三化)을 거치며 각각의 과정이 삼변三變(一變, 二變, 三變)하여 총 9단계의 변화를 거친다는 것을 그림으로 설명한 것이다.

〈자료 2-14〉 성세영의 「구변삼화생성도九變三化生成圖」

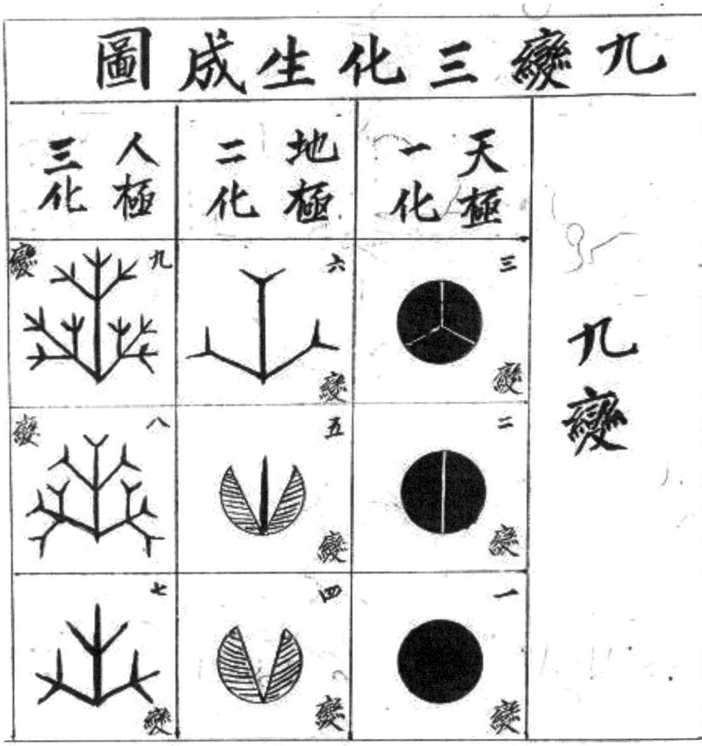

〈자료 2-15〉 성세영의 「구변삼화도설九變三化生圖說」[31)]

第一化三變之圖說

一變而生圓合理, 日天, 是一奇造化之主.

二變而化方分配, 日地, 是兩儀交感之情.

三變而成角得宗, 日人, 是三極生成之法.

……(中略)……..

第二化三變之圖說

四變而理分形生, 兩儀對代消長, 是變化之跡.

31) 성세영, 『일청사고』 「구변삼화도설」. 구체적인 의미 등은 후속의 책에서 밝힐 것이고, 여기서는 '3수 분화의 세계관'을 보여준다는 것에 주목하기로 한다.

五變而位列宗立, 三極各得一奇, 是分別之義.
六變而物進勢長, 箇體, 各自行動, 是萬性之道.
......(中略)........
第三化三變之圖說
七變而三進三化, 方成一世, 是積復之行.
八變而代代進就, 無違先法, 是繼世之心.
九變而大三之化, 各得一世, 是結子之功.
......(中略)........

만물이 형성되는 「구변삼화도설九變三化圖說」을 그림으로 설명하고 있는 것이 「구변삼화생성도九變三化生成圖」이다. 이것은 『태현경』에서 인간이 하는 모든 일은 9단계의 과정을 거친다고 보는 것과 거의 같은 구조이다. 『태현경』에서, (1) 생각을 서서히 일으키고(思: 1~3단계), (2) 성공을 이루고 나서 그 극단에 이르고(福: 4~6단계), (3) 재난이 시작되고 쇠락과 전멸에 이르는(禍: 7~9단계) 3과정, 9단계와 마찬가지로 「구변삼화도설」에서는 삼화三化의 구변九變으로 만물의 형성 과정을 설명하고 있는 것이다(〈자료 2-9〉와 비교해 볼 것).

일곱째, 〈자료 2-12〉에 제시한 성세영의 '「일화삼오단팔십일도」③삼분도'와 〈자료 2-2〉에 제시한 『주역』의 '복희 64괘 차서지도伏羲六十四卦次序之圖'를 비교하면 '3수 분화'와 '2수 분화'의 논리의 차이가 분명하게 드러난다.

〈자료 2-16〉 성세영의 '「일화삼오단팔십일도」삼분도'와 『주역』의 '복희 64괘 차서도'의 비교

1. 성세영의 '「일화삼오단팔십일도」삼분도'

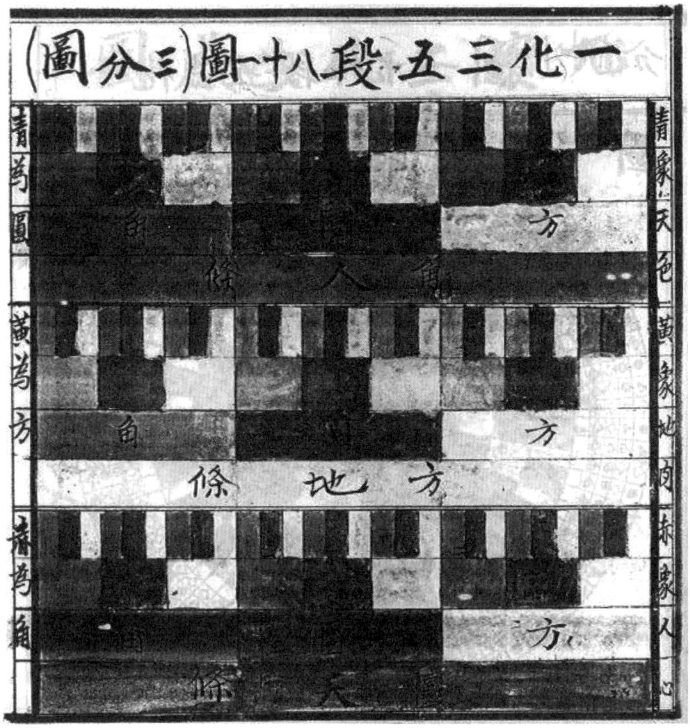

2. 천지인 3단으로 분리해서 그린 것을 하나로 연결하여 재구성한 것

천　　　　지　　　　인

1기氣 혹은 태극

3. 『주역』의 '복희 64괘 차서지도'

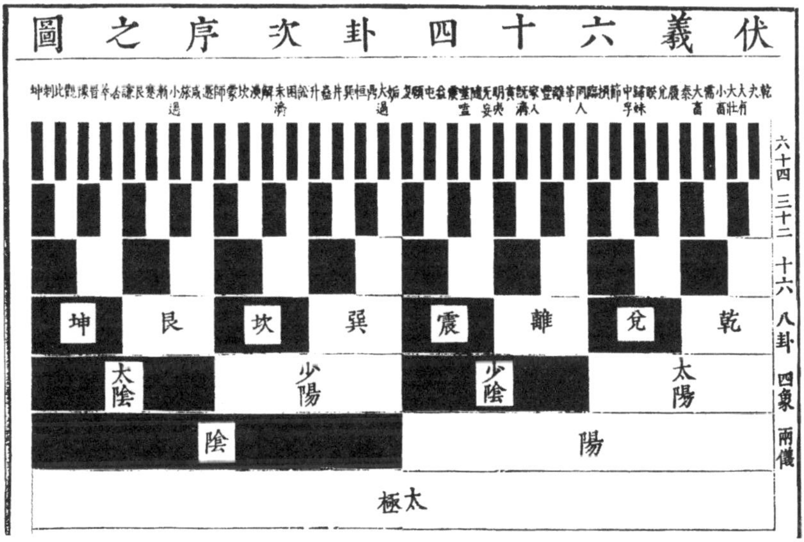

여덟째, 〈자료 2-17〉에 제시한 성세영의 '「일화삼오단팔십일도」④외부적분 원도'와 '복희 64괘 방위지도'에서 '청, 황, 적' 혹은 '흑, 백'의 칸으로 그린 것'을 비교하면 '3수 분화'와 '2수 분화'의 논리의 차이가 분명하게 드러난다.

성세영의 '「일화삼오단팔십일도」④외부적분 원도'에서 가장 바깥에 4겹으로 그려진 '○, ◇, △' 대신에 '▬천, ▬ ▬지, ▬ ▬ ▬인'으로 바꾸면 『태현경』의 81수와 똑같다.

또한 '복희 64괘 방위지도'를 괘卦 대신에 검정색과 백색의 칸으로 그린 '■, □' 대신에 '▬양, ▬ ▬음'으로 바꾸면 64괘가 된다.

아래의 〈자료 2-17〉에 제시한 그림은 '3수 분화'를 바탕으로 한 성세영의 「일화삼오단팔십일도」의 논리체계와, '2수 분화'를 바탕으로 한 『주역』의 논리체계의 차이를 명확하게 보여주고 있다.

〈자료 2-17〉 성세영의 '「일화삼오단팔십일도」외부적분 원도'와 『주역』의 '복희 64괘 방위지도'의 비교

1. 성세영의 '「일화삼오단팔십일도」 외부적분 원도'

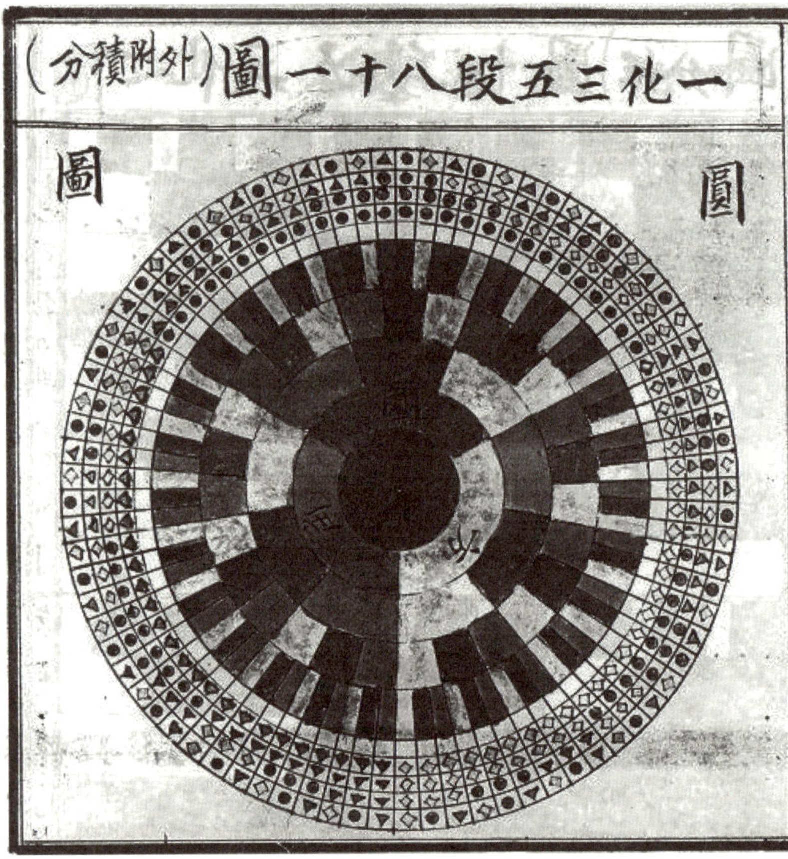

2. 『주역』의 '복희 64괘 방위지도'를 괘卦 대신에 검정색과 백색으로 표시한 것

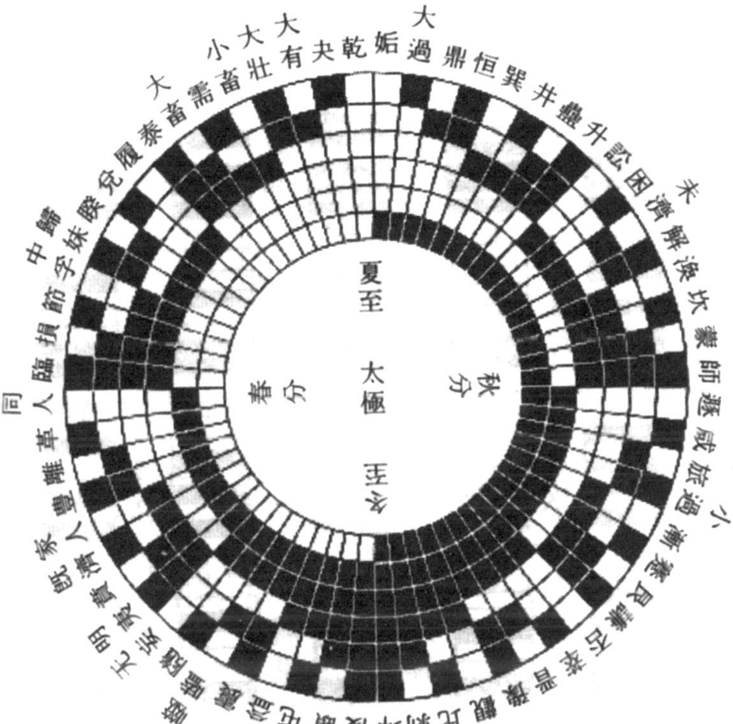

성세영의 『일청사고』와 『부인경』에 등장하는 여러 도상들은 1기가 '천(청색=○)·지(황색=◇)·인(적색=△)' 3기로 분화된다는 점을 보여주고 있다. 이는 『천부경』에서 언급된 "하나에서 셋으로 분화되지만 그 근본은 다함이 없다(一析三極, 無盡本)."는 '3수 분화'의 논리에 따라 '1-3-9-27-81'로 이어지는 '3수 분화의 세계관'을 잘 보여주고 있다. 이러한 논리는 대종교의 각종 경전 속에도 다양한 형태로 녹아들어 있다.

예를 들어 대종교 교리에 보이는, (1) 조화造化·교화敎化·치화治化라는

삼화신공三化神功을 지닌 삼신일체三神一體의 한얼님 관념, (2) 『삼일신고三一神誥』 등에 보이는 지감止感·조식調息·금촉禁觸 3가지 수련법을 통해 사람들이 타고나는 마음(心)·기운(氣)·몸(身)이라는 삼가달 혹은 삼망三妄을 벗어나 삼진三眞(性, 命, 精)으로 돌아간다는 수양론, (3) 본체는 하나지만 세 가지 작용으로 나뉘고 이 세 가지 작용은 다시 하나의 근본으로 돌아간다는 이치(三眞歸一, 卽三卽一) 등의 3·1철학도 결국 이런 '3수 분화의 세계관'의 산물인 것이다.

'3수 분화의 세계관(1-3-9-81)'은 하나가 셋으로 지속적으로 분화되는 것으로, 여기에서 3, 9(3×3), 81(9×9)은 중요한 성수聖數로 각각 중요한 상징적 의미를 지니고 있다.

'3수 분화의 세계관'을 형성하는 가장 기본적이고 중요한 논리는 '하나이면서 셋이고, 셋이면서 하나'인 '3·1철학'이다. 이것은 도가철학이나 한국 선도仙道의 핵심적인 논리가 된다.

5. 유교는 왜 '3수 분화의 세계관'과 결별하였는가?

필자는 유가와 도가철학은 모두 북방 샤머니즘의 '3수 분화의 세계관'에 토대를 둔 천지인 삼재론 등을 기저에 깔고 있다고 본다. 유교는 공자로부터 독자적인 학파를 이룩한다. 공자가 유교를 세우면서 '3수 분화의 세계관'의 주된 맥은 도가철학 계통으로 이어진다. 그렇다면 유교는 왜 '3수 분화의 세계관'과 결별하게 되었을까? 필자는 크게 3가지 이유가 있다고 본다.

첫째, 공자가 '신의 세계'나 '죽은 자의 세계'와 결별하고 인간 중심의 합리주의로 돌아섰다는 점이다.

'괴怪·력力·난亂·신神'을 말하지 않고 합리적 이성에 의해서 현실 세계에 몰입한 인간 중심적인 공자의 사상은, '신의 세계'·'인간 세계'·'죽은 자의 세계'를 인정하던 공자 당시에 팽배해 있던 북방 샤머니즘의 '3수 분화의 세계관'에서 보면 대단한 이단異端라고 볼 수 있다.

북방 샤머니즘을 바탕으로 한 '3수 분화의 세계관'은 언제나 '신의 세계'·'죽은 자의 세계'와 '인간 세상'을 수직적으로 연결하며 천지인의 우주적 조화와 질서를 강조하는 전체적이고 통합적인 관점을 지니고 있었다. 그러나 공자의 유가사상은 북방 샤머니즘의 고유한 사유체계인 신 중심의 '3수 분화의 세계관'을 지탱하던 '죽은 자의 세계'나 '신의 세계'를 거부하고 인간 중심의 합리주의로 돌아선다.

물론 공자 사상의 이러한 점들은 막스 베버Max Weber가 이야기하는 것과 같이, 인간을 '마술의 정원(Magic garden)'에서 구출한 '합리화(Rationalization)'의 산물로 설명할 수도 있다. 그러나 도가철학은 이런 합리화의 길에 동행하지 않았다.

공자는 '신의 세계'나 '죽은 자의 세계' 등을 완전히 부정하고 싶었지만, 당시의 시대 상황을 감안하여 매우 애매모호한 표현으로 간접적으로 부정을 한다. 『논어』에는 공자의 이런 입장이 잘 드러난 것이 네 곳 있다. 이것을 차례대로 열거하면 아래와 같다.

① 조상에게 제사 지내되 조상이 살아 있는 것같이 할 것이며, 신에게 제사 지내되 신이 있는 것같이 하라(祭如在, 祭神如神在).[32]

32) 『논어』「第三 八佾編」 12.

② 번지樊遲가 앎(知)에 대해서 물었다. 공자가 말하기를 "백성의 뜻하는 바에 힘쓰고, 귀신을 공경하되 멀리하면 가히 앎이라 할 수 있다."고 하셨다(樊遲問知. 子曰 務民之義, 敬鬼神而遠之, 可謂知矣).[33)]

③ 공자께서는 기괴함, 힘의 세계, 세상을 어지럽히는 일, 귀신에 대해서는 말씀하지 않으셨다(子不語 怪, 力, 亂, 神).[34)]

④ 계로가 귀신을 섬기는 것에 대해 물으니 공자가 이르기를 "사람도 섬기지 못하면서 어찌 귀신을 섬기는 일을 할 수 있으리요." 하셨다. (계로가) 감히 죽음에 대해 묻자 공자가 이르기를 "아직 삶도 모르는데, 어찌 죽음을 알겠는가?"라고 하셨다(季路問事鬼神. 子曰 未能事人, 焉能事鬼? 敢問死. 曰 未知生, 焉知死?).[35)]

위의 인용문을 통해서 보면 공자는 죽은 조상의 영혼, 귀신, 신 등의 존재를 인정하고 싶지 않기에, (1) 조상의 영혼이나 귀신이 '있는 것 같이' 대접하라고 말하고, (2) '귀신을 공경하되 멀리하라'고 말하고, (3) '괴, 력, 난, 신'에 대해서는 일체 언급을 하지 않았으며, (4) 귀신보다는 사람을, 죽음보다는 삶에 대해서 관심을 집중하라고 말한다.

필자는 공자가 인본주의를 확립하는 첫 출발이 바로 신의 세계, 죽은 자의 세계와의 단절이라고 본다. 그러나 공자 당시에 그의 제자들을 비롯

33) 『논어』「第六 雍也編」20.
34) 『논어』「第七 述而編」20.
35) 『논어』「第十一 先進編」11.

한 많은 사람들은 신의 세계나 죽은 자의 세계를 인정하고 섬기는 것을 당연시하던 시대였다. 그래서 직접적인 부정의 표현을 하지 못하고 모호한 표현으로 간접적으로 부정하여 비난을 피해 간 것이다. 만일 위의 인용문에서 보이는 제자들의 질문에 대해서 공자가 "귀신, 신, 조상의 영혼은 없다."고 단도직입적으로 부정했다면, 많은 제자들이 그를 따르지 않았을지도 모른다.

둘째, 공자 시대를 기점으로 한 '신의 세계'나 '죽은 자의 세계'와의 결별은, 천天의 개념에서도 인격천人格天에서 이법천理法天으로 바뀌게 된다는 점이다.

고대 동양의 각종 서적에 나오는 '천天'이라는 글자는 본래 상제上帝나 우리나라의 '하나님'과 같은 인격신의 의미를 지니고 있었다. 그러나 공자 시대 이후로 이런 '천天'의 개념 곧 '인격천人格天' 개념은, 인격신의 의미가 배제된 '도道'나 '이理' 같은 비인격적인 '원리천原理天' 개념으로 바뀌게 된다. 예를 들어서 송대 성리학性理學(朱子學, 理氣學, 宋學)에서 말하는 우주적 원리로서의 리理나 천리天理 등에는 인격신의 모습이 전혀 없다.

셋째, 공자가 유가철학 안에서 『주역』의 가치를 높이기 시작하면서 『주역』의 일부였던 음양론에 입각한 '2수 분화의 세계관(1-2-4-8-64)'이 자연스럽게 유가철학에 스며들었다는 점이다.

결국 공자 이래 유가철학에서는 (1) 신의 세계나 죽은 자의 세계를 부정하고, (2) 천天의 개념이 상제上帝와 같은 '인격천人格天'에서 '원리천原理天'으로 바뀌고, (3) 공자 이래로 『주역』을 높이 보면서 '태극-음양-4상-8괘-64괘'로 이어지는 '2수 분화의 세계관'이 자연스럽게 유교의 논리 안에 자리 잡게 된 것이다.

특히, (1) 진한시대에는 당시에 유행하던 음양오행론을 유가철학 안에 받아들여 한나라 이후 유교는 '음양오행화된 유교'가 되고, (2) 송나라 이후 성리학에서는 불교의 체용론體用論을 받아들여 이기론理氣論의 논리체계를 만들면서 유가철학은 '3수 분화의 세계관'과는 완전히 결별하게 된다.

제3장

'3수 분화의 세계관'과 3·1철학

고대 북방 샤머니즘의 고유한 사유체계인 '3수 분화의 세계관'은, (1) 사유체계의 핵심이 '하나이면서 셋이고, 셋이면서 하나'라는 3·1철학 혹은 3·1신 관념에 있고, (2) 이러한 사유체계에서 '하나에서 셋'으로 분화되면서 파생되는 3, 9(3×3), 81(9×9) 등은 3의 배수倍數 혹은 제곱수로서 중요한 상징성을 지닌 성수聖數로 여겨지며, (3) 이러한 사유체계가 최초로 체계화된 것은 1980년대 이후 새롭게 발견된 홍산문화(BC 4500~BC 3000) 후기(BC 3500~BC 3000)이고, (4) 북방 샤머니즘을 공유한 지역의 각종 기층문화와 샤머니즘 안에 잘 남아 있으며, (5) 후대에는 황노학黃老學, 신선사상神仙思想, 도가철학道家哲學, 선도仙道, 풍류도風流徒, 대종교大倧敎 등 동북아시아의 철학과 종교 등에 핵심이 된다.

이 장에서는 '3수 분화의 세계관'에서 가장 핵심적인 논리인 '하나이면서 셋이고, 셋이면서 하나'라는 3·1철학 혹은 3·1신 관념에 대해서 살펴보기로 한다.

1. '하나이면서 셋이고, 셋이면서 하나'인 3·1철학의 특징

1이라는 숫자는 세계 어느 문화, 어느 민족에서나 절대자, 최고의 원리, 최초 등의 상징적 의미를 지니고 있다. 그러나 '3수 분화의 세계관'에서 1은 언제나 3을 함유하고 있는 1이다. 그래서 '하나이면서 셋이고, 셋이면서 하나'인 이것을 '3·1(Three in one)'이라고 부른다.

북방 샤머니즘의 고유한 사유체계인 '3수 분화의 세계관'은, (1) '하나이면서 셋이고, 셋이면서 하나'라는 3·1신, 3·1철학에 기초한 '본체론적인 논리'를 지니고 있고, (2) 하나에서 둘을 거치지 않고 셋으로 지속적으로 분화되는 '3수 분화의 프랙탈fractal 구조'에 기초한 '우주론적 자기 전개의 논리'를 지니고 있다.

'3수 분화의 세계관'의 우주론인 '3수 분화의 프랙탈 구조'에 대해서는 제4장에서 살펴보고, 이 장에서는 본체론인 3·1철학에 대해서 살펴보기로 한다.

2. 도교에 대한 오해

우선 '3수 분화의 세계관'을 논리화한 도가철학과 이를 종교화한 도교에 대한 오해를 하나 풀고 넘어가기로 한다. 도교는 중국의 남쪽에서 발생했기 때문에 남방 문화의 산물이라는 오해이다.

황노학, 도가철학, 신선사상 등을 바탕으로 후대에 종교화되는 도교는 중국 남방의 초楚 문화에서 발생한다. 그렇다고 해서 도교가 남방 농경문화를 바탕으로 탄생된 것이라고 보면 안 된다. 왜냐하면, (1) 북방 샤머니즘을 바탕으로 한 신神 중심적인 상商나라 문화가 이성理性 중심적인 주周나라 문화에 밀려나지만 주나라의 남쪽에 있었던 초나라에서 상나라의 샤머니즘적인 문화유산을 그대로 보전될 수 있었고, (2) 이런 무풍巫風을 바탕으로 해서 초나라에서 도교가 발생한 것이기 때문이다. 이에 대해서 중국의 갈조광葛兆光은 다음과 같이 정리하고 있다.

> 초 문화는 북방의 경우 이성주의에 의해 이전의 구문화가 훼멸된 것과는 달리 이전의 은나라(殷: 商의 후기를 말함)의 문화유산이 그대로 보전될 수 있었다. 주지하다시피 은나라의 문화는 무풍(巫風)에 대단히 많은 영향을 받았기에 일마다 점을 쳤으며, 일월성신을 비롯한 모든 산천귀신들도 융숭한 대접을 받아왔었다. 이러한 문화적 유산은 초나라 문화권 내에 여러 가지 형대로 잔존하고 있었다.[36]

곧, 후대의 도교도 기본적으로 북방 샤머니즘의 세계관을 바탕으로 한 상나라의 문화유산을 계승한 것이다. 이렇게 형성된 도교에서 북방 샤머니즘의 사유 체계인 '3수 분화의 세계관'이 이어진 것은 당연하며, 도교의 각종 의례나 경전에서는 1-3-9-81로 이어지는 수의 상징이 중요하게 등장한다.

3수 분화의 세계관의 핵심이라고 할 수 있는 3·1철학은 도가나 도교 계통의 사유체계에서도 그대로 이어진다. 도교의 최고신은 천일天一·지일地一·태일太一로 불리는 '셋이면서 하나인 3·1신'이다. 필자는 '셋이면서 하나인 3·1신'의 개념은, 『한서』「율력지」에 보이는 '태극원기 함삼위일太極元氣 含三爲一'의 인격화된 표현일 뿐이라고 본다.[37] 이제 관련 서적을 통해

36) 갈조광 지음, 심규호 옮김, 『道敎와 中國文化 : 도교와 우주론 '의례와 방술' 신들의 계보』(서울: 동문선, 1987), 449쪽.

37) 우실하, 「최초의 태극 관념은 음양태극이 아니라 삼태극/삼원태극이었다」, 동양사회사상학회, 『동양사회사상』, 제8집(2003), 537쪽 참조. 『한서』「율력지」본문에는 '태극원기

3·1철학에서 1과 3의 관계를 어떻게 설명하는지 살펴보자.

3. 장군방의 『운급칠첨雲笈七籤』과 3·1철학

도가철학이나 이를 후대에 종교화한 도교의 각종 상징체계에서 '하나에서 셋으로' 분화되는 사유체계는 매우 중요하게 취급되고 일반적으로 '3·1철학'이라고 부른다.

도가나 도교의 중요 경전으로 사고전서四庫全書에도 수록되어 있는 송나라 장군방張君房의 『운급칠첨雲笈七籤』은 총 122권으로 도교 분야를 종합적이고 체계적으로 정리한 도교학 분야의 거작으로 '소도장小道藏'이라고도 불린다.

『운급칠첨』은 4,500여권에 달하는 경전을 모아놓은 『대송천궁보장大宋天宮寶藏』에 수록된 천 수백 종의 옛 문헌자료들을 초록한 것으로, 도교 연구의 매우 귀중한 자료이자 최고의 이론서로 불린다. 『운급칠첨』은 동진洞眞, 동현洞玄, 동신洞神, 태현太玄, 태평太平, 태청太淸, 정일正一 등 7부로 나누어져 있어 7첨七籤이라는 이름이 붙여졌다[38]

함삼위일太極元氣 含三爲一'이라고 분명하게 기록하고 있고, 태극은 천지인 삼재의 3기三氣를 함유하고 있는 1기一氣로 표현하고 있다.

38) 『운급칠첨』은 11세기에 송宋나라의 장군방張君房이 편찬한 도교道敎 교리의 개설서이다. '소도장小道藏'이라고도 한다. 모두 122권으로 현재 3종류의 판본이 전하고 있는데, 명나라의 도장본道藏本, 청진관본淸眞館本과 청나라 때 간행된 도장집요본道藏輯要本이 그것이다.
『운급칠첨』은 동진洞眞, 동현洞玄, 동신洞神, 태현太玄, 태평太平, 태청太淸, 정일正一 등 7부로 나누어져 있어 7첨七籤이라는 이름이 붙여졌다. (1) 1~28권은 종지宗旨의 개론서이고, (2) 29~86권은 재계齋戒, 연기鍊氣, 내외단內外丹, 방약方藥, 시해尸解 등 여러 도교의 술법을 논하고 있고, (3) 87~99권에는 시가詩歌, 전설 등을 다루었으며, (4) 100~116권은 여러 신선들의 기전紀傳이고, (5) 117~122권에는 두광정杜光庭의 『도교영

장군방의 『운급칠첨』 권49 비요결법秘要訣法의 「삼일결三一訣」과 「현문대론삼일결玄門大論三一訣」에는 '3수 분화의 세계관'의 핵심인 '하나이면서 셋이고, 셋이면서 하나'인 3·1철학에 대한 도가계통의 이해 방식이 잘 요약되어 있다. 몇 곳을 살펴보면 아래와 같다.

우선 『운급칠첨』 권49 비요결법의 「삼일결」과 「현문대론삼일결」의 제목에는 이미 '3·1' 개념이 들어가 있다. 그 '3·1' 개념을 설명하면서 '1안에 이미 3이 들어가 있기 때문'이라고 분명하게 설명하고 있다. 이를 명료하게 보여주는 부분을 보면 아래와 같다.

> 진요법사가 이르기를, "3·1이라는 것은 분명히 1이지만 (그 안에) 이미 3이 자리를 잡고 있어서 이름을 얻은 것이다. 그래서 3·1이라고 이름한다. 1을 이름하여 3·1이라고 하는 까닭은, 1 이것이 3 그것이기 때문이다. 비록 3이긴 하지만 항상 1이기 때문에 3·1이라고 이름한다.

> 3·1이라는 것을, 도道의 입구에 있어서 참된 경계에 들어오지 못한다면 어찌 얻어 볼 수 있겠는가? 1은 나누어지지만 3을 포기하지는 못한다. 온전한 1은 아직 3으로 갈라진 것이 아니다. 단지 3으로 갈라지지 않아야 1을 보는 것이 잠시 가능하다. 그래서 3·1이라고 이름한다. 나뉘면 3이라고

험기道教靈驗記』를 수록하고 있다.

필자가 참고한 것은 아래의 두 가지이다.

1. 문연각본文淵閣本 『사고전서四庫全書』 전체를 CD 150장에 모두 영인하여 담은 아래의 것.
   濟南開發區彙文科技開發中心 研制,『四庫全書』(城都 : 武漢大學出版社, 1997).
2. 장군방, 『운급칠첨 : 上, 中, 下』(臺北: 自由出版社, 中華民國 66年) (영인본)

말하지만 1을 떠난 것이 아니다. 그래서 3·1이라고 이름한다."고 하였다.[39]

1은 그 안에 이미 3이 자리하고 있어서 3·1이라고 부르고, 온전한 1은 아직 3으로 갈라지지 않은 것이어서 굳이 1이 아니라 3·1이라고 표현한다는 것이다. 이런 3·1의 관계는 도의 경지에 들어와야 비로소 보인다는 것이다. 이러한 사유체계가 '3수 분화의 세계관'의 '본체론적인 논리' 곧 '내적 논리 체계'인 '3·1'관념이다.

그렇다면 이런 '3·1'이라는 것은 구체적으로 무엇인가? 「삼일결三一訣」에서는 『석명釋名』[40]을 인용하면서 '3·1'이란 정精, 신神, 기氣 세 가지가 하나로 섞여 있는 것이라고 설명하고 있다.

> 『석명(釋名)』에 이르기를 "3·1이라는 것은 정(精), 신(神), 기(炁: 氣와 같은 글자) 3 가지가 섞여서 1을 이루고 있는 것이다."고 한다.[41]

정, 신, 기 3가지가 하나로 섞여 있는 1이기 때문에 1은 1이 아니고 3·1이라는 것이다.

그렇다면 3은 그대로 3인가? 이에 대해서도 3이 섞여서 1이 되므로 3은 3이 아니라고 본다. 즉 1은 3으로 나누어지므로 1은 1이 아니고, 3은 섞여

---

39) 장군방, 『운급칠첨』 卷49 秘要訣法, 「三一訣」.
眞要法師曰 三一者 正一而已三處授名 故名三一. 所以一名三一者 一此而三彼也. 雖三常一故名三一. 三一者 何道初門未入眞境得見 一分未能捨三 全一是未離三 雖未離三少能見一 故名三一 分言三不離一 故名三一.

40) 후한後漢 말 유희劉熙가 지은 사전류의 서적으로 27편으로 구성되어 있다.

41) 장군방, 『운급칠첨』 卷49 秘要訣法, 「三一訣」.
釋名云 三一者 精神炁混三爲一也

서 1이 되기 때문에 3은 3이 아니라는 것이다. 이러한 관계를 잘 정리하고 있는 부분이 바로 아래의 부분이다. 보기에 따라서는 말장난처럼 보일지 모르지만 1과 3의 관계를 논리적으로 잘 보여주는 부분이다.

> 맹법사(孟法師)가 이르기를, "1을 말하고 3을 말하는 것은(言一言三), 4도 아니고 2도 아닌 것으로써 말하는 것이다(不四不二者以言). 1을 말하는 것은 (이미) 3이 이루어 진 것이다(言一卽成三也). … 3으로 나누어지지만 완전히 나누어지는 것은 아니기 때문에(三分不定分), 체(體)는 뒤섞여서 1이 된다(故體混爲一). 3이 섞여 1이 되므로(混三爲一), 3은 3이 아니다(三則不三). 1은 나뉘어 3이 되므로(分一爲三), 1은 1이 아니다(一則不一). 3이 아니면서 3이고(不三而三), 1이 아니면서 1이다(不一而一).
>
> 이것은 3은 '3이 아닌 3'이고(斯則不三之三)', 1은 '1이 아닌 1'이라는 것이다(一是不一之一). 3이 아닌 3은(不三之三), 정말로 3이 아닌 것이 아니고(非眞非三), 또한 3이 아닌 것이 아니기도 하다(亦非非三). 1이 아닌 1은(不一之一), 정말로 1이 아닌 것이 아니고(非眞非一), 또한 1이 아닌 것이 아니기도 하다(亦非非一). 이것은 거듭되는 오묘함(玄)의 극치이다."고 하였다.[42)]

위의 인용문에 보이는 "3이 아닌 3(不三之三)", "1이 아닌 1(不一之一)" 등의 표현 안에 '3이면서 3이 아니기도 하고, 1이면서 1이 아니기도 한' 3·1

---

42) 장군방, 『운급칠점』 卷49 秘要訣法, 「玄門大論三一訣」.
孟法師云 言一言三 不四不二者以言 言一卽成三也…三分不定分 故體混爲一. 混三爲一 三則不三 分一爲三 一則不一. 不三而三 不一而一. 斯則三是不三之三 一是不一之一. 不三之三非眞非三 亦非非三. 不一之一非止(眞의 오자로 보임-필자)非一 亦非非一. 此合重玄之致也.

철학의 '본체론적인 논리'가 들어가 있다. 필자는 위의 인용문이 3·1철학의 1과 3의 관계를 다른 어느 문헌보다도 가장 분명하고 명쾌하게 보여주는 부분이라고 본다. 각 문장들의 의미를 좀 더 상세히 살펴보기로 한다.

첫째, "1을 말하고 3을 말하는 것은(言一言三), 4도 아니고 2도 아닌 것으로써 말하는 것이다(不四不二者以言)."라는 표현에는 3·1철학이 '3수 분화의 세계관'과 관련된 것이지 '2수 분화의 세계관'과는 상관없는 논리라는 것을 단적으로 드러내주고 있다.

둘째, "1을 말하는 것은 (이미) 3이 이루어 진 것이다(言一卽成三也)."라는 표현은 1안에 3을 포함하고 있다는 의미이다.

셋째, "3으로 나누어지지만 완전히 나누어지는 것은 아니기 때문에(三分不定分), 체體는 뒤섞여서 1이 된다(故體混爲一)."는 표현은 1이 3으로 분화되지만 본체에서 완전히 독립된 3으로 분화되는 것은 아니라는 3·1의 본체론을 설명한 것이다.

넷째, "3이 섞여 1이 되므로(混三爲一), 3은 3이 아니다(三則不三)."라는 표현은 3으로 분화되는 것들이 완전히 독립적인 3은 아니라는 것을 설명하고 있다.

다섯째, "1은 나뉘어 3이 되므로(分一爲三), 1은 1이 아니다(一則不一)."라는 표현은 1이 3을 내재하고 있기 때문에 순수한 의미에서의 1은 아니라는 것을 설명하고 있다.

여섯째, "3이 아니면서 3이고(不三而三), 1이 아니면서 1이다(不一而一)."라는 표현은 3은 결국 1에 내재해 있기 때문에 엄밀한 의미에서는 3이 아니지만 개념적으로는 3이라는 것이고, 1은 3을 내재하고 있기 때문에 엄밀한 의미에서 1은 아니라는 것이다.

일곱째, "이것은 3은 '3이 아닌 3'이고(斯則不三之三)', 1은 '1이 아닌 1'이라는 것이다(一是不一之一)."라는 표현은, 3은 1속에 내재된 3이기 때문에 '3이 아닌 3'이고 1은 3을 포함하는 1이기 때문에 '1이 아닌 1'이라는 점을 설명하고 있다.

여덟째, "3이 아닌 3은(不三之三), 정말로 3이 아닌 것이 아니고(非眞非三), 또한 3이 아닌 것이 아니기도 하다(亦非非三)."라는 표현은, 3은 1에 내재된 3이기 때문에 '3이 아닌 3'이지만 개념적으로는 분명히 3으로 나누어질 수 있으므로 3이기도 하고 동시에 3이 아니기도 하다는 것을 설명한 것이다.

아홉째, "1이 아닌 1은(不一之一), 정말로 1이 아닌 것이 아니고(非眞非一), 또한 1이 아닌 것이 아니기도 하다(亦非非一)."라는 표현은, 1은 3을 내재한 것이기 때문에 '1이 아닌 1'이지만 3으로 분화되기 이전의 본체는 분명히 1이므로 1이면서 동시에 1이 아니기도 한 것이라고 설명한 것이다.

위의 인용문들은 도교 사유 체계의 가장 핵심적인 원리인 '하나이면서 셋이고, 셋이면서 하나'인 3·1철학의 '본체론적 논리'를 명쾌하게 설명하고 있다. 다소 논의가 반복적이긴 하지만 3·1철학의 1과 3의 관계를 보여 수는 백미(白眉)라고 해도 전혀 손색이 없다.

송대 이후의 성리학에서는 주로 이(理)와 기(氣)의 이분법에 의해서, 이와 기는 '분명히 두 가지 것(決是二物)'이지만 '둘로 나뉠 수 없다(不可分開)'는 '하나이면서 둘이고, 둘이면서 하나'인 '2·1'의 논리를 지니고 있다.[43]

43) 이이, 『율곡전서』 卷9, 「答成浩原書」.
所謂理與氣, 決是二物. 但在物上看, 則二物渾淪, 不可分開各在一處. 然不害二物之名爲一物也. 若在理上看, 則雖未有物而已有物之理. 然亦但有其理而已, 未嘗實有是物也.

주자의 이와 기의 관계에 대한 이런 언급은 조선시대 성리학자 율곡 이이에 의해서 '둘이면서 하나이고, 하나이면서 둘이다(二而一 一而二)'라는 논리로 명쾌해진다.[44] 곧 성리학의 논리가 2·1철학이라면 도교의 논리는 3·1철학이라고 비유할 수 있다.

도가계통의 핵심적인 원리인 3·1철학은 각종 도가계통의 다른 책에서도 그대로 이어지고 있다. 예를 들어서 『도덕경道德經』「42장」, 『포박자抱朴子』「지진地眞」, 『회남자淮南子』「범론훈氾論訓」과 「천문훈天文訓」, 『장자莊子』「전자방田子方」, 『열자列子』「천서편天瑞篇」 등에 3·1철학의 논리가 보인다.[45]

4. 『주역周易』과 3·1철학

세계 여러 나라에서 우리나라의 삼일태극三一太極과 같은 문양을 사용하고 있다. 필자의 조사에 의하면 한국, 중국, 일본, 몽골, 북유럽(특히 고대 켈트족), 티벳 등지에서 사용되고 있다. 그러나 우리나라처럼 천지인 삼재론 혹은 삼일태극 등과 연결시켜서 철학적 의미로 사용되는 경우는 어디에도 없다. 그렇다면 우리나라에서만 유독 이런 문양을 삼일태극이라고 부르며 철학적 논의로 끌어들인 것은 어디에서부터 출발한 것일까?

---

44) 이이, 『율곡전서』 卷9, 「答成浩原書」
夫理者, 氣之主宰也. 氣者, 理之所乘也. 非理則氣無所根抵, 非氣則理無所依著, 卽非二物, 又非一物. 故一而二, 非二物. 故二而一也, 非一物者 何謂也. 理氣雖相離不得, 而妙合之中, 理自理, 氣自氣, 不相挾雜. 故非一物也 非二物者, 何謂也. 雖曰理自理氣自氣, 而渾淪無間, 無先後, 無離合, 不見其爲二物, 故非二物也. 是故, 動靜無端, 陰陽無始, 理無始, 故氣亦無始也.

45) 우실하, 『전통음악의 구조와 원리: 삼태극의 춤, 동양음악』(서울: 소나무, 2004), '제6장 동양음악의 사상적 배경(2): 삼일철학의 전승과 흔적들' 참조.

동양철학 분야에서 나오는 태극 관련 논문들은 '삼일태극'에 대해서 다룬 것이 없다. 삼일태극 '문양'에 대한 연구는 디자인 전공자들이 여러 문양들 가운데 하나로 다룬 몇 편의 논문이 있다. 철학, 사상, 문화사적으로 삼일태극 문양을 다룬 것은 필자의 몇 편 논문밖에 없다.[46] 조선시대 성리학을 가르치던 서원과 향교의 외삼문外三門과 내삼문內三門, 불교 사찰의 문, 궁궐, 각종 건물의 홍살문으로 속칭되는 홍전문紅箭門 등에서는 실제로 삼일태극 문양이 수없이 사용되었음에도 불구하고 이에 대한 철학적 연구가 없다는 것은 참으로 이상한 일이다.

대부분의 태극 관련 논문들은 '태극'이라는 용어가 처음 등장하는 『주역周易』 「계사상전繫辭上傳」에 보이는 "태극이 음양 양의를 낳고, 양의가 사상을 낳고, 사상이 팔괘를 낳는다."[47]는 문구에 주목하여 태극이 마치 음양 2기를 함유하고 있는 것으로만 본다. 이런 까닭에 태극의 도상화는 '음양태극도陰陽太極圖'만을 의미하는 것으로 오해하고 있다.

예를 들어, 김병환의 「태극도의 연원 연구」라는 논문에서는 음양태극

---

46) 삼태극에 대해서는 별도의 책을 쓰고 있다. 아래는 기존에 발표한 삼태극 관련 필자의 논문들이다.

우실하, 「최초의 태극 관념은 음양태극이 아니라 삼태극/삼원태극이었다」, 동양사회사상학회, 『동양사회사상』 제8집(2003), 5-37쪽.

______, 「삼태극의 논리와 5音 12律의 산율 수리(數理) 체계」, 한국음악사학회, 『한국음악사학보』 제32집(2004), 73-113쪽.

______, 「삼태극(三太極)/삼원태극(三元太極) 문양의 기원에 대하여」, 한국정신문화연구원, 『정신문화연구』 제29권 제2호, 통권 103호(2006년 여름호), 205-237쪽.

______, 「삼태극/삼원태극의 상징적 의미와 훼손 실태: 송광사 약사전(보물 302호)과 영산전(보물 303호)를 중심으로」, 계명대 한국학연구원, 『한국학논총』 제39집(2009. 12), 123-164쪽.

______, 「삼태극/삼원태극 문양의 기원과 삼파문의 유형 분류」, 동양사회사상학회, 『동양사회사상』 제21집(2010. 5), 99-137쪽.

47) 『주역·계사상전』 易有太極. 是生兩儀. 兩儀生四象. 四象生八卦.

문양인 음양태극도陰陽太極圖의 기원에 관한 여러 학설들을 잘 정리하고 비판적으로 검토하고 있지만, 또 하나의 태극 문양인 삼일태극도三一太極圖에 대해서는 일체 언급이 없다.[48)]

그렇다면 조선시대 유학자들은 '왜' 태극을 음양태극도와 삼일태극도 두 가지 모습으로 형상화했던 것일까? 최초의 태극 관념은 음양태극이 아니라 삼일태극이었다.[49)]

필자는, (1) '태극의 체體'는 '천·지·인 3기三氣를 함유한 1기氣' 혹은 '천도天道·지도地道·인도人道 3도三道를 함유한 삼재지도三才之道' 혹은 '천극天極·지극地極·인극人極 3극三極을 함유한 삼극지도三極之道' 등으로 표현되었고 이를 형상화한 것이 '삼일태극도'이고, (2) 이러한 삼일태극이 천도天道·천기天氣·천극天極의 경우에는 '한번은 멈추고 한번은 움직이고(一陰一陽)', 지도地道·지기地氣·지극地極의 경우에는 '한번은 부드럽고 한번은 강하게 움직이고(一柔一强)', 인도人道·인기人氣·인극人極의 경우에는 '한번은 인자하고 한번은 단호하게 움직이면서(一仁一義)'[50)] 전개되어 가는 '삼일태극의 작용 원리'를 형상화한 것이 '음양태극도'라고 본다. 이제 이런 필자의 견해를 좀 더 상세히 논의해 보기로 한다.

우선, 『주역』에는 '3수 분화의 세계관'을 바탕으로 한 3·1철학의 논리와 음양론을 바탕으로 태극-음양-4상-8괘-64괘로 이어지는 '2수 분화의 세계관'이 동시에 존재한다. 이 점은 앞 장에서 소개한 송재국의 입장

---

48) 김병환, 「태극도 연원 연구」, 한국동양철학회, 『동양철학』 Vol.7 (1996), 221-251쪽.

49) 우실하, 「최초의 태극 관념은 음양태극이 아니라 삼태극/삼원태극이었다」, 동양사회사상학회, 『동양사회사상』 제8집(2003), 5-37쪽.

50) 인의예지仁義禮智 사단四端의 논리에서 의義는 시비지심是非之心으로 사사로운 정에 매이지 않고 옳고 그름을 가리는 것이기에 필자는 '단호함' 혹은 '냉정함' 등의 의미로 새긴다.

과도 다르지 않다.[51]

곧, 천도·지도·인도를 내재한 삼재지도로서의 도 또는 천극·지극·인극을 내재한 삼극지도로서의 도는 '하나이면서 셋이고, 셋이면서 하나'인 3·1철학적인 도를 말하는 것이다. 즉 1로서의 도에는 천도·지도·인도인 3도가 내재되어 있고, 1로서의 태극 혹은 도에는 천극·지극·인극이라는 3극이 내재되어 있는 것이다. 이러한 3·1철학으로서의 '삼일태극 혹은 도의 체體'를 도상화한 것이 바로 삼일태극도三一太極圖인 것이다.

또한 삼재지도 혹은 삼극지도인 도가 움직여 가는 원리는 음양, 강유, 인의라는 음양적인 질서다. 이것은 음양론에 따른 철저한 '2수 분화의 세계관'을 드러내고 있다. 이와 같이 '삼재지도, 삼극지도'인 도 혹은 삼일태극이 음과 양을 반복하며 움직여 가는 원리를 도상화한 것이 바로 음양태극도陰陽太極圖이다.

결론적으로 『주역』의 '본체론적 논리'는 '3수 분화의 세계관'의 산물인 3·1철학에 입각해 있고, '우주론적 자기 전개의 논리'는 '2수 분화의 세계관'의 산물인 음양론을 따르고 있는 것이다.

'3수 분화의 세계관'에 입각한 3·1철학과 음양론적 '2수 분화의 세계관'이 공존하는 이러한 『주역』의 성격은 '『주역』이 과연 유가의 사상인가, 도가의 사상인가?' 하는 쟁점과도 연결될 수 있다. 중국학자 진고응陳鼓應은 여러 학자들의 서로 다른 입장을 정리하면서 자신은 『주역』이 도가 사상을 바탕으로 하고 있다고 주장하고 있다.[52]

51) 송재국, 『송재국 교수의 역학담론: 하늘의 빛 正易, 땅의 소리 周易』(서울: 예문서원, 2010), 324-325쪽 참조.

52) 진고응 지음, 최진석·김갑수·이석명 옮김, 『주역: 유가의 사상인가 도가의 사상인가』(서울: 예문서원, 1996).

필자는 '『주역』이 과연 유가의 사상인가, 도가의 사상인가?' 라는 논의 자체가 무의미하다고 본다. 왜냐하면 유가나 도가가 정리되기 이전에 이미 『주역』은 완성되어 있었고, 도가나 유가의 바탕이 되는 '3수 분화의 세계관'이나 '2수 분화의 세계관'도 이미 모두 공존하고 있었기 때문이다.

이제까지 지나치게 음양론적 논리에만 집착해서 『주역』을 바라본 것에서 벗어나서, 『주역』에 내재된 3·1철학과 삼일태극 관념을 살펴보기로 한다.

'태극'이라는 용어가 최초로 등장하는 책은 『주역』이다. 대부분의 태극 관련 논문들은 『주역』「계사상전」에 보이는 "태극이 양의(음양)를 낳고, 양의가 사상을 낳고, 사상이 팔괘를 낳는다."[53]는 문구에 주목하여 태극을 음양태극도로 도상화한다. 그러나 『주역』에는 음양태극 관념과 삼일태극 관념이 공존하고 있다는 것이 필자의 생각이다. 이제 이러한 필자의 견해를 좀 더 상세히 소개해 보기로 한다.

첫째, 『주역』에는 '삼극지도三極之道'라는 표현이 나온다. 먼저 『주역』「계사상전」에는 "6효의 움직임은 (천지인) 삼극의 도다."[54]라는 표현이 보인다. 천극, 인극, 지극을 합친 것이 '삼극三極'이고, 이 '삼극지도'를 도상화한 것이 삼일태극도인 것이다.

둘째, 『주역』「계사하전」에는 "역에는 천도天道, 지도地道, 인도人道가 있어 삼재三才가 두 효씩을 상징하니 6효가 된다. 그러므로 6효라는 것은 다른 것이 아니라 (천지인) 삼재지도三才之道이다."[55]라는 표현이 보인다. 천

53) 『주역·계사상전』 易有太極. 是生兩儀. 兩儀生四象. 四象生八卦.

54) 『주역·계사상전』 聖人設卦觀象繫辭焉. 而明吉凶 剛柔相推而生變化. 是故吉凶者失得之象也. 悔吝者憂虞之象也. 變化者進退之象也. 剛柔者晝夜之象也. **六爻之動三極之道也.**

55) 『주역·계사하전』 **易之爲書也. 廣大悉備. 有天道焉 有人道焉 有地道焉 兼三才而兩之. 故六. 六者非他也. 三才之道也.**

도, 지도, 인도를 합하여 삼재지도三才之道라고 표현하였음을 알 수 있다. 3·1철학에서 1안에 3이 내재되어 있듯이, 내재된 천도, 지도, 인도를 합친 '삼재지도'를 도상화한 것이 삼일태극도인 것이다.

셋째, 『주역』「설괘전」에는 "그러므로 하늘의 도를 세워 음陰과 양陽이라고 하고, 땅의 도를 세워 유柔와 강剛이라고 하고, 사람의 도를 세워 인仁과 의義라고 하여 (천지인) 삼재를 겸하였고 각각 둘씩으로 표현하였다. 그러므로 주역에는 6획으로 한 괘를 이루게 되었다."[56]는 표현이 보인다. 이것은 천도天道의 작용은 음과 양이 교차하는 것이고, 지도地道의 작용은 유와 강이 교차하는 것이고, 인도人道의 작용은 인과 의가 교차하는 것이라는 '도 혹은 태극(삼일태극)의 작용원리'를 설명하는 것이다. 이러한 삼일태극의 작용원리를 도상화한 것이 음양태극도인 것이다.

넷째, 『주역』「계사상전」에서는 "한 번 음陰하고 한 번 양陽하는 것을 일러 도道라고 한다(一陰一陽之謂道)."[57]고 하였다. '음과 양'이 교차하며 순환하는 것은 '도의 작용'을 의미하는 것이다. 곧, 한 번 멈추고 한 번 움직이는 것이 도의 작용이고, 도가 움직여가는 작용도 '도'의 다른 모습이기 때문에 이를 간명하게 '도'라고 표현한 것일 뿐이다. 이런 작용의 원리를 도상화한 것이 음양태극도다.

다섯째, 『주역』「계사상전」에서 "역에 태극이 있고, 이것이 양의(음양)를 낳는다(易有太極. 是生兩儀)."[58]는 표현이 있다. 이것은 태극이 음기와 양

56) 『주역·설괘전』 昔者聖人之作易也. 將以順性命之理, 是以**立天之道曰陰與陽. 立地之道曰柔與剛. 立人之道曰仁與義. 兼三才而兩之. 故易六畫而成卦**. 分陰分陽·迭用柔剛. 故易六位而成章.

57) 『주역·계사상전』 **一陰一陽之謂道**. 繼之者善也. 成之者性也. 仁者見之謂之仁. 知者見之謂之知. 百姓日用而不知. 故君子之道鮮矣.

58) 『주역·계사상전』 **易有太極. 是生兩儀. 兩儀生四象. 四象生八卦**. 八卦定吉凶. 吉凶生大業.

기로 나뉜다는 의미가 아니라, 태극이 움직이는 상태가 '양'이 되고, 멈춘 상태는 '음'이 된다는 것이다. 태극이 한 번 멈추고(一陰) 한 번 움직이는(一陽) 원리에 따라 작용한다는 것을 서술하고 있는 것이다. 이러한 작용의 원리를 형상화한 것이 음양태극도다.

그러므로 "태극이 음양(양의)을 낳는다."는 말은 태극의 작용이 음과 양이라는 2가지 모습으로 나타난다는 것을 의미하는 것이다. 곧 '태극의 작용'이 고요하여 움직이지 않는 '음'과 움직이는 '양'이라는 두 가지 양태가 있다는 것을 말하고 있을 뿐이지, '태극' 자체가 어떤 것인지를 설명하는 것이 아니다.

앞서 살펴본 바와 같이 '태극 혹은 도' 그 자체는 천도天道·지도地道·인도人道가 하나로 뒤섞여 있는 삼재지도三才之道이고, 천극天極·지극地極·인극人極이 하나로 뒤섞여 있는 삼극지도三極之道인 것이다. 이러한 '태극 혹은 도'의 체體를 형상화한 것이 바로 삼일태극도라고 보는 것이다. 『주역』의 태극 관념에 대한 필자의 견해를 정리하면 아래와 같다.

첫째, 도道는 (1) 천극天極·지극地極·인극人極의 삼극三極이 뒤섞인 삼극지도三極之道이자 천도天道·지도地道·인도人道의 삼도三道가 뒤섞인 삼재지도三才之道이므로 3·1도三一道라고 할 수 있고, (2) 이 삼재지도 혹은 삼극지도인 3·1도를 도상화한 것이 삼일태극도三一太極圖이다.

곧, 『주역』에서 말하는 태극 혹은 도는 본체론적 입장에서 보면, (1) 천극·지극·인극의 삼극, 천도·지도·인도의 삼도를 포함하는 것으로 3·1태극 혹은 3·1도이고, (2) 이것을 도상화한 것이 3·1태극도三一太極圖이다.

둘째, 삼도三道·삼극三極에 섞여 있는, (1) 천도天道·천극天極이 작용하는 원리인 음과 양, (2) 지도地道·지극地極이 작용하는 원리인 유와 강,

(3) 인도人道·인극人極이 작용하는 원리인 인과 의가 서로 번갈아가면서 움직여 가는 원리를 도상화한 것이 음양태극도陰陽太極圖이다.

곧, 『주역』의 '삼일태극으로서의 태극' 혹은 '3·1도로서의 도'는, 음과 양을 반복하며 움직여 가는 작용 원리를 지니고 있는데, 이러한 작용의 원리를 도상화한 것이 음양태극도이다.

〈자료 3-1〉 『주역』의 삼재지도三才之道·삼극지도三極之道와 삼일태극三一太極

三才之道의 변화상(大成卦, 64괘)	三才之道의 작용 원리 (위치에 변동이 생기면 변화가 발생)	三才之道의 위치 (小成卦, 8괘)	三才之道의 작용원리 =陰陽=柔剛 =仁義 * 도상: 음양태극도 	三才之道의 體 = 道 = 三一道 *도상: 삼일태극도 	三一道 三一太極
上爻	(-)天道의 陰	天道 = 天極	一陰一陽은 天道의 작용 원리	① 三才 (有天道焉 有人道焉 有地道焉 兼三才而兩之. 故六: 천도, 인도, 지도가 있는데, 이 삼재를 각각 음양으로 나눈 것이 6효다) ② 三才之道 (六者非他也. 三才之道也: 6효가 비로 삼재의 도를 나타내는 것이다) ③ 三極之道 (六爻之動三極之道也: 천극, 지극, 인극을 합하여 삼극) ④ 太極之道 (易有太極: 천극, 지극, 인극을 함유하고 있는 것이 태극)	·천도天道·지도地道·인도人道가 뒤섞인 것이 도道이니 이는 삼일도三一道다. ·천극天極·지극地極·인극人極을 포함한 것이 태극太極이니 이는 삼일태극三一太極이다.
五爻	(+)天道의 陽				
四爻	(-)人道의 仁	人道 = 人極	一仁一義는 人道의 작용 원리		
三爻	(+)人道의 義				
二爻	(-)地道의 柔	地道 = 地極	一柔一剛은 地道의 작용 원리		
初爻	(+)地道의 剛				

5. 『한서漢書』 「율력지律曆志」와 '태극원기 함삼위일太極元氣函三爲一'

『한서』에는 후한後漢시대부터 삼국시대에 걸쳐 응소應劭·복건服虔·여순如淳·맹강孟康 등 20여 명의 유명한 주석가들의 주석이 달려있다. 당나라의 안사고顔師古가 이 주석들을 집대성하고 자신의 주를 덧붙인 것이 현재 우리가 볼 수 있는 『한서』다.[59] 『한서』 「율력지」에는 한나라에서 당나라 시대에 이르는 고대인들이 태극이라는 개념을 어떻게 이해하고 있었는지를 명쾌하게 보여주는 중요한 표현이 실려 있다.

> 태극원기는 셋을 품고 하나가 된다.
>
> 太極元氣, 函三爲一(『漢書』, 卷21 上, 「律曆志」 第1 上)[60]

위의 인용문은 태극원기를 '3을 품고 있는 1'이라는 3·1철학적 논리로 설명하고 있다. 그렇다면 여기에서 말하는 3은 무엇을 의미하는 것일까? 이에 대해서 삼국시대 위魏나라 학자인 맹강孟康[61]을 인용하면서 당나라 안사고는 아래와 같은 주석을 달아 놓았다.

> 맹강이 이르기를, "원기(元氣)는 자(子)에서 처음 일어나는데, 원기가 분

59) 안사고 이후에 이루어진 『한서』에 대한 주석들은 청나라 말기의 왕선겸王先謙이 엮은 『한서보주漢書補注』에 집대성되어 있다.

60) 班固 (顔師古 主), 『한서』(北京: 中華書局, 1992), 第四册, 964쪽.

61) 맹강은 『한서음의漢書音義』 9卷을 지은 삼국시대 위魏나라 사람으로, 응소應劭·복건服虔·여순如淳 등과 같이 후한 시대에서 삼국 시대에 걸쳐서 활동한 유명한 주석가다.

화되기 전에는 천·지·인이 혼합되어 하나로 되어 있다. 그러므로 자(子)의 수(數)는 홀로 1이다."라고 하였다. 안사고가 이르기를, "함(函)은 함(含)과 같은 의미로 풀이한다. 이후에도 모두 이와 같다."고 하였다.

孟康曰, 「元氣始起於子, 未分之時, 天地人混合爲一, 故子數獨一也.」 師古曰, 「函讀與含同. 後皆類此.」(『漢書』, 卷21 上, 「律曆志」 第1 上)[62]

위의 인용문을 통해서 보면 태극원기는 3기를 함유하고 있는데, 그 3기는 바로 천기·지기·인기 3기를 말하는 것이다. 이렇게 보면 태극원기가 3기를 함유하고 있다는 『한서』의 태극은 당연히 삼일태극이다. 이러한 삼일태극 관념은 당시에 통용되던 보편적인 태극 이해 방식이었다는 것을 알 수 있다.

『한서』에 보이는 천·지·인 3기를 포함하고 있는 태극원기라는 삼일태극 관념은, 앞서 살펴본 『주역』의 천도·지도·인도 혹은 천극·지극·인극을 포함하고 있다는 삼일태극 관념과 다르지 않다.

이러한 삼일태극 관념은 『회남자淮南子』 「천문훈天文訓」에 보이는 청나라 전당錢塘의 보주補注에서도 이어지는데, "『한서』에 이르기를 '태극원기는 셋을 품고 하나가 된다'고 하였다."고 보주를 달아서 『한서』 「율력지」의 내용을 그대로 재인용하고 있다.[63]

『한서』 「율력지」에 보이는 "태극원기 함삼위일太極元氣 函三爲一"의 논리는, 『한서』 「율력지」의 다른 곳에서도 맹강의 주석을 통해서 여러 번 반복

62) 『한서』(北京: 中華書局, 1992), 第四冊, 965쪽.

63) 劉安(何寧 主), 『회남자집석』(北京: 中華書局, 1998), 上冊, 246쪽. 前漢志云, 太極元氣函三爲一

되고 있다. 예를 들어, 황종수黃鐘數 81과 황종대수黃鐘大數 177,147이 산출되는 과정에 대해서 『한서』 「율력지」는 아래와 같이 설명하고 있다.

수(數)라는 것은 일, 십, 백, 천, 만 등인데, 사물의 수를 계산한다는 것은 '성이 명령하는 이치'(性命之理)를 따르는 것이다. 『서경(書經)』에 이르기를 [왕이 통치를 할 때는] "먼저 수를 계산하는 법을 세운 후에 다른 모든 일에 대한 명령을 내린다."고 하였다. [수를 계산하는] 근본은 황종의 수에서 비롯하는데, 1에서 시작되어 3이 되고, 3이 3번 쌓이고 이렇게 하여 12진(辰: 12地支의 총칭 – 필자)의 수(數)를 거치면 177147이 되는데, 그러면 오행의 수가 모두 갖추어지는 것이다.

數者, 一十百千萬也, 所以算數事物, 順性命之理也. 書曰, 「先其算命.」 本起於黃鐘之數, 始於一, 而三之, 三三積之, 曆十二辰之數, 十有七萬七千一百四十七, 而五數備矣.(『漢書』, 卷21 上, 「律曆志」 第1 上)[64]

위의 문장에 보이는 '시어일 이삼지 삼삼적지始於一, 而三之, 三三積之'는 자子의 수인 1에서 계속해서 3을 곱해서 12율려律呂에 배당되는 12지지地支의 수가 만들어진다는 것을 설명하고 있다. 1에서부터 계속해서 3을 곱해가는 이유에 대해서 맹강은 주註에서 아래와 같이 설명하고 있다.

맹강이 이르기를 "황종은 자(子)의 율(律)이다. 자(子)의 수는 1이다. 태극원기는 셋을 품고 하나가 된다, 그래서 1이라는 수가 변하여 3이 된다."

孟康曰, 黃鐘, 子之律也. 子數一. 泰極元氣含三爲一, 是而一數變而爲三

---

64) 『한서』(北京: 中華書局, 1992), 第四册, 956쪽.

也.(『漢書』, 卷21 上, 律曆志 第1 上)[65)]

위의 인용문에서는 '太極을 泰極으로, 函三을 含三으로' 적고 있지만 뜻에는 차이가 없다. 여기에서도 맹강은 자子의 수인 1에 3을 곱해가는 원리를 '태극원기 함삼위일泰極元氣 含三爲一'의 논리로 설명하고 있다. 곧 태극泰極=太極이 3기를 함유하고 있기 때문에 계속해서 3을 곱해 나간다고 해석하고 있는 것이다. 태극원기 혹은 1기는 이미 천지인 3기를 함유하고 있기 때문에 계속해서 3분해 간다는 것이다. 철저한 '3수 분화'의 논리를 반영하고 있다.

이것은 맹강을 비롯한 당시의 학자들이 태극을 3기를 함유한 삼일태극으로 이해했다는 것을 의미하며, 이러한 삼일태극 관념은 셋이면서 하나이고, 하나이면서 셋이라는 3·1철학의 태극관을 분명하게 보여주고 있다.

결론적으로, (1) 『한서』를 처음으로 지은 반고班固가 활동하던 후한시대, (2) 맹강이 활동하던 후한~삼국시대뿐만이 아니라, (3) 안사고가 『한서』를 주석하여 펴낸 당나라에 이르기까지, 태극은 삼일태극을 의미하는 것이었다. 곧, 당나라까지도 학자들에게 태극원기太極元氣 혹은 태극일기太極一氣는 천지인 3기를 함유하고 있는 삼일태극으로 인식되었다는 것을 의미한다. 천지인 삼기를 함유하고 있는 이런 삼일태극 관념을 도상화한 것이 삼일태극도三一太極圖이다.

이러한 '태극원기 함삼위일太極元氣 函三爲一'의 논리는 동양 전통음악의 이론을 형성하는 가장 기본적인 원리이기도 하나. 곧, (1) 동양 전통 음악의 기본적인 원리가 '태극원기 함삼위일太極元氣 函三爲一'에서 출발하여

65) 『한서』(北京: 中華書局, 1992), 第四册, 957쪽.

삼분손익법三分損益法을 통해 5음音 12율律을 산출하며, (2) 동양의 모든 악기를 만드는 기준척인 황종척黃鐘尺은 9진법에 의한 9분척九分尺이며, (3) 9분척인 황종척은 기장(黍) 1알의 길이를 1푼分으로, 9알의 길이를 1촌寸으로, 81(9×9)알의 길이를 황종척 1척尺으로 삼는다. 동양음악은 철저히 '3수 분화의 세계관(1-3-9-81)'을 바탕으로 하고 있다. 이런 까닭에 필자는 동양음악의 핵심을 '삼일태극의 춤'이라고 부른다.[66] 이러한 동양음악의 기본원리를 형성하는 '태극원기 함삼위일太極元氣 函三爲一'의 논리가 『한서』「율력지」에 분명하게 명시되어 있는 것이다.

6. 『천부경天符經』·『삼일신고三一神誥』와 3·1철학

우리나라의 대종교大倧敎를 비롯한 여러 민족종교에서 주요한 경전으로 삼고 있는 『한단고기』라는 책에 들어있는 『천부경』과 『삼일신고』에는 독특한 수의 상징이 보인다. 『천부경』은 하나에서 셋으로 분화되는 '3수 분화의 논리'를 바탕으로 하고 있고, 전체는 아홉 자씩 아홉 줄 총 81자로 구성되어 있어, 전체적으로 '1-3-9-81'로 이어지는 '3수 분화의 세계관'을 드러내고 있다.

66) 우실하, 『전통음악의 구조와 원리: 삼태극의 춤 동양음악』(서울: 소나무, 2004) 참조.

〈자료 3-2〉『천부경』81자 (좌에서 우로, 위에서 아래로)

一 始 無 始 一 析 三 極 無
盡 本 天 一 一 地 一 二 人
一 三 一 積 十 鉅 無 匱 化
三 天 二 三 地 二 三 人 二
三 大 三 合 六 生 七 八 九
運 三 四 成 環 五 七 一 妙
衍 萬 往 萬 來 用 變 不 動
本 本 心 本 太 陽 昂 明 人
中 天 地 一 一 終 無 終 一

이들 경전의 진위 논쟁이 끊이지 않고 있지만, 현재의 각종 민족종교에서 가장 중요한 경전으로 사용되고 있다. 3·1의 사유 체계를 살펴볼 수 있는 몇 곳을 살펴보면 아래와 같다. 번역은 필자가 다시 했다.

① 1은 시작됨이 없는 1에서 시작된다. 1은 3으로 나뉘지만 그 근본은 다함이 없다.(一始無始一, 析三極, 無盡本: 『태백일사』, 「소도경전본훈·천부경」)[67]

② 1이 곧 3이다.(卽一卽三: 『태백일사』, 「소도경전본훈」)[68]

③ 원(圓)은 1로 무극이고, 방(方)은 2로 반극이며, 각(角)은 3으로 태극이다.(圓者一也無極, 方者二也反極, 角者三也太極: 『태백일사』, 「소도경전본훈」)[69]

④ 3에서 1로 돌아가는 것을 체(體)로 삼고, 1에서 3으로 분화되는 것을 용(用)으로 삼는다.(三一其體, 一三其用: 『태백일사』, 「소도경전본훈」)[70]

---

67) 임승국 옮김, 『한단고기』(서울: 정신세계사, 1986), 232쪽(번역문), 233쪽(원문).
68) 임승국 옮김, 『한단고기』(서울: 정신세계사, 1986), 243쪽(번역문), 244쪽(원문).
69) 임승국 옮김, 『한단고기』(서울: 정신세계사, 1986), 229-230쪽(번역문), 230쪽(원문).
70) 임승국 옮김, 『한단고기』(서울: 정신세계사, 1986), 229쪽(번역문), 230쪽(원문).

⑤ 1을 잡으면 3을 함유하고 있고, 3이 모이면 1로 돌아간다.(執一含三, 會三歸一: 『태백일사』, 「소도경전본훈」)[71]

⑥ 1을 잡으면 3을 함유하고 있는 까닭은 곧 그 기(氣)는 1이지만 신(神)이 3이기 때문이며, 3을 모으면 1로 돌아가는 까닭도 역시 신(神)은 3이지만 기(氣)가 1이기 때문이다. … 1기의 안에는 3신이 있고 … 3신의 밖에는 1기가 감싸고 있다.(所以 執一含三者 乃一其氣而三其神也. 所以 會三歸一者是亦神爲三而氣爲一也…一氣者內有三神…三神者外包一氣: 『태백일사』, 「소도경전본훈」)[72]

첫째, "1은 시작됨이 없는 1에서 시작된다. 1은 3으로 나뉘지만 그 근본은 다함이 없다(一始無始一, 析三極, 無盡本)."는 표현은 1에서 지속적으로 3으로 분화되는 '3수 분화'의 논리를 간단명료하게 보여주고 있다.

둘째, "1이 곧 3이다(卽一卽三)."는 것은 '하나이면서 셋이고, 셋이면서 하나'인 3·1철학의 핵심을 그대로 표현하고 있는 것이다. '1이 곧 3'이기 때문에 1은 3으로 나누어 질 수 있는 것이다.

셋째, "원圓은 1로 무극이고, 방方은 2로 반극이며, 각角은 3으로 태극이다(圓者一也無極, 方者二也反極, 角者三也太極)."라는 표현은 1=원圓(○)=무극無極, 2=방方(□)=반극反極, 3=각角(△)=태극太極이라는 새로운 논리를 보여주고 있다.

넷째, "3에서 1로 돌아가는 것을 체體로 삼고, 1에서 3으로 분화되는 것을 용用으로 삼는다(三一其體, 一三其用)."는 것은 1과 3의 관계를 체와 용의 관계로 설명하고 있다. 곧, 1에서 3으로 분화되는 것은 도의 작용이고,

71) 임승국 옮김, 『한단고기』(서울: 정신세계사, 1986), 235쪽(번역문), 236쪽(원문).
72) 임승국 옮김, 『한단고기』(서울: 정신세계사, 1986), 243쪽(번역문), 244쪽(원문).

분화된 3이 본래의 1로 돌아가는 것은 도의 본체로 회귀하는 것이다.

다섯째, "1을 잡으면 (이미 그 안에) 3을 함유하고 있고, (분화된) 3이 모이면 1로 돌아간다(執一含三, 會三歸一)."는 것은 3·1철학의 핵심을 가장 잘 설명하고 있는 표현 가운데 하나다. 앞서 살펴본 『운급칠첨』에서 복잡하게 설명한 것을 단 여덟 글자로 간단명료하게 표현한 것이다.

여섯째, "1을 잡으면 3을 함유하고 있는 까닭은 곧 그 기氣는 1이지만 신神이 3이기 때문이며, 3을 모으면 1로 돌아가는 까닭도 역시 신은 3이지만 기가 1이기 때문이다. … 1기의 안에는 3신이 있고… 3신의 밖에는 1기가 감싸고 있다(所以 執一含三者 乃一其氣而三其神也. 所以 會三歸一者是亦神爲三而氣爲一也…一氣者內有三神…三神者外包一氣)"는 것은, 1이 3으로 분화되고 3이 1로 돌아가는 것은 1기 안에 3신이 있기 때문이라는 것이다.

결국 '1기 안에 3신이 있고(一氣者內有三神)', '1을 잡으면 3을 함유하고 있는(執一含三)' '하나이면서 셋(卽一卽三)'인 '3·1'을 도상화하면 바로 삼일태극도가 되는 것이다.

현재 한국의 민족종교에서 경전으로 사용하는 『천부경』이나 『삼일신고』 등에는 독특한 세계 이해의 틀이 내재되어 있다. 이런 비서秘書들이 후대에 가필되고 조작되었을 가능성은 배제할 수 없다. 그러나 도가계통의 저서들에 보이는 3·1철학이 명료하게 정리되어 있는 것은 분명하다.

필자는 『천부경』이나 『삼일신고』 등에서 보이는 '집일함삼 회삼귀일執一含三 會三歸一', '일석삼극一析三極', '일기자내유삼신一氣者內有三神', '삼일기체 일삼기용三一其體, 一三其用'의 논리체계에서 보이는 3·1철학의 근원이 북방 샤머니즘의 고유한 사유체계인 '3수 분화의 세계관(1-3-9-81)'에 있다고 보며, 이런 3·1철학의 논리를 도상화한 것이 삼일태극도三一太極圖라고 본다.

도가계통의 핵심적인 원리인 3·1철학은 각종 도가계통의 다른 책에서도 그대로 이어지고 있다. 예를 들어서 『도덕경道德經』「42장」, 『포박자抱朴子』「지진地眞」, 『회남자淮南子』「범론훈氾論訓」과 「천문훈天文訓」, 『장자莊子』「전자방田子方」, 『열자列子』「천서편天瑞篇」 등에 3·1철학의 논리가 보인다. 이에 대한 논의는 필자의 다른 책에서 이미 논의하였다.[73] 좀 더 체계적인 논의는 후속으로 준비하고 있는 다른 책들을 통해서 할 것이다.

73) 우실하, 『전통음악의 구조와 원리: 삼태극의 춤, 동양음악』(서울: 소나무, 2004), '제6장 동양음악의 사상적 배경(2): 삼일철학의 전승과 흔적들' 참조.

제4장

'3수 분화의 프랙탈fractal 구조'와 성수 3, 9, 81의 생성

북방 샤머니즘의 고유한 사유체계인 '3수 분화의 세계관'은, (1) '하나이면서 셋이고, 셋이면서 하나'라는 3·1신, 3·1철학에 기초한 '본체론적인 논리'를 지니고 있고, (2) 하나에서 둘을 거치지 않고 셋으로 지속적으로 분화되는 '3수 분화의 프랙탈fractal 구조'에 기초한 '우주론적 자기 전개의 논리'를 지니고 있다.

앞서 살펴본 3·1철학은 '3수 분화의 세계관'이 지닌 '본체론적인 논리'였다. 이제부터 살펴볼 것은 '하나에서 둘을 거치지 않고 셋'으로 지속적으로 분화되는 '3수 분화의 프랙탈 구조'에 기초한 '우주론적 자기 전개의 논리'다.

1. 프랙탈 구조란 무엇인가?

프랙탈fractal 이론은 코흐Helge von Koch(1870~1924)와 시어핀스키Wacław Franciszek Sierpiński(1882~1969) 등의 선행 연구들 바탕으로, 1970년대 후반에 만델브로Benoît B. Mandelbrot(1924~2010)가 창시한 이론이다. '프랙탈'이라는 단어는 '쪼개다'라는 뜻을 가진 그리스어 '프랙투스fractus'에서 나왔다.

'프랙탈 구조'는 부분과 전체가 똑같은 '자기 닮음 구조'로 되어 있고 이것이 무한 반복되는 기하학적 선이나 도형을 말한다. 프랙탈 구조를 가장 간단하게 보여주는 '코흐 곡선'과 '시어핀스키 삼각형'이 만들어지는 과정을 통해 프랙탈 이론을 간략하게 설명하면 아래와 같다.

첫째, 코흐 곡선은, (1) 일정한 크기의 하나의 선분(—)을 그리고, (2) 이 선분을 3등분하여 가운데 부분을 밑변과 같은 길이의 정삼각형의 두 변(_/_)으로 위로 올리고, (3) 이렇게 형성된 4개의 선분마다 같은 원리를 적용하여 무한히 반복한 선()이다.

둘째, 시어핀스키 삼각형은, (1) 일정한 크기의 정삼각형(▲) 하나를 그리고, (2) 정삼각형의 세 변의 중심을 이어서 원래의 정삼각형 안에 작은 정삼각형을 만들어 가운데에 있는 작은 정삼각형 하나를 제거한 도형()을 만들고, (3) 남아있는 3개의 작은 정삼각형 각각에 대하여 같은 원리를 적용하여 무한히 반복하여 그린 도형()이다.

프랙탈 구조에서는 (1) 처음에 주어진 선(—)이나 도형(▲)을 창시자 Initiator, (2) 특정한 원리에 의해 형성된 첫 번째 선(_/_)이나 도형()을 생성자Generator, (3) 생성자가 같은 원리를 반복하여 만든 복잡한 선(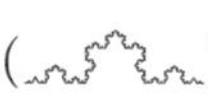)이나 도형()을 반복진행자Iterantion Generator라고 부른다.

아래 〈자료 4-1〉은 코흐 곡선과 시어핀스키 삼각형이 보여주는 프랙탈 구조를 그림으로 표현한 것이다. 이 과정은 무한 반복된다.

〈자료 4-1〉 '코흐 곡선'과 '시어핀스키 삼각형'의 프랙탈 구조

1. 코흐 곡선Koch Curve

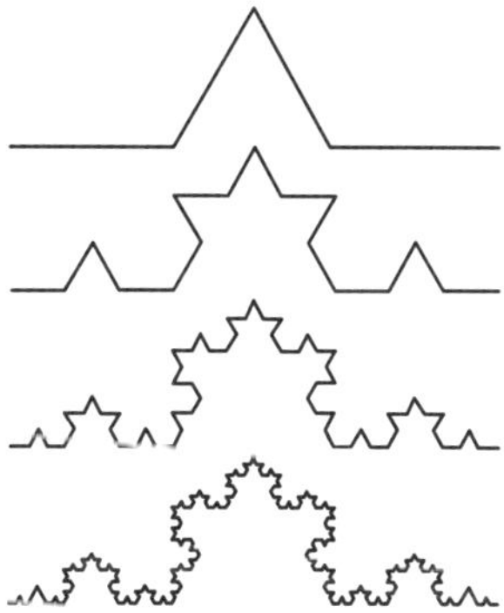

2. 시어핀스키 삼각형Sierpiński Triangle

2. '3수 분화의 프랙탈 구조': 1→3→9→27→81

'3수 분화의 세계관'의 우주론적 자기 선개의 특징인 하나가 셋으로 지속적으로 분화되는 모습을 필자는 '3수 분화의 프랙탈 구조'라고 부른다. '2수 분화의 세계관'과 '3수 분화의 세계관'을 이러한 프랙탈 구조를 통해서 비교 설명할 수 있다.

첫째, 음양론의 '2수 분화의 세계관'은, (1) 본체론적 논리는 2·1철학이고 이를 도상화한 것이 음양태극도陰陽太極圖이고, (2) 우주론적 자기 전

개의 논리는 '2수 분화의 프랙탈 구조'이며, (3) 이러한 구조를 도상화한 것이 『주역』의 음양-4상-8괘-64괘 등의 효와 괘들이다. 물론 『주역』에는 음양태극 관념과 삼일태극 관념이 동시에 공존하고 있다는 점을 다시 한 번 기억하기 바란다. 단지 여기에서는 64괘 형성과정의 '2수 분화의 프랙탈 구조'를 보여주기 위해서 음양론의 논리만 설명한 것이다.

둘째, '3수 분화의 세계관'은, (1) 본체론적 논리는 3·1철학으로 이를 도상화한 것이 삼일태극도三一太極圖이고, (2) 우주론적 자기 전개의 논리에서는 '3수 분화의 프랙탈 구조'이며, (3) 이것을 도상화한 것이 앞서 살펴본 『태현경』의 81수首나 성세영의 『일청사고』·『부인경』에 보이는 「일화삼오단팔십일도」 등이다.

코흐 곡선, 시어핀스키 삼각형, 음양론, '3수 분화의 세계관' 등의 프랙탈 구조를 비교하면 아래와 같다.

〈자료 4-2〉 프랙탈 구조의 비교 :
코흐 곡선, 시어핀스키 삼각형, 음양론, '3수 분화의 세계관'

	코흐 곡선	시어핀스키 삼각형	『주역』 음양론							
창시자 Initiator	—	▲	음양태극陰陽太極[74]							
생성자 Generator			⚊ 양				⚋ 음			
반복 진행자 Iterantion Generator			⚌		⚍		⚎		⚏	
			☰	☱	☲	☳	☴	☵	☶	☷
			위쪽으로 양, 음이 쌓여가면서 음양태극→음양 2기→4상→8괘→16괘→32괘→64괘 형성							

	『태현경』 81수首		성세영의 『일청사고』·『부인경』 「일화삼오단팔십일도」		
창시자 Initiator	1현一玄		삼일태극三一太極		
생성자 Generator	— 1=천기天氣	-- 2=지기地氣	--- 3=인기人氣	○ 천기天氣=청색靑色	◇ 지기地氣=황색黃色	△ 인기人氣=적색赤色
반복 진행자 Iterantion Generator	아래쪽으로 ━천기天氣, ╍지기地氣, ┅인기人氣가 쌓여가면서 1현玄→3방方→9주州→27부部→81가家를 거쳐 방方·주州·부部·가家 4획으로 구성된 81수首가 형성된다.			위쪽으로 ○(천기天氣=청색靑色), ◇(지기地氣=황색黃色), △(인기人氣=적색赤色)이 쌓여가면서 삼일태극→천지인3기氣→9기氣→27기氣→81기氣가 형성된다.		

74) 앞선 장들에서 설명했지만 『주역』에는 음양태극과 삼일태극 관념이 동시에 공존하고 있다. '2수 분화의 프랙탈 구조'는 음양태극의 경우에만 해당되는 것이다.

3. 기본 성수와 그 제곱수들이 성수가 된다

북방 샤머니즘의 고유한 사유체계인 '3수 분화의 세계관'을 공유한 지역의 각종 전통문화에서 성수로 사용되는 것은 3과 3의 제곱수인 9(3×3), 그리고 9의 제곱수인 81(9×9) 세 가지이다. 기본 성수인 3의 제곱수들로 구성된 수들이다. 3수 분화 과정에서 형성되지만 중간에 끼어 있는 27은 성수로 사용되지 않으며, 100이 넘어가는 수도 특별한 상징수로 사용되지 않는다.

이러한 제곱수 관계는 수메르 신화에도 보인다. 수메르 신화에 보이는 성수는 3, 7, 60 등이다. 이 가운데 수메르 신화에서 가장 빈번하게 사용되는 기본 성수는 7이고 7의 제곱수인 49(7×7)도 상징수로 등장한다. 또한 60진법의 체계에 의한 성수 60의 제곱수인 3,600(60×60), 3,600×10, 3,600×60 등도 상징수로 등장한다.

수메르 지역에서 성수 7이 자리 잡은 것은 기원전 30~28세기쯤으로 보고 있다. 최고의 권위를 가진 '운명을 결정하는 일곱 신'(dingir-nam-tar-ra 7-bi) 가운데 하늘신 안An이 하늘을 담당하고, 나머지 여섯 명의 신이 여섯 도시의 수호신이 되어 니푸르Nippur라는 도시의 신 엔릴Enlil을 중심으로 공동체가 형성된 것으로 보고 있다.[75] 이에 대해서 조철수는 다음과 같이 설명하고 있다.

> 수메르 신관(神觀) 형성 과정에서 가장 독특한 개념은 신들 중에 제일 큰 일곱 신이 있었는데, 세상의 운명을 그들이 결정했고 그들에게 서열이

75) 조철수, 『수메르 신화 Ⅰ』(서울: 서해문집, 1996), 31쪽.

있었다는 것이다. '운명을 결정하는 일곱 신'(dingir-nam-tar-ra 7-bi)들 중에는 (1) 초기 왕조 시대의 우루크Uruk의 도시 신이었던 '신들의 왕'·'하늘의 신' 안An이 하늘로 올라가 하늘에 자리 잡은 것을 제외하고 나머지 여섯 신들은 수메르의 주요 도시들의 도시 신들이다. 그들을 순서대로 보면 다음과 같다.

(2) 수메르의 중앙 지역인 도시 니푸르Nippur의 바람 신(風神) 엔릴Enlil, (3) 북쪽 키쉬Kish의 '산기슭 작은 언덕의 여신' 닌후르쌍Ninhursag, (4) 유프라테스강 하류의 연못으로 둘러싸인 지역의 조금 높은 언덕에 자리 잡았던 에리두Eridug의 '지하수의 신'이며 항상 '지혜의 신'으로 등장하는 엔키Enki, (5) 에리두 윗편에 자리 잡았던 도시 우르Ur의 '달의 신' 난나Nanna, (6) 우루크의 동편에 있는 라르싸Larsa의 '정의와 진리의 신'인 '태양 신' 우투Utu, (7) 우루크의 '금성金星'을 상징으로 하는 '사랑과 질투의 여신' 인안나Inanna이다. 이 일곱 큰 신들의 모임에서 세상의 운명을 결정했다.[76] (*번호는 필자가 첨가)

이러한 수메르의 큰 신들인 '운명을 결정하는 일곱 신'의 성격과 해당 도시 등을 정리한 것이 다음의 〈자료 4-3〉이다.

76) 조철수, 『수메르 신화 Ⅰ』(서울: 서해문집, 1996), 29쪽.

〈자료 4-3〉 수메르의 '운명을 결정하는 일곱 신'(dingir-nam-tar-ra 7-bi)

신 이름 \ 영역	역할	거주 영역	관할 도시	방향
1. 안An	하늘의 신, 신들의 왕	하늘	하늘	上
2. 엔릴Enlil	바람의 신, 폭풍의 신	바람과 대지	니푸르Nippur	中
3. 닌후르쌍 Ninhursag	모신母神, 산기슭·언덕의 여신	산기슭, 언덕	키쉬Kish	北
4. 엔키Enki	지혜의 신, 지하수의 신	지하수, 연못	에리두Eridu	下
5. 난나Nanna	달의 신	달	우르Ur	南
6. 우투Utu	정의와 진리의 신, 태양신	태양	라르싸Larsa	東
7. 인안나Inanna	사랑과 질투의 여신	금성	우루크Uruk	西

수메르 신화를 보면 대부분의 중요한 상징수는 7로 되어있다. 수메르의 성수 7에 대해서 필자는 아래와 같이 정리해 보았다.

> 고대 수메르의 신화에서는 삼계관(三界觀)과 함께 가장 중요한 성수는 7이며 9는 보이지 않는다는 점이다. 인류의 최초 기록으로 알려진 수메르 신화에서는 3, 7, 50, 60, 3600×10, 3600×60 등과 같은 수가 중요한 상징으로 사용되고 있다. 이 수들이 모두 특별한 의미를 지니고 사용된다. 그러나 7은 그 빈도에 있어서 다른 수들과는 비교할 수 없을 정도로 반복적으로 사용된다. 7이라는 수는 각종 수메르 신화에서 수없이 반복되는 성수(聖數)로 사용된다. 또한 성수 7의 제곱수인 49(7×7)도 '일곱에 일곱을 곱한 수'라는 표현으로 보인다. 필자가 보기에 수메르 문명의 특징적인 수는 7이며, 성수 7의 문화가 바로 수메르 문명이다.[77]

77) 우실하, 「동북아 샤머니즘의 성수聖數(3.7.9.81)의 기원에 대하여」, 단군학회, 『단군학연구』 제10호(2004), 209쪽.

예를 들어, 수메르 신화에서는 (1) 태초의 대홍수 이전에 일곱 명의 현자賢者(Apkallu)가 살았었고, (2) 대홍수 때에는 7일 밤낮으로 비가 내렸으며, (3) 3,600(60×60)명의 신들 가운데 세상의 모든 일을 결정하는 최고 권위의 신은 '운명을 결정하는 일곱 신(Dingir–nam–tar–ra 7–bi)' 이고, (2) 저승사자도 일곱 명이고, (3) 지옥의 문도 일곱 겹이고, (4) 죽은 자의 영혼을 심판하는 심판관도 일곱 명이고, (5) 영웅 길가메쉬는 '7탈렌트 7마니'의[78] 무게가 나가는 일곱 개의 톱니가 달린 별도끼를 지니고 태양신이 보내준 일곱 별자리를 상징하는 일곱 명의 용사를 동반하고 일곱 개의 산과 일곱 개의 물을 건너 여행을 떠나는 것으로 표현하며, (6) 축제도 7일 동안 열렸다. 이러한 성수 7은 매우 빈번하게 사용되고 있다.[79]

이제 기본 성수 7과 그 제곱수인 49(7×7), 그리고 성수 60과 그 제곱수 3,600(60×60)이 사용된 구체적인 사례를 살펴보자.

첫째, 기본 성수 7과 그 제곱수인 49(7×7)의 경우를 보자. 〈악한 귀신을 쫓는 기도문〉에서 '악한 우둑 귀신(Udug–hul–a–kam)'이라고 알려진 주문呪文에는 "그들은 일곱이다. 그들은 일곱이다.", "그들은 일곱에 일곱이며 일곱에 일곱을 곱한 수이다."라고 하여 일곱 명 혹은 49(7×7)명이라고 기록하고 있다.[80]

악한 귀신을 일곱 명 혹은 그 제곱수인 49(7×7)명으로 표현하는 것은 7

78) 수메르의 60진법에 따라서 1탈렌트는 60마니이고, 1마니는 60쉐켈이다. 1마니는 약 500g 정도이니 1탈렌트는 30kg(0.5kg×60) 정도가 된다. 결국 '7탈렌트(30kg×7)+7마니(7×0.5kg)'면 약 213.5kg이나 된다. 이는 실제 무게라기보다는 성수 7을 반복하여 '거대한 무기' 혹은 '엄청난 무기'라는 상징적 의미로 사용된 것이라고 볼 수 있다.

79) 우실하, 「동북아 샤머니즘의 성수聖數(3.7.9.81)의 기원에 대하여」, 205–240쪽. 특히 'Ⅲ. 고대 수메르와 메소포타미아 지역의 성수 3과 7'을 참조.

80) 조철수, 『수메르 신화 Ⅰ』(서울: 서해문집, 1996), 188–189쪽.

이 가장 중요한 성수임을 웅변하는 것이다.

둘째, 성수 60과 그 제곱수 3,600(60×60)의 경우를 살펴보자. 수메르에서는 무게의 단위 등에 60진법(Sexagesimal system)을 사용했음은 잘 알려져 있다. 60진법은 60을 한 묶음으로 하여 자리를 올려가는 것으로 고대 수메르, 바빌로니아 등에서 최초로 사용된 기수법이다. 진흙 판 위에 설형문자楔形文字(쐐기문자)로 60진법이 새겨진 유물이 발견되고 있다.

예를 들자면 고대 바빌로니아와 수메르 지역에서 무게의 단위인 1탈렌트(약 30kg)는 60마니이고, 1마니(약 500g)는 60쉐켈이다. 현재 세계적으로 통용되는 60초를 1분, 60분을 1시간으로 하는 시간 단위도 이 지역에서 확산되어 나간 것이다. 수메르 신화에서 구체적으로 60의 제곱수가 상징수로 사용된 사례 몇 가지를 살펴보면 아래와 같다.

우선 고古 바빌로니아 시대에 일곱 개의 토판에 기록된 〈수메르 신 목록〉에 의하면 수메르 신들의 총 수는 3,600명이었다고 하며, 현재까지 알려진 신들의 수는 2,000명이라고 한다.[81] 수메르 신들의 총 수 3,600명은 '60×60'으로, 실제 숫자라기보다는 '매우 많은', '엄청나게 많은' 이라는 상징적인 의미로 사용된 것이라고 본다. 성수 60의 제곱수를 통해서 의미를 강화시킨 상징적인 수라는 것이다.

또한, 수메르 신화의 〈구데아의 석상에 새겨진 비문〉에서는, (1) 구데아는 "3,600×60명의 사람 중에서"[82] 선택된 자이고, (2) 그는 "'모든 것을 죽이는' 일곱 개 눈의 구리 도끼를 만들었다."[83]고 하며, (3) 구데아가 신

81) 조철수, 『수메르 신화 Ⅰ』(서울: 서해문집, 1996), 27-28쪽.
82) 조철수, 『수메르 신화 Ⅰ』(서울: 서해문집, 1996), 283쪽.
83) 조철수, 『수메르 신화 Ⅰ』(서울: 서해문집, 1996), 285쪽.

전을 완성하였을 때 "7일 동안 곡식을 찧지 않았다."[84]고 한다. 그런데 구데아가 '3,600×60명의 사람 중에서 선택된 자'라는 표현 역시 성수 60의 제곱수를 통한 수라는 것을 알 수 있을 것이다. '3,600×60'은 수메르 신화에 보이는 최대의 수다. '3,600×60'은 '(60×60)×60'이고, 성수 60을 계속 곱해주면서 그 상징성을 강조하는 것이라고 볼 수 있다. 이것 역시 실제의 사람 숫자라기보다는 '많은 사람' 혹은 '세상 모든 사람'이라는 상징적 의미로 사용된 것이다.

또 다른 사례는 〈우르카기나의 사회 개혁 칙령〉에서는 '3,600×10명'이라는 표현도 보인다.[85] '3,600×10'은 '(60×60)×10'으로 이것 역시 성수 60을 이용한 표현임을 알 수 있다.

수메르 신화에는 우주를 하늘세계, 인간세계, 지하세계로 수직적으로 나누는 삼계관三界觀이 분명히 보이긴 하지만 3은 그다지 빈번하게 등장하는 성수는 아니다. 특히 3의 제곱수인 9(3×3)나 9의 제곱수인 81(9×9)은 전혀 보이지 않는다. 필자는 수메르 지역에서 실질적인 성수로 사용된 것은 7과 60이라고 본다.

결국, 사용되는 성수가 기본 성수와 제곱수 관계에 있는 것은, 기본수가 지니고 있는 상징성을 반복하고 강조한다는 의미를 지니고 있다. '3수 분화의 세계관'에서는 기본 성수 3의 프랙탈 구조에서 생성되는 수들 가운데서 9(3×3)와 81(9×9)이 매우 빈번하게 사용되는 성수이다.

이렇게 2차, 3차로 파생되는 성수들은 별도의 상징적 의미를 지니게 된다. '3수 분화의 세계관'에서는 3은 '변화의 계기수', 9는 '변화의 완성수',

84) 조철수, 『수메르 신화 Ⅰ』(서울: 서해문집, 1996), 287쪽.
85) 조철수, 『수메르 신화 Ⅰ』(서울: 서해문집, 1996), 297쪽.

81은 '우주적 완성수'라는 상징적 의미를 가지고 있다. 이제 다음 장에서는 각 성수들의 상징적 의미를 구체적인 사례를 통해서 살펴볼 것이다.

4. 『예기禮記』와 '3수 분화의 프랙탈 구조'의 제도화

앞서 살펴본 하나에서 셋으로 지속적으로 분화되는 '3수 분화의 프랙탈 구조'와 이런 과정에서 만들어진 3, 9, (27), 81 등의 성수는 『예기禮記』에서 구체적으로 제도화되기도 한다.

곧, (1) 천자의 외치外治와 관련해서는 1천자天子→3공公→9경卿→27대부大夫→81원사元士라는 관직제도로, (2) 황후의 내치內治와 관련해서는 1황후皇后→3부인夫人→9빈嬪→27세부世婦→81어처御妻라는 후궁들의 수로 제도화된다. 구체적으로 『예기』「혼의 제44婚義 第四十四」에서는 이에 대해서 다음과 같이 기술하고 있다.

> 옛날에는 천자의 황후는 6궁(宮)[86]을 세우고, 3부인, 9빈(嬪), 27세부(世婦), 81어처(御妻)를 거느리고 천하의 내치(內治)를 듣고 부순(婦順)을 밝혔는데, 이로써 천하가 안에서 화목하고 집이 다스려졌다. 천자는 6관(官)[87]을 두고, 3공(公), 9경(卿), 27대부(大夫), 81원사(元士)를 거느리고 천하의 외치를 듣고 천하의 남자의 가름됨을 밝히니 이로써 밖이 평화롭고 나라가 다스려졌다. 그러므로 천자는 남교(男教)를 듣고 왕후는 여순(女順)을 듣고, 천

86) 육궁六宮은 궁중宮中에서 황후皇后의 궁정宮庭과 부인夫人 이하의 다섯 궁실宮室을 말한다.

87) 육관六官=육관六冠은 중국 주나라의 여섯 개의 중앙 행정기관으로 천지와 사계절을 담당하는, 천관天官, 지관地官, 춘관春官, 하관夏官, 추관秋官, 동관冬官을 말한다.

자는 양도(陽道)를 다스리고 왕후는 음덕(陰德)을 다스리며, 천자는 외치(外治)를 듣고 왕후는 내직(內織)을 들어 순(順)을 가르쳐 풍속을 이루니 밖과 안이 모두 화목하고 순하여 국가가 다스려졌다. 이것을 성덕(盛德)이라 부른다.[88)]

한 명의 천자 아래에는 천하를 함께 논의하고 다스리는 3공, 9경, 27대부, 81원사가 있었고, 한 명의 황후 아래에는 내치를 논의하는 3부인, 9빈, 27세부, 81어처가 있었다는 것이다.

천자국의 이러한 통치제도를 기준으로 그 아래의 공公, 후侯, 백伯, 자子, 남男 5등급의 제후국들은 위계에 따라 각기 기준을 정하였다. 경卿은 상경上卿·중경中卿·하경下卿의 3등급으로, 대부大夫도 상대부上大夫·중대부中大夫·하대부下大夫의 3등급으로, 사士도 상사上士·중사中士·하사下士의 3등급으로 나누고 제후국들의 격에 맞게 등급과 수를 조절하고 녹봉을 결정하였다.

예를 들어 천자국의 중대부中大夫는 대국大國에서는 상대부上大夫, 중국中國에서는 경卿, 소국小國에서는 공公과 격이 같은 식이다. 『예기』 「왕제 제5王制 第五」에 보이는 예를 들면 아래와 같다.

천자는 3공, 9경, 27대부, 81원사를 두었다. 대국은 3경을 모두 천자가 임

88) 『예기』 「昏義 第四十四」
古者天子后立六宮, 三夫人, 九嬪, 二十七世婦, 八十一御妻, 以聽天下之內治, 以明章婦順, 故天下內和而家理. 天子立六官, 三公, 九卿, 二十七大夫, 八十一元士, 以聽天下之外治, 以明章天下之男教, 故外和而國治. 故曰, "天子聽男教, 后聽女順, 天子理陽道, 后治陰德. 天子聽外治, 后聽內職. 教順成俗, 外內和順, 國家理治, 此之謂盛德."

명하고, 하대부(下大夫) 5인, 상사(上士) 27인을 두었다. 중국은 3경 중 2명은 천자가 임명하고 1명은 군(君: 제후국의 왕-필자)이 임명하였으며, 하대부 5인, 상사 27인을 두었다. 소국은 2경을 모두 군(君) 임명하고, 하대부 5인, 상사 27인을 두었다.[89]

이러한 제도는 후대에도 3정승, 6판서, 9품관 등의 제도로 그 흔적이 남아 있다. 『예기』에 보이는 기타의 각종 의례와 관련해서도 성수 3과 연결되어 있는 것이 너무나 많다. 이에 대한 자세한 분석은 뒤로 미루겠지만, 필자는 이러한 통치제도나 의례에 보이는 수의 상징성의 기원이 '3수 분화의 세계관'에서 기원한다고 본다. 공자도 『예기』에 보이는 이러한 의례들이 동이東夷의 습속을 바탕으로 하고 있다는 점을 간접적으로 밝히고 있다.

> 공자가 말하기를, "소련과 대련은 거상을 잘 했다. 3일 동안 게을리 하지 않았고, 3달 동안 해이해지지 않고 슬퍼하였으며, 3년 동안을 근심을 하였으니 동이의 아들(東夷之子)이었다."[90]

공자는 그가 바라는 대로 상례를 잘 지킨 소련과 대련이라는 인물을

89) 『예기』 「王制 第五」:
天子三公, 九卿, 二十七大夫, 八十一元士.
大國三卿皆命於天子, 下大夫五人, 上士二十七人.
次國三卿, 二卿命於天子, 一卿命於其君. 下大夫五人, 上士二十七人.
小國二卿皆命於其君, 下大夫五人, 上士二十七人.

90) 『예기』 「雜記下 第二十一」: 孔子 日 少連大連 善居喪. 三日不怠 三月不解 期悲哀 三年憂 東夷之子也.

'동이의 아들'이라고 치켜세우고 있다. 공자는 『논어』에서도 도와 예가 잘 지켜지는 동이東夷의 여러 종족을 모두 일컫는 구이九夷에 가서 살고 싶다는 꿈을 이야기한 바 있다.[91]

고대의 동이족은 요서·요동지방 일대의 요하문명遼河文明권에서 남하한 세력이라는 것이 현재의 정설이다. 요하문명 지역에서 산동반도 쪽으로 남하한 이들이 고대 사서에 동이족으로 기록되어 있는 사람들이고, 이들이 세운 최초의 중원 왕조가 바로 상商나라다.

『예기』의 각종 의례들은 대부분 주나라의 것을 기술하고 있지만, 주나라 예제禮制의 기틀을 만든 것은 상나라였다. 『예기』「중용 제31中庸 第三十一」에서도, 공자는 오늘날 사용되는 주나라 예법을 따른다고 하였지만, 그가 하나라, 상나라, 주나라의 예법을 다 배웠음을 기술하고 있다.[92] 필자는 현재 『예기』에 잘 남아서 전하고 있는 많은 예제들은 상족商族들이 기초한 것을 주나라 때에 정비한 것이라고 본다. 상족들은 북방 샤머니즘의 고유한 사유체계였던 '3수 분화의 세계관'의 수리체계를 통치체제나 예제의 기틀을 만드는 데 활용하였던 것이다.

이외에도 동양음악의 기본이 되는 5음 12율의 산출 논리도 철저하게 '3수 분화의 세계관'의 성수인 3, 9, 81의 수리구조로 이루어져 있다.[93] 이에 대해서는 뒤에서 다시 상론하기로 한다(제5장 참조).

---

91) 『논어』「子罕 第九」: 子欲居九夷

92) 『예기』「中庸 第三十一」: 子曰, "吾說夏禮, 杞不足徵也. 吾學殷禮, 有宋存焉. 吾學周禮, 今用之, 吾從周.

93) 우실하, 『전통음악의 구조와 원리: 삼태극의 춤 동양음악』(서울: 소나무, 2004) 참조.

제5장

'3수 분화의 세계관'에서 성수 3, 9, 81의 상징적 의미

이 장에서는 '3수 분화의 세계관'에서 중요한 성수로 사용되는 3, 9(3×3), 81(9×9, 구구九九)의 상징적인 의미를 구체적으로 살펴본다. 여러 나라의 사례를 다양하게 소개하겠지만 몽골의 사례를 많이 들 것이다. 몽골에 주목하는 이유는 몽골이 중원의 유교나 음양오행론의 영향을 거의 받지 않았고, 북방 샤머니즘의 사유체계를 상대적으로 온전하게 보존하고 있는 지역이기 때문이다.

몽골에 유교문화권의 영향이 거의 미치지 못한 점에 대해서 박원길은 "원조 건립 후 많은 유교 경전이 몽골어로 번역되었지만 지금까지 전해 내려오는 것은 『효경孝經』 하나뿐이다. 이는 오직 『효경』만이 몽골인의 전통 도덕에 다소나마 합치되었고 여타의 것은 유목사회의 가치 관념에 어울리지 않았기 때문이다."[94]라고 설명한다. 『효경』은 경전이라기보다는 효자, 효녀의 이야기를 모은 것으로 라마교를 받아들인 몽골에서도 그나마 유용성이 있어서 남아 있는 것뿐이다. 몽골인의 사유체계에 어울리지 않는 기타 유교 경전들은 다 사라지고 없다. 그만큼 북방 샤머니즘적인 사유체계가 강력하게 남아 있다는 것이다.

---

94) 박원길, 『몽골의 문화와 자연지리』(서울: 두솔, 1996), 147쪽.

1. '변화의 계기수(Number of Chance for Change)' 3

'3수 분화의 세계관'에서 성수 '3'은 1에서 분화된 3으로, 크게 세 가지 의미 영역이 있다.

첫째, 3·1철학에 따른 '3=1'이라는 의미에서 1을 대리하는 완전수完全數로서의 상징적 의미를 지닌다. 3·1신이나 삼위일체론三位一體論 등에 보이는 3=1의 관념이 이런 사례들이다. 이러한 3이 지닌 완전수로서의 상징성은 본래 1이 지닌 상징성을 '1=3'이기 때문에 3이 공유하고 있는 것뿐이지, 3의 독자적 의미 영역은 아니다.

둘째, '3수 분화의 세계관'에서 3은 기존의 상황에서 새로운 변화가 일어나게 되는 계기를 제공하는 '변화의 계기수繼起數'가 된다. '없음'에서 '있음'으로 변화되는 생명의 탄생은 인간이 경험하는 가장 극적인 변화 가운데 하나이다. 그래서 3은 생명의 탄생이라는 극적 변화를 반영하는 '생명의 탄생수誕生數'라는 의미도 지니고 있다.

그러나 생명의 탄생이 수많은 변화 가운데 극적 변화의 한 사례이듯이, 3이 지닌 '생명의 탄생수'라는 상징은 더 넓은 '변화의 계기수'라는 상징성 안에 들어있는 특별한 사례일 뿐이다.

셋째, 북방 샤머니즘에서 보이는 9나 81의 상징성이 약화된 지역에서는, 3이 나미지 9나 81이 지닌 상징성까지 포함하여 완성수完成數의 의미를 지니기도 한다. 그러나 북방 샤머니즘이 강하게 남아있는 지역에서는 9나 81이 '완성수'로서 독자적으로 사용된다.

예를 들어 북방 샤머니즘의 전통을 잘 간직한 몽골이나 북방 소수민족들의 경우에는 완성수로서의 9의 상징성이 살아 있어 3은 완성수로는 거의 사용되지 않는다. 반면에 한국처럼 음양오행론, 불교, 유교 등 다양한 사유 체계에 의해서 북방 샤머니즘이 지닌 9나 81의 상징성이 사라지거나 약화된 지역에서는 3이 나머지 9나 81이 지닌 상징성을 모두 대표하는 경우도 있다. 그러나 이런 경우도 3이 지닌 본래적인 의미라고 보기는 어렵다.

결국 숫자 3이 지닌 세 가지의 의미군 가운데 '1에서 분화된 3'만이 지닌 독자적인 의미군은 '변화의 계기수'라는 것이다. 필자가 주목한 것이 바로 '변화의 계기수'로서의 3의 상징성이다.

북방 샤머니즘을 공유한 북방 민족들의 신화, 전설, 설화, 민담 등에서는 이야기가 새롭게 전개되는 변화의 상징수로서의 3이 빈번하게 등장한다. 이제 이러한 3의 상징적 의미를 살펴볼 수 있는 대표적인 사례들을 간단히 살펴보기로 한다.

우선, 김성배의 『한국의 민속』에는 2단으로 편집된 깨알 같은 글씨로 70쪽에 이르는 방대한 양의 길조어吉兆語, 금기어禁忌語, 흉조어凶兆語와 관련된 속담들을 수록하고 있다.[95] 이 가운데 수數와 관련된 것은 아래와 같다.

〈자료 5-1〉 한국 속담에 보이는 수의 상징 의미

(길조어)
- 길가다 상주 세 사람을 보면 재수가 있다. (경기, 경남북, 서울; 183쪽)
- 밤똥을 자주 누는 어린 아이가 달을 향해서 절을 세 번하면 그 버릇이 그친다. (경남북; 184쪽)
- 정월 보름에 발을 세 번 씻으면 일 년 동안 재수가 좋다. (경기, 충남북; 186쪽)
- 중매 세 번 하면 죽어서 좋은 곳 간다. (경기, 경남북; 186쪽)
- 하루에 장님 셋을 보면 좋다. (경기, 서울; 187쪽)(충남북; 194쪽)
- 한 집에 정월달 생일이 세 사람 있으면 좋다. (경기, 경남북; 187쪽)

95) 김성배, 『한국의 민속』(서울: 집문당, 1995[1980초판]).

· 각성받이 생일이 셋이 같이 있으면 잘 산다. (서울; 187쪽)
· 생일이 같은 각성바지 셋이 같이 있으면 잘산다. (저자 의견)
· 결혼 후 삼 년 만에 떡을 먹으면 좋다. (전남북, 경북; 187쪽)
· 길가다가 영구차 셋을 보면 좋다. (경기, 경남북, 서울; 188쪽)
· 이불 속에서 세 번 재채기하면 운수가 대통한다. (충남북; 190쪽)
· 콩나물죽 삼 년 쑤면 부자 된다. (경기, 전북, 서울; 191쪽)
· 대추밭에서 꿩알 아홉 개를 주우면 풍년이 든다. (충남북, 경북; 193쪽)
· 물뱀에게 세 번 물리면 부자가 된다. (경기, 충남; 193쪽)
· 보리밭에서 꿩알(또는 새알) 아홉 개를 주우면 풍년이 든다. (경남북; 193쪽)
· 부엉이가 새끼 세 마리를 낳으면 대풍이 든다. (충남북; 193쪽)
· 석류나무의 키가 삼 년 동안에 자기 키와 같으면 성공한다. (경기, 충남북; 196쪽)
오동나무의 가지를 세 번 자르고, 기르면 그 집안에 훌륭한 자손이 난다. (경기, 충남; 96쪽)
· 입춘날 보리 뿌리가 세 치 되면 풍년이 든다. (경기, 서울; 196쪽)
· 등잔불의 심지에서 세 갈래로 불꽃이 나면 길하다. (경기, 충남북, 경북; 196쪽)
· 가뭄 때 달 부근에 별이 가까이 있으면 3일 후에 비가 온다. (경기, 충남북; 197쪽)
· 살별이 세 번 지나는 것을 보고 아침에 식구에게 말하면 명이 길다. (경기; 197쪽)
· 첫 눈이 왔을 때 세 번 집어먹으면 감기에 안 걸린다. (경남북; 198쪽)

(금기어)
· 거상 입은 상제는 삼 년 동안 머리를 감지 않는다. (경기, 충남북, 서울; 207쪽)
· 남의 곡식을 먼저 따먹으면, 죽어서 소가 되어 삼 년을 농사짓다가 다시 사람이 된다. (경기, 충남북, 경남북, 서울; 208쪽)
· 산고로 죽은 여자는 도중에서 세 번 내려놓지 않으면 나쁘다. (강원, 충북, 경북; 213쪽)
· 변소에 세 번 빠지면 그 사람은 죽는다. (경기, 충남북, 서울; 214쪽)
· 여자가 한 집에 아홉 명 있으면 집안 망한다. (충남북, 서울, 경기; 217쪽)
· 좋은 말도 세 번만 하면 듣기 싫다. (전국; 219쪽)
· 산모가 산후 9일 되기 전에 거울을 보면 해롭다. (경남북; 227쪽)
· 산후 3일 되기 전에 잿물 빨래하면 잿물 꽃이 핀다. (경기, 경남북, 전남북, 서울; 227쪽))
· 새색시가 3일 안에 방망이질하면 3년 안에 방망이 들고 나간다. (전국; 228쪽)
· 아기 난 후 3일 안에 못질하면 아이의 눈이 먼다. (경기, 전남북, 서울; 231쪽)
· 개가 3년 묵으면 도섭한다. (경기, 서울; 238쪽)
· 명태나 닭고기 3년 이상 먹으면 악귀 된다. (충남북, 전남북; 239쪽)
· 뱀이 집에 들면 3년 운수가 나쁘다. (충남북, 전남북; 240쪽)
· 새색시는 결혼 후 사흘 동안 땅을 밟지 않는다. (전국; 250쪽)

위의 〈자료 5-1〉에서 보듯이 3년, 세 번, 세 개 등은 현재의 상태에서 다른 상태로 변화가 시작되는 '변화의 계기수'로 사용된다.

필자가 특강을 할 때 받은 질문 중에 하나가, "우 교수님이 일부러 3이나 9가 들어간 속담들만 골라서 모아놓은 것 아닌가요?"라는 것이었다. 그 질문에 대한 필자의 대답은 "언제든 우리 속담 가운데 무엇을 두 번, 네 번, 다섯 번 하면 어떻게 된다는 속담을 찾아오면 내가 술을 한 잔 산다."는 것이었다. 실제로 그런 속담들은 아직까지 찾지 못했다.

김성배의 『한국의 민속』에서 조사 수록한 것 가운데 2, 4, 5 등 다른 수가 변화의 계기가 되는 수로 등장하는 것은 찾아볼 수 없다. 필자도 의도적으로 찾아보기도 했지만 이제까지 찾은 것은 단 하나도 없다. 어떤 상태에서 어떤 행위를 반복적으로 몇 번해서 새로운 변화가 왔다는 '변화의 계기수'는 대부분 3수로 설명되고 가끔 9수가 사용되고 있을 뿐이다.

특히 부정적인 것이 세 번 반복되면 긍정적인 의미로 변화하는 좋은 사례들을 위의 속담에서 찾아볼 수 있다. 예를 들어, (1) "아침 일찍이 장님을 보면 그날 재수가 없다."(전국)[96]는 장님에 대한 부정적인 의미가 "하루에 장님 셋을 보면 좋다."(경기, 서울, 충남북)[97]는 긍정적인 의미로 바뀌는 경우에서 볼 수 있고, (2) 장례와 관련해서도 상주나 영구차를 보는 것은 재수가 없는 것이지만 "길 가다 상주 세 사람을 보면 재수가 있다."(경기, 경남북, 서울)[98]의 경우나 "길 가다가 영구차 셋을 보면 좋다."(경기, 경남북, 서울)[99]는 것처럼 세 번 반복해서 보면 재수가 좋은 것으로 바뀌는 경우에서 볼 수 있다.

---

96) 김성배, 『한국의 민속』(서울: 집문당, 1995[1980초판]), 215쪽.
97) 김성배, 『한국의 민속』(서울: 집문당, 1995[1980초판]), 194쪽.
98) 김성배, 『한국의 민속』(서울: 집문당, 1995[1980초판]), 183쪽
99) 김성배, 『한국의 민속』(서울: 집문당, 1995[1980초판]), 188쪽

세 번 반복되는 것은 대부분의 경우 부정적인 의미가 긍정적인 의미로 변하는 것이지만, 가끔은 긍정적 의미가 부정적 의미로 변하는 계기수로 사용되기도 한다. "좋은 말도 세 번만 하면 듣기 싫다."(전국)[100]는 속담이 이런 경우이다.

이런 부정적인 변화를 여러분들이 직접 경험 할 수도 있다. 이 책을 읽는 당신이 남자라고 가정하고 하나의 가상 실험을 해보자. 당신이 여자 친구에서 "너 오늘 너무 예쁘다."고 말해주면 아마도 여자 친구는 "고마워."라고 짧게 대답하지만 속으로는 매우 기분 좋아할 것이다. 그런데 10초 후에 다시 한 번 "너 오늘 너무 예쁘다."고 말해 보라. 이때 그 여자 친구는 "이 녀석이 장난을 하나?"하고 속으로는 의심이 가지만 확신할 수 없기 때문에 뭔가 의심쩍은 눈으로 바라보긴 하겠지만 그래도 "그래 고마워."하면서 넘어갈 것이다. 이런 상황에서 10초 후에 다시 세 번째로 "너 오늘 너무 예쁘다."고 말해 보라. 아마도 당신의 여자 친구는 두 번째 들었을 때의 의심을 확신한 듯이 "야 임마 누구 놀리냐?"라며 꿀밤을 한 대 먹일 것이다. 세 번이나 반복된 칭찬은 더 이상 칭찬으로 들리는 것이 아니다. 우리의 사고체계 안에서는 칭찬이 아니라 나를 놀리는 것으로 변형되는 것이다.

재미있는 이야기를 하나 더 들어보자. 화투놀이에서 고스톱은 많은 사람들이 즐기는 놀이다. 화투는 일본에서 건너왔다고 하지만, 우리가 즐기는 고스톱 놀이의 규칙은 우리가 만든 것이다. 고스톱을 칠 줄 아는 사람들은 잘 알고 있는 규칙 가운데 몇 가지를 예로 들어보자.

먼저, 세 번 '고'를 하면 두 배로 주는 규칙은 세 번의 '고'를 했으니 헌

100) 김성배, 『한국의 민속』(서울: 집문당, 1995[1980초판]), 219쪽.

재도 좋은 상황이지만 뭔가 더 좋은 상황으로 변화되어야 한다는 점을 인정해주는 것이다. 둘째, 자기가 먹은 것과 같은 패를 뒤집어서 '싸면' 재수 없지만 세 번 '싸면' 3점이 되어 나버리는 규칙은 부정적인 것이 세 번 반복되면 긍정적인 것으로 변화하는 것을 보여준다. 우리가 스스로 만든 이런 규칙들은 수 천 년 내려온 3이 지닌 '변화의 계기수'라는 상징을 현대적으로 재생산하고 있는 것이다.

이런 '변화의 계기수'로서의 3을 이해하면 '셋째 딸은 얼굴도 보지 않고 데려간다'는 우리나라 속담을 쉽게 이해 할 수 있다. 이것은 셋째 딸은 무조건 예쁘기 때문에 얼굴도 보지 않고 데려간다는 의미가 아니다. 첫째 딸과 둘째 딸이 못생겼는데 셋째 딸만 예쁠 이유도, 확률도 없다. 이 속담은 '변화의 계기수' 3이라는 상징을 통해 읽어야 한다는 것이 필자의 생각이다. 곧, 얼굴이 예쁜 것과는 상관없이 셋째 딸과 결혼하는 사람은 지금 처해 있는 상황에서 좀 더 나은 상황으로 변화될 것이라는 상징적 의미를 지니고 있는 것이다.

몽골의 역사서 『몽골비사蒙古秘史』에는 구체적인 실수實數가 아닌 상징적인 의미로 사용된 3이 많이 보인다. 3이 등장하는 곳은 아래와 같은 형식이다.

> 두와 소코르[101]는 이마 가운데 외눈을 하고 있었다. 그 외눈으로 유목 이동하는데 사흘 걸리는 거리를[102] 내다 볼 수 있었다.(제1권, 4장)[103]

101) 시조인 '부르테 치노'(잿빛 푸른 이리)로부터 10세손이다.
102) 유원수 옮김, 『몽골비사』(서울: 혜안, 1994), 26쪽 각주 8 참조.
103) 유원수 옮김, 『몽골비사』(서울: 혜안, 1994), 26쪽.

유목민들이 하루에 이동하는 거리는 지역과 계절에 따라 일정하지 않으나 약 7~8킬로미터 거리라고 한다. 그렇다면 '사흘 걸리는 거리'는 약 21~24킬로미터 정도이다. 이것은 두와 소코르가 '눈이 매우 밝다는 것'을 성수 3을 사용하여 표현한 것으로 볼 수 있다.

또한 시간의 흐름을 나타낼 때 상투적으로 사용하는 '사흘 밤낮'과 같은 표현에서 성수 3이 자주 사용된다. 예를 들어, 테무진(칭기스칸의 본래 이름)의 아버지 이수게이 바아투르는 테무진을 데이 세첸의 딸 부르테와 혼인시키고 돌아오는 길에, 타타르족 사람들이 준 독이 든 술을 마시고 '사흘 밤낮'을 가서 자기 집에 이른다는 표현도 '먼 길'을 의미하는 허사로 쓰인 것이라고 볼 수 있다.

> 이수게이 바아투르는 도중에 첵체르의 시라 케에르에서 타타르 사람들이 잔치를 하고 있을 때 마주쳐서 목이 말라 그들이 잔치하는 데서 말을 내렸다. 그 타타르들은 그를 알고 있었다. "이수게이 키얀이 온다."면서 예전에 약탈당한 일을 상기하고, 원수를 갚고자 몰래 독을 섞어 주었다. 도중에 점점 상태가 나빠져 사흘 밤낮을 가서 자기 집에 이르러서는 위독해졌다.(제1권, 67장)

먼 길을 나타내는 '사흘 밤낮'이라는 표현은 『몽골비사』 여러 곳에서 보인다. '먼 길'을 성수 3을 이용한 '사흘' 혹은 '삼일' 이외의 다른 수로 표현한 예는 찾아볼 수 없다. 3일, 세 번, 사흘 밤낮 등을 지나면 기존의 상황이 새로운 상황으로 변화가 시작되는 것이다.

『몽골비사』에서 '사흘 밤낮'이나 '3일 동안'과 같이 '사흘'이나 '3일' 등

성수 3을 이용해 시간이나 거리를 표현한 것은 총 17회나 보인다. 이것을 정리한 것이 아래 〈자료 5-2〉다. 내용으로 보아서 실제의 정확한 숫자로 표현된 것처럼 보이는 경우를 제외한 것이다. 구체적인 표현은 괄호 안에 넣어 두었다.

〈자료 5-2〉『몽골비사』에서 성수 3을 이용한 시간·거리 표현 (총 17회)

제1권: 4장 (1회: 사흘 걸리는 거리)
67장 (1회: 사흘 밤낮)
제2권: 80장 (3회: 사흘을 지낸 뒤, 다시 사흘을 지냈다, 다시 사흘을 지냈다)
90장 (2회: 사흘 밤낮, 사흘 밤낮)
92장 (1회: 사흘 밤낮)
93장 (1회: 사흘 밤낮)
103장 (1회: 사흘 밤낮)
제4권: 133장 (1회: 사흘째 되는 날)
제6권: 185장 (1회: 삼일 밤 삼일 낮; 사흘째 되는 날)[104)]
제7권: 197장 (1회: 삼일 낮 삼일 밤)
제8권: 205장 (2회: 사흘 밤 사흘 낮을 보내며, 다시 사흘 밤 사흘 낮을 쫓아)
제10권: 244장 (1회: 사흘 동안)
246장 (1회: 사흘째 되던 날)

이 외에도 몽골이나 한국 등지에서 음식을 먹기 전에 고수레를 세 번 한다든지, 몽골인이 길가에 세워진 돌탑인 오보Ovoo를 세 바퀴 돌면서 세 개의 돌을 던지며 여행이 무사하기를 비는 행위 등은 모두 이런 '변화의 계기수' 3의 상징인 것이다. 새로운 삶, 새로운 세상, 새로운 미래가 열리기를 바라는 '변화에 대한 갈망'을 담은 각종 의례 행위에서는 성수 3

104) 이 부분의 원문은 '삼일 밤 삼일 낮을 저항 받아 가며 포위하고 있으니 사흘째 되는 날 그들이 지쳐 항복했다'고 되어 있다(『몽골비사』, 145쪽). 이것은 실제적인 의미가 있는 실수로 사용되었을 가능성도 있고, '오랜 기간'을 의미하는 허수로 사용되었을 가능성도 있다. 그러나 여기에서는 여러 곳에서 보이는 용어의 선례를 감안해서 허수로 파악하였다.

의 상징성을 이용해서 제도화하고 의례화한 것이다.

3이 지닌 세 가지의 의미 영역이 섞이면서 북방 샤머니즘을 공유한 지역에서는 각종 기층 문화에 성수 3이 반복적으로 사용되는 것이다. 그 사례들은 너무나 많아 일일이 소개하기 어려울 정도다. 이런 사례들은 뒤이어 나올 책에서 각 지역별, 영역별 연구를 통해서 살펴볼 것이다.

2. '변화의 완성수(Number of Completing Change)' 9

9는 몽골을 비롯한 북방 민족들에게는 특별한 의미를 지닌 가장 중요한 성수로 취급된다. 이것은 '변화의 계기수' 3이 세 번 반복되는 것이다. '3수 분화의 세계관'에서 성수 '9'는 크게 두 가지 의미 영역이 있다.

첫째, '변화의 계기수' 3이 세 번 반복된 수인 9는 '변화의 완성수'가 된다. 예를 들어 변화의 계기수인 3년이 지나면 변화가 시작되고, 3년이 세 번 반복된 9년이 지나면 변화가 완성된다는 식이다.

이러한 '변화의 완성수' 9의 사례는 시집살이의 어려움을 이야기하는 "시집살이는 벙어리 3년, 봉사 3년, 귀머거리 3년이다."라는 한국 속담에 잘 드러나 있다. 이것은 3년씩 세 번을 반복한 9년이 지나면 시어머니와 며느리의 관계가 '지배-복종의 관계' 혹은 '종속적인 관계'에서 '평등한 관계' 혹은 '곳간 열쇠를 맡기는 관계'로 변화한다는 것을 의미한다. 곧 3년을 지날 때마다 어떤 형태든 변화가 시작되고, 3년씩 세 번이 반복되어 9년이 되면 변화가 완성된다는 의미로 해석할 수 있다.

또한 한국의 대표적인 서사무가敍事巫歌인 바리공주(바리데기) 신화에서도 유사한 9의 용례를 살펴볼 수 있다. 바리공주는 저승을 지키며 길을 막는 무장승에게 '나무하기 3년, 불 때기 3년, 물 긷기 3년' 총 9년을 지내고 나서야 그와 결혼하고 병든 부모에게 드릴 양여수라는 약수를 얻는다. 이 외에도 바리공주 신화에는 3의 상징성이 많이 보인다.[105)]

둘째, '변화의 완성수'라는 본래적인 의미에서 파생되는 것으로 9는 '완전함'이나 '최강' 혹은 '최고'라는 상징적 의미를 지닌다. 이것은 '변화의 완성수'라는 의미에서 자연스럽게 파생된 의미 영역이라고 볼 수 있다.

이러한 '변화의 완성수' 9는 몽골 민속에서도 자주 보이고, 『몽골비사』에서도 중요한 상징으로 사용된다. 『몽골비사』 가운데 '변화의 계기수' 3이 세 번 반복되어 '변화의 완성수' 9를 이루는 것을 잘 보여주는 대목을 하나 소개하면 아래와 같다.

칭기스칸은 대칸으로 등극하면서 받은 존칭이고, 그의 본래 이름은 테무진이다. 테무진 가문과 원수인 타이치우드의 타르구타이 키릴툭이 테무진을 잡으러 쳐들어왔을 때 부모는 테무진을 말에 태워 도망가게 한다. 테무진은 테르구네 운두르의 숲으로 피해 있다가 3일씩 세 번, 9일을 망설이다가 나온다는 기록이 보인다. '변화의 계기수' 3과 '변화의 완성수' 9의 용법이 잘 드러나 있는 것이라고 할 수 있다.

> 테무진이 숲 속에서 사흘을 지낸 뒤 나가려고 자기 말을 끌고 올 때 말에서 안장이 벗겨져 나갔다. 돌아가서 보니까 안장이 가슴걸이 끈이 묶인 채로, 뱃대끈이 묶인 채로 말에서 빠져 달아났다. "뱃대끈은 그렇다 치자. 가

105) 홍태한, 『서사무가 바리공주 연구』(서울: 민속원, 1998) 참조. 〈바리데기 신화〉 혹은 〈바리공주 신화〉는 굿을 통해 구전된 서사무가이기 때문에 지역에 따라 조금씩 다르다. 홍태한은 전국에서 채록한 47편의 〈바리데기 신화〉를 이 책에서 분석하고 있다.

승걸이 끈이 묶인 채로 안장이 어떻게 빠져 달아난 것일까? 하늘이 말리고 계신 것일까?"하고 돌아가 다시 사흘을 지냈다. 다시 나오려고 할 때 숲 입구에 작은 천막 크기의 흰 바위가 떨어져 입구를 막았다. "하늘이 말리고 계신 것일까?"하고 돌아와 다시 사흘을 지냈다. 다시, "아흐레를 음식 없이 보냈다. 이름 없이 어떻게 죽겠는가? 나가자!"하고 그 입구를 막고 있는 작은 천막 크기의 흰 바위 옆으로 비켜 나오려 했으나 잘 안 되어서 흰 바위 주변의 나무들을 화살 다듬는 칼로 자르고, 말을 미끄러뜨려 가며 나오자 타이치우드가 지키고 있다가 붙들어 갔다.(『몽골비사』 제2권, 80장)[106]

처음 3일을 지내고 숲을 나왔을 때 말의 안장이 떨어졌고, 테무진은 아직 나가서는 안 된다는 하늘의 뜻으로 여기며 다시 돌아왔다. 다시 3일을 지내고 숲을 나설 때는 숲 입구에 큰 바위가 떨어져서 길을 막았고, 테무진은 이번에도 아직 나가지 말라는 하늘의 뜻으로 여기고 다시 돌아왔다. 세 번째 3일 곧, 9일이 지나고 숲 입구를 막고 있는 큰 바위 주변의 나무를 자르고 나오다가 적에게 잡히자 그는 순순히 이에 응하였다는 것이다.

적들이 계곡 입구를 지키고 있는 이상 테무진이 언제 나왔어도 붙잡혔을 것이다. 그러나 테무진은 3일을 세 번 지낸 9일이 지나자 나가기로 결심하였던 것이다. 그는 9일이 지나지 않았을 때에는 '하늘이 말리고 계신 것'으로 판단해서 다시 숲으로 돌아갔지만, 9일이 지나고도 적에게 잡힌 것은 '하늘의 뜻'이라고 여겼던 것이다.

다른 기록에는 테무진이 타이치우드 사람들에게 쫓겨 도망갈 때 '사흘 밤낮'을 세 번 되풀이 한 9일째에 친구들이 있는 곳에 도착한다는 표현

106) 유원수 옮김, 『몽골비사』(서울: 혜안, 1994), 58쪽.

이 보인다. 곧, '풀이 밟혀 쓰러진 자취를 따라 사흘 밤낮을 가다가'(제2권 90장)[107], '담황색 거세마들의 자취를 따라 가다가 사흘 밤낮을 지나'(제2권, 90장)[108], '그 밤을 새우고 또 사흘 밤낮을 새워 도착했다.'(제2권, 92장)[109]고 기록하고 있다. 3일을 세 번 반복하여 도착한다는 상징적 표현으로 '변화의 완성수, 9의 상징성을 표현한 것이라고 볼 수 있다.

대칸에 등극한 칭기스칸은 공신들을 만호萬戶, 천호千戶 등으로 임명하면서 막내 아우인 시기 쿠투쿠에게 "아홉 번까지 과실을 책하지 않도록 하겠다!"[110]는 상을 내린다. '아홉 번까지 과실을 책하지 않는 상'은 대몽골제국 건국 과정에서 칭기스칸을 도와준 다른 몇 사람에게도 똑같이 내려지는데, (1) 보오르추, (2) 무칼리[111], (3) 젤메[112], (4) 보로굴[113], (5) 소르칸 시라[114], (6) 시기 쿠투쿠 등이 이들이다.

이 외에도 테무진이 '해를 향하여 아홉 번 무릎 꿇어 절하며 술을 뿌리고 빌었다.'(제2권, 103장)[115]는 표현에서 볼 수 있는 것과 같이 몽골인은 태양에 제사 지낼 때에도 아홉 번 절을 했음을 알 수 있다. 그런데 아홉

---

107) 유원수 옮김, 『몽골비사』(서울: 혜안, 1994), 236쪽.

108) 유원수 옮김, 『몽골비사』(서울: 혜안, 1994), 62쪽.

109) 유원수 옮김, 『몽골비사』(서울: 혜안, 1994), 63쪽.

110) 유원수 옮김, 『몽골비사』(서울: 혜안, 1994), 179쪽.

111) '보오르추와 무칼리는 이 자리에 이르게 했다. 이제 만인의 상석에 앉혀 9번의 과실을 책하지 않도록 하라!' (『몽골비사』, 제8권, 205장, 183쪽)

112) '… 복이 있고 길함이 있는 젤메, 9번 실수를 저질러도 죄에 들게 하지 마라!' (『몽골비사』, 제9권, 211장, 189쪽)

113) '… 보로굴이 9번 과실을 범해도 문책하지 말도록 하라!' (『몽골비사』, 제9권, 214장, 194쪽)

114) '메르키드의 땅 셀렝게를 목영지로 하여 목영지를 자유로 선택할 것, 자손 대대로 살동개(장전한 활과 화살을 말함: 필자)를 휴대케 하고, 의식의 술을 마시게 하며, 자유로이 살게 하라! 9번의 과실을 벌하지 말라!' (『몽골비사』, 제9권, 219장, 195-196쪽)

115) 유원수 옮김, 『몽골비사』(서울: 혜안, 1994), 69쪽.

번 절을 할 때는, 한 번 무릎을 꿇어서 세 번 절을 하기를 세 번 반복한다. 이것은 몽골을 포함한 북방민족들이 최대의 예를 표할 때 했다는 '삼궤구고지례三跪九叩之禮'를 의미한다. 우리나라를 포함한 동북방 국가들은 원나라와 청나라 때에 이들에게 정복을 당하면 복종의 의미로 원나라나 청나라의 황제를 대신한 사신들에게 왕이 직접 '삼궤구고지례'를 행하였다.

또한 일반인들이 칭기스칸의 관을 참배할 때와 참배를 마치고 나올 때 모두 두 번이나 삼궤구고지례를 행했다.[116] 고대의 몽골인은 '제사 시 반드시 모자를 벗고 아홉 번 무릎을 꿇어 예를 표하면서 축문 속에 말젖술을 하늘로 뿌리는 의식을 가지고 있다.'고 한다.[117] 말젖술을 하늘로 뿌릴 때도 새로운 '변화'를 기원하는 의미로 세 번 뿌린다. '태양을 향해 아홉 번 무릎을 꿇어 절을 했다.'는 표현이나, '제사 시에 아홉 번 무릎을 꿇어 예를 표했다.'는 표현은 모두 '삼궤구고지례'의 예법을 나타내는 것으로 실제로는 무릎은 세 번만 꿇고 절을 9번 하는 것이다.

『몽골비사』가 중세 몽골인이 불교나 유교 사상에 아직 물들지 않은 눈으로 기록되었다는 점을 고려하면, 이들의 태양 숭배나 9수의 상징성도 북방 샤머니즘의 '3수 분화의 세계관'에서 보이는 9수의 의미로 해석해야 할 것이다.

또한 1206년(元 太祖, 元年) 여러 나라를 정복한 칭기스칸에게 '대칸'의 칭호를 줄 때에 9개의 흰색 깃발로 구성된 '유순 술드'를 세우고 행사를 치렀다.

---

116) 박원길, 『몽골의 문화와 자연지리』(서울: 두솔, 1996), 135쪽.
117) 박원길, 『몽골의 문화와 자연지리』(서울: 두솔, 1996), 168쪽.

> 그렇게 몽골 및 주변 유목 민족의 나라들을 평정하고 범해(1206)에 오난 강의 발원지에 모여 아홉의 배종기(陪從旗)를 가진 흰 기를 세우고 칭기스 카한에게 칸의 칭호를 주었다.(제8권, 202장)[118)]

유순 술드는 샤머니즘에서 하늘세계와 지상세계 그리고 지하세계를 이어주는 우주수宇宙樹를 상징하는 것으로, '하얀 깃발 술드가 몽골의 설화와 무속신앙 세계의 상-중-하의 삼계三界를 연결하여 영원히 서 있는 것을 상징한다.'[119)]고 한다. 이 유순 술드는 '9마리의 흰색 암말의 갈기와 말총'으로 만들어진다.[120)]

또, 일반적으로 유교 문화권에서는 음양오행론에 입각해서 '오색찬란한 무지개'로 표현되는 것을 '아홉 빛깔 무지개'로 표현하고,[121)] '술은 아홉 가지 독으로 만든 음식'이라고 표하는 것 등에서도 9수의 상징성을 살펴볼 수 있다.[122)]

그 외에도 9를 성수로 사용하는 예는 너무나 많다. '아홉 가지 백색'이란 뜻의 예슨-차강(есөн цагаан〉yesü-n chagan)은 여덟 마리의 백마와 한 마리의 흰 낙타를 바친다는 구백지공九白之貢을 의미한다. 하늘이나 조상에

118) 유원수 옮김, 『몽골비사』(서울: 혜안, 1994), 176쪽.

119) 둘 람, "「항갈 이흐 차간 톡」 깃발의 상징 및 제례의식", 몽골반점동족세계평화연합, 『몽골반점 동족과 세계평화』(2006), 214쪽.

120) 둘 람, "「항갈 이흐 차간 톡」 깃발의 상징 및 제례의식", 몽골반점동족세계평화연합, 『몽골반점 동족과 세계평화』(2006), 226쪽.

121) 데. 체렌소드놈 지음, 이평래 옮김, 『몽골 민간 신화』(서울: 대원사, 2001), 197-201쪽 〈12. 천불의 기원〉 참조. 인용문은 201쪽.

122) 데. 체렌소드놈 지음, 이평래 옮김, 『몽골 민간 신화』(서울: 대원사, 2001), 208쪽 〈6. 술이 생겨난 사연〉.

게 제사를 지낼 때 아홉 번 절하는 것 등도 이에 해당하는 것이다.[123]

우리나라를 포함한 동북아시아의 괴기 전설에 흔히 등장하는 '꼬리가 아홉 개 달린 구미호九尾狐'는 '재주를 세 번' 넘어서 여인으로 변신한다. 재주를 세 번 넘는다는 것은, '여우'라는 현재의 상태에서 '여인'으로 변화하는 계기의 수인 3을 나타내고, 꼬리가 아홉 개라는 것은 누구의 도움이 없이도 여우 스스로 여인으로 변화할 수 있다는 것을 상징으로 보여주는 것이라고 볼 수 있다.

3. '우주적 완성수(Number of Universal Completeness)' 81

81(9×9)은 현대인들에게는 특별한 의미로 다가오지 않는다. 그러나 3, 9(3×3), 81(9×9)을 성수로 여기는 북방 샤머니즘에서는 더할 수 없는 지극한 완성수 곧 '우주적 완성수'로 사용된다. 81은 북방 소수민족들의 신화, 전설, 샤먼 의례 등에 많이 보이는데, 81은 대부분 '완성수' 9가 아홉 개 있는 것으로 묘사된다. 그래서 81은 한자문화권에서는 '구구九九'로 표현된다. 9×9=81은 '완성수' 9의 상징성을 극대로 연장한 '우주적 완성수'를 의미하는 것이다. 81(9×9)은 3, 9와는 달리 일반인들에게는 너무 낯설기 때문에 81과 관련된 사례들은 조금 더 차근차근 살펴보기로 한다.

123) 몽골문화에 보이는 '변화의 완성수' 9의 사례에 대해서는 우실하, 「몽골문화와 '3수 분화의 세계관(1-3-9-81)'」, 한국몽골학회, 『몽골학』 제27집(2009) 319-325, 328-333, 335-336쪽 참조.

1) '구구九九'와 '구십구九十九'는 다르다

81(9×9)은 한자문화권에서는 주로 '구구九九'로 기록된다. 그러나 아라비아 숫자가 유입된 이후, 문헌에 기록될 때 아라비아 수 '99'의 형태로 기록되거나 채록되는 경우가 많다. 이 때문에 '99'를 '구십구九十九'으로 잘못 이해하는 경우가 종종 발생한다. 그래서 필자는 아라비아 숫자로 기록된 '99'의 의미는 '구구九九(9·9, 9×9=81)'와 '구십구九十九(99)' 두 가지로 분명하게 구별할 필요가 있다고 본다. 이런 차이는 북방 민족들의 신화나 전설에서 '구구九九' 곧 '팔십일八十一(81)'이 사용된 사례들을 살펴보면 분명하게 확인할 수 있다.[124)]

동북아시아 특히 '3수 분화의 세계관'을 공유하는 지역에서는 '구구九九(9·9, 9×9=81)'라는 개념은 여러 가지 의미를 지닌 상징수로 사용된다. 몇 가지 중요한 용례를 살펴보면 아래와 같다.

첫째, 구구九九는 2×1=2에서 9×9=81에 이르는 곱셈표인 구구단 혹은 구구법九九法을 의미한다. 여기에서도 구구九九는 구십구九十九를 의미하는 것이 아니라, 아홉 개의 수에 대한 아홉 가지의 곱셈을 의미하는 9×9(=81)를 의미하는 것이다. 구구법은 둔황敦煌에서 출토된 한나라 때의 서적에도 보인다. 이 책에 따르면 구구법은 본래는 9×9=81부터 1×1=1까지의 순서였다고 한다. 9×9=81부터 시작되어 구구법이라고 부른다는 것이다.

둘째, 동지에서 봄까지 81일 간의 겨울을 의미한다. 이것은 몽골을 비롯하여 샤머니즘을 공유한 북방 지역에서 모두 보인다. 동지로부터 9일씩

---

124) '구구九九'와 '구십구九十九'의 차이에 대해서는 우실하, 「몽골문화와 '3수 분화의 세계관(1-3-9-81)'-Ⅱ: 9·9의 상징성을 중심으로」, 한국몽골학회, 『몽골학』 제27집(2009), 87-117쪽 참조

을 각각 '일구(1·9), 이구(2·9) … 팔구(8·9), 구구(9·9)'라고 부르고, 81일이 지나면 봄이 온다고 생각하였다.

몽골에서는, (1) '일구(1·9), 이구(2·9), 삼구(3·9)'까지의 27일(9×3)을 발치르-고르반-예스(балчир гурван ес〉balchir gurba-n yesü-n) 즉 '어린 삼구(3·9)' 혹은 '어린이의 추위'라고 부르고, (2) '사구(4·9), 오구(5·9), 육구(6·9)'까지의 27일을 이데르-고르반-예스(идэр гурван ес〉ider gurba-n yesü-n) 즉 '젊은 삼구(3·9)' 혹은 '젊은이의 추위'라고 부르며, (3) '칠구(7·9), 팔구(8·9), 구구(9·9)'까지의 27일을 흑신-고르반-예스(хөгшин гурван ес(kögsin gurba-n yesü-n) 즉 '늙은 삼구(3·9)' 혹은 '늙은이의 추위'라고 부른다.

이런 까닭에 몽골에서는 "올해 겨울이 시작된다.", "올해 겨울 추위가 시작된다."라는 것을 "예스-에흘레흐(ес эхлэх〉yesü[-n] ekelekü(ekilekü)"라고 말하는데, 이것은 "9가 시작된다."라는 뜻이다.

이와 유사하게 흔히 한자문화권에서는 동지에서 봄까지 81일을 9획으로 구성된 아홉 글자를 써놓고 하루에 한 획씩 색칠을 해서 81획이 모두 색칠이 되면 봄이 온다는 구구가九九歌, 구구소한도九九消寒圖, 구구소한시도九九消寒詩圖 등의 민속전통과 연결되어 전승되고 있다.[125]

셋째, 몽골, 만주 등 북방민족들에게 구구九九는 '81(9×9)마리의 가축'을 의미한다. 좋은 의미의 예물을 헌상하는 경우에는 구구지례九九之禮·진구구進九九·구구예물九九禮物이라고 부른다. 그러나 죄를 지어서 내는 벌금일 경우에는 구구벌九九罰 혹은 구벌구九罰九라고 표현된다. 이에 대해

125) 구구가, 구구소한도와 '3수 분화의 세계관'의 관계에 대해서는 우실하, 「구구가九九歌, 구구소한도九九消寒圖의 기원과 '3수 분화의 세계관'」, 동양사회사상학회, 『동양 사회사상』, 제13집(2006), 347–379쪽 참조.

서는 뒤에서 상세히 살펴본다.

넷째, 구구九九는 구체적인 숫자를 떠나서 '엄청나게 많은'이라는 상징적 의미로 사용된다. 예를 들어, 하늘이 높다는 '구구천九九天'이나, 계곡이 수없이 굽이쳐 이어져 있음을 의미하는 '구구곡九九谷' 등은 이런 의미로 사용된 것이다. 이런 상징성도 '3수 분화의 세계관'에서 보이는 '우주적 완성수' 81과 연결되어 있는 것이다.

다섯째, 구구九九는 한자문화권에서 9월 9일의 중양절重陽節을 의미한다. 음양론에서 9는 양陽이 극대화된 수를 의미하며, 9월 9일은 양기陽氣가 극대화된 절기를 상징하여 기념하고 있다. 이 역시 구십구九十九와는 다른 용법이다. 하지만 이것은 '3수 분화의 세계관'의 구구와는 관계가 없다.

구구九九의 의미는 위에서 살펴본 것과 같이 다양한 의미로 사용된다. 위에서 소개한 다섯 가지 용법 가운데 마지막에 소개한 음양론과 관련된 중양절을 빼면 나머지는 모두 '3수 분화의 세계관'의 산물이다. 이런 까닭에 한자 문헌에서도 '구구九九'는 언제나 '구십구九十九'와 분명하게 구별되어 기록되었던 것이다.

2) '구구九九' 개념에 대한 오류

구체적 문맥에 대한 이해 없이, (1) 후대에 전설, 민담, 설화 등을 채록하면서 아라비아 숫자 '99'라고 기록된 것이나 한자로 '구구九九'로 기록된 것을 무조건 '구십구九十九'나 '아흔아홉'으로 해석하거나, (2) 구술하는 사람이 이런 전통을 모르고 '구십구' 혹은 '아흔아홉'이라고 말하는 것을 곧이곧대로 적은 것 등은 동북아시아의 문화·사상적 전통을 전혀 고려하지 않은 오류라고 할 수 있다. 이런 '구구' 개념에 대한 오류를 구체적인 예를 들어서 설명해 보자.

첫째, 『한국구비문학대계』에 실린 〈숙종대왕 암행(3)〉에는 숙종대왕이 서울 장안에 암행을 갔다가 젊은 아가씨와 나이 많은 노인이 술상을 차리고 먹는 모습을 창문 구멍으로 들여다보는 대목이 있다. 이 아가씨와 노인의 나이를 설명하는 부분은 아래와 같이 구술자의 방언으로 채록되어 있다.

> '이팔소녀 구구랭(二八少女 九九郞)'이요. 이팔 소녀와 아흔 아홉 살 묵는 신랭이란 말이지.[126)]

구술자는 구구랑九九郞을 '아흔아홉 살 먹은 신랑'으로 번역하고 채록자도 그대로 기록하고 있지만, 이것은 잘못이다. 위의 인용문에서 이팔소녀二八少女는 '2×8=16세 소녀'라는 의미이고, 구구랑九九郞은 '9×9=81세 신랑'이라는 의미이다. 물론 여기서 '구구'는 구체적으로 81세라는 의미로 사용된 것이 아니라 '아주 나이 많은' 이라는 상징수로 사용된 것이다. 한자의 사용법에서 구구九九와 구십구九十九는 분명하게 구별되며, 이팔二八과 이십팔二十八도 분명히 구별된다.

이것은 이팔청춘二八靑春에서의 이팔二八은 이십팔二十八이 아니라 2×8=16세를 말하고, 삼칠일三七日에서 삼칠三七이 삼십칠三十七이 아니라 3×7=21일을 말하는 것과 마찬가지인 것이다. 이런 오류들은 생각보다 많다.[127)]

---

126) 『한국구비문학대계』 8집 14책, 556쪽.

127) 우실하, 「몽골문화와 '3수 분화의 세계관(1-3-9-81)-Ⅱ: 9·9의 상징성을 중심으로」,

둘째, 구구곡九九谷 혹은 구구동九九洞을 '아흔아홉 계곡'으로 옮기거나 이 둘을 병기하는 것도 이런 오류에 속한다. 제주도 남서쪽 어승생악御乘生岳 동쪽에 '아흔아홉골' 또는 '구구동九九洞'이라고 부르는 계곡이 있다. 이 계곡 안에는 천왕사라는 사찰이 있다. 이 계곡과 천왕사를 설명하는 두산백과사전의 설명을 보면 아래와 같다.

〈구구동洞〉

아흔아홉골 또는 구구동(洞)이라 부르기도 한다. 제2횡단도로에서 10km 지점의 해안동(海安洞)에 있는데, 어승생악(御乘生岳) 동쪽 동산에 크고 작은 꼬불꼬불한 골짜기가 많아서 붙여진 이름이다. 울창한 수목이 하늘을 가리고 있어서 그윽한 멋과 고요한 정취가 속세와 절연된 느낌을 준다.

〈천왕사(天王寺)〉

제주특별자치도 제주시 노형동 한라산 기슭에 있는 사찰이다. 한라산 1100도로를 따라 가면 어승생오름(높이 1,176m) 동쪽에 수많은 봉우리와 골짜기로 이루어진 아흔아홉골 또는 구구곡(九九谷)이라 불리는 골짜기가 있는데 천왕사는 아흔아홉골 중 하나인 금봉곡 아래쪽에 자리 잡고 있다.

백과사전의 설명을 보면 제주도에서는 현재도 구구동과 아흔아홉골이 동시에 사용되고 병기되고 있다는 것을 알 수 있다. '구구九九'를 우리말 '아흔아홉'으로 옮긴 것이다. 구구동을 아흔아홉골로 옮기는 것은 필자가

87-117쪽. 구구와 구십구의 차이에 대해서는 98-101쪽.

보기에는 오류다.

'구구'는 9×9=81로 '3수 분화의 세계관'을 바탕으로 한 상징적 표현인 것이지 구체적인 81을 의미하는 것도 아니다. 백과사전에 보듯이 '크고 작은 꼬불꼬불한 골짜기가 많아서 붙여진 이름'이고 '수많은 봉우리와 골짜기로 이루어진' 지형이기 때문에 붙여진 상징적인 이름일 뿐이다.

그럼에도 불구하고 '천왕사 동쪽 일대의 아흔아홉골을 구구곡九九谷으로 표기하는 것도 큰 문제다. … (중략) … 아직도 조선시대와 일제강점기 때 난립했던 불완전한 한자 지명 표기를 그대로 쓰는 것은 큰 문제가 아닐 수 없다.'고 지적하는 분이 있다.[128] 필자가 보기에는 '구구곡 혹은 구구동'이 불완전한 한자 표기가 아니라 이것을 '아흔아홉골'이라고 번역한 것이 잘못된 한글 표기다.

구구곡이라는 명칭은 포항시 남구 구룡포읍 석병리石屛里에도 남아 있다. 해안을 끼고 있는 석병리 주변에는 크고 높은 수많은 갯바위가 즐비하여 석병 구구곡이라고 불리고 있다. 이 구구곡 또한 '구구九九'의 용법이라고 볼 수 있다.

한자로 기록된 '구구'의 의미는 '3수 분화의 세계관'이 지닌 수의 상징성을 바탕으로 읽어야한다, 이는 단순히 필자의 견해가 아니라 북방 샤머니즘을 공유한 지역이나 이런 문화의 영향을 받은 한자문화권에서 수 천 년 동안 이어져온 것이다.

128) [제주일보] 2005. 3. 18, "[시론] 믿을만한 제주지도가 아쉽다" 오창명(전남대 학술연구교수, 국어학).

〈자료 5-3〉 제주도 구구동九九洞의 위치

셋째, 『몽골비사』에는 칭기스칸을 알현했던 부르칸이 '모든 것을 아홉 가지씩, 아홉 벌' 즉 81종씩 선물을 갖추어서 알현을 했다는 기록이 남아 있다. 유원수의 번역본과 박원길·김기선·최형원의 공동번역본이 조금 다르다. 먼저 번역문을 비교하면 아래와 같다. 번역어에 약간의 차이가 있으나 번역자의 논리를 존중해 그대로 옮긴다.

① 〈유원수의 번역문〉

부르칸이 (1) 황금 불상을 비롯한 금은 기명을 9가지로 9벌, (2) 동남동녀 각 9명, (3) 거세마와 낙타 각 9마리 등 (4) 모든 것을 9가지씩 9벌로 갖추어 알현할 때 부르칸을 문을 닫은 채 알현케 했다. (『몽골비사』,제12권, 267장; 번호는 필자)[129]

② 〈박원길·김기선·최형원의 공동번역문〉

보르칸이 [칭기스칸을] 만날 때 (1) 황금 불상을 비롯해 금제, 은제의 잔이나 식기를 99(81개), (2) 동남동녀 99(81명), (3) 거세마[와] 낙타를 99(81마리), (4) 일체의 헌상품을 99(81개)에 맞추어 알현할 때 [칭기스칸은] 보르칸을 문밖에 세워 [서로가 마주 볼 수 없는] 어두운 [상태로] 알현시켰다. (제12권 267절: 번호는 필자)[130]

필자는 박원길·김기선·최형원의 공동번역본에 사용된 '99(81개)'라는 표현이 원문의 의미를 정확하게 살리고 있다고 본다. 유원수의 번역에는 불

129) 유원수 옮김, 『몽골비사』(혜안, 1994), 243-244쪽.
130) 박원길·김기선·최형원, 『몽골비사의 종합적 연구』(서울: 민속원, 2006), 351쪽.

명확하게 표현된 부분이 보인다. 유원수의 번역문에 보이는 '(2) 동남동녀 각 아홉 명, (3) 거세마와 낙타 각 아홉 마리' 부분이 마치 '(2) 동남동여 각각 아홉 명 총 열여덟 명, (3) 거세마와 낙타 각각 아홉 마리 총 열여덟 마리'인 것처럼 잘못 번역되어 있다. 이것은 번역상의 오류다.

『몽골비사』 중국어 번역본에서는 몽골어 'yesün yesüd'[131]를 한자로 음사한 '也孫也速'[132]을 '九十九'가 아니라 '九九'로 정확하게 옮기고 있다.[133] 한자 사용법에서 '구구九九'는 당연히 9×9인 81을 의미하는 것이다.

'구구九九'는 81(9×9)을 의미하는 것이지 '구십구' 혹은 '아흔아홉'을 의미하는 것이 아니다. 『몽골비사』에서 부르칸이 보여준 81종의 선물을 바치는 예법禮法을 내몽고학자 따오룬티부(道潤梯步)는 '구구지례九九之禮'라고 표현하고 있다.[134] 이것은 몽골인의 성수인 3, 9, 81의 상징성과 연결해서 해독되어야 하는 것이다.

결국 칭기스칸에게 죄를 용서받기 위해서 최고의 예의를 갖춘 부르칸의 선물보따리는 '일체의 헌상품을 구구(九九, 9×9=81)개에 맞추어' 준비한 것이었다. '3수 분화의 세계관'의 입장에서 보면 81(9×9)은 '우주적 완성수'이다. 이러한 예를 갖추었지만 부르칸은 3일이라는 생각의 변화 시간을 거쳐서 칭기스칸에게 죽임을 당한다. 여기서도 3은 '변화의 계기수'로 작용한다.

---

131) 박원길·김기선·최형원, 『몽골비사의 종합적 연구』(서울: 민속원, 2006), 350쪽.

132) 額爾登泰·烏云達賚 (校勘), 『蒙古秘史校勘本』(呼和浩特: 內蒙古人民出版社, 1980), 791쪽.

133) 道潤梯步 (譯著), 『蒙古秘史』(呼和浩特: 內蒙古人民出版社, 1979), 355쪽.

134) 道潤梯步 (譯著), 『蒙古秘史』(呼和浩特: 內蒙古人民出版社, 1979), 355쪽.

3) 성수 81(9×9)의 사례

아래에서는 성수 81(9×9)이 사용된 구체적인 사례들을 몇몇 소개해 보기로 한다.

첫째, 구구九九라는 표현 대신에 '81'이라는 숫자가 구체적으로 사용된 사례도 있다. 예를 들어 몽골의 〈마니바드라 대왕과 검은 사냥꾼〉 이야기에서는 '머리카락이 3알드나 되고 산호처럼 붉은 얼굴을 가진 스님'[135]이 천신인 텡게르의 딸 가운데 한 여인의 아름다움을 평하면서 '여든 한 가지 특징을 갖춘 매우 아름다운 여인'[136] 혹은 '여든 한 가지 특징을 갖춘 아름다운 부인'[137]이라고 평하는 대목이 두 번이나 보인다. 이것은 구구(9·9, 9×9)의 상징성을 구체적으로 81이라는 숫사로 풀어 놓은 표현이다.

이 이야기는 스님이 등장하는 것으로 보아 16세기 티베트 불교인 라마교가 도입된 이후에 불교적으로 각색된 것이라고 보인다. 일반적으로 불교에서는 『금강경』에 보이는 것처럼 깨달음을 이룬 사람 혹은 부처님에게는 삼십삼(33)호상이 나타난다고 한다. 그러나 이야기 속의 몽골 스님은 텡게르의 딸을 '81가지의 특징을 갖춘 매우 아름다운 여인'이라고 표현하고 있다. 이를 통해서 볼 때 이 이야기는 불교적으로 각색되기는 하였지만, 몽골의 성수인 9와 9를 아홉 번 곱한 81을 '최고의 아름다움'을 나타내는 상징적 수로 사용하고 있다는 것을 알 수 있다.

둘째, 몽골의 배상법賠償法은 기본적으로 '아홉 마리의 가축을 기본 단위'로 삼았으며, 죄의 경중에 따라서 9의 배수로 가축을 배상하는 구구법

135) 데. 체렌소드놈 지음, 이평래 옮김, 『몽골 민간 신화』(서울: 대원사, 2001), 246쪽.
136) 데. 체렌소드놈 지음, 이평래 옮김, 『몽골 민간 신화』(서울: 대원사, 2001), 249쪽.
137) 데. 체렌소드놈 지음, 이평래 옮김, 『몽골 민간 신화』(서울: 대원사, 2001), 251쪽.

九九法이 있었다.[138)]

북방 유목민족들은 보통 아홉 마리 가축을 단위로 하여 그 몇 배의 벌을 받는다.[139)] 죄의 경중에 따라서 1·9벌一九罰(9마리) 혹은 1벌9一罰九, 2·9벌二九罰(2×9=18마리) 혹은 2벌9二罰九, 3·9벌三九罰(3×9=27마리) 혹은 3벌9三罰九 … 9·9벌九九罰(9×9=81마리) 혹은 9벌9九罰九까지 다양하다. 9·9벌이 가장 무거운 죄에 해당하지만, 사회가 복잡해지면서 몽골법 조항에는 15·9벌(15벌9, 15×9=135마리)까지도 기록에 보인다.[140)]

몽골제국의 지배하에 있던 고려의 충선왕은 몽골 진왕晉王의 딸에게 장가들기 위해서 몽골의 황제, 태후, 그리고 장인인 진왕에게 각각 81마리의 백마를 헌상하기도 했다.[141)]

---

138) 시미디 미시오 지음, 임대희·박원길·우덕찬·이광수 옮김, 『아시아 법사』(서울: 서경문화사, 2000), 232-233쪽.

139) 아홉 마리의 가축은 시대별로 또 법전마다 조금씩 다르다. V. A. 랴자노프스키에 따르면, (1) 1709년의 미발표 관습법인 『야메누 칼카 지롬 운 두림Yamenu Khalkha Djirom-um-durim』에서는 말 2, 수소 2, 암소 2, 양 2, 송아지 1마리이고, (2) 몽골에 대한 중국(淸)의 법인 1789년의 『이번원칙례理藩院則例(Regulation of the Chinese Boatd of Foreign Relation)』에서는 말 2, 수소 2, 암소 2, 3살 수소 2, 2살 암소 1마리이고, (3) 1815년의 『이번원칙례』에서는 말 2, 수소 2, 암소 2, 거세한 3살 수소 2, 거세한 2살 수소 1마리 등이다. (V. A. 랴자노프스키, 서병국 옮김, 『몽골의 관습과 법』(서울: 혜안, 1996), 162, 173, 181쪽)

140) 우실하, 「몽골문화와 '3수 분화의 세계관(1-3-9-81)'」, 338-340쪽; 시마다 마사오島田正郎, 임대희·박원길·우덕찬·이광수 옮김, 『아시아 법사』(서울: 서경문화사, 2000).; V. A. 랴자노프스키, 서병국 옮김, 『몽골의 관습과 법』(서울: 혜안, 1996).; 이평래, 「17-18세기 몽골법전에 등장하는 도물(盜物)의 분석」, 중앙아시아학회, 『중앙아시아연구』 제3집(1998), 95-140쪽.

141) 『고려사』 「世家」 卷第33, 忠宣王 1.
22年 11月 壬辰에 王이 白馬 81匹을 帝에게 바쳐 納幣(約婚禮物)하고 드디어 晋王 甘麻剌의 딸에게 장가들었다. 癸巳에 또 白馬 81匹로써 太后에게 드리니 太后가 羊 700頭와 酒 500甕으로써 王을 향연할 새 帝와 太后가 臨軒하고 帝王과 百官이 侍宴하였다. 甲午에 白馬 81匹을 晋王에게 바치고 인하여 酒 300甕과 羊 400頭로써 잔치하였다.

이러한 몽골의 법 체계는 북방의 유목·수렵민족의 법 체계에 큰 영향을 미쳤다. 아시아 법사法史에 대한 세계적인 권위자인 시마다 마사오島田正郎는 아래와 같이 밝히고 있다.

> 몽골법은 아시아 및 동유럽의 유목수렵민족(퉁구스, 야쿠트, 키르키즈 등)의 법에 막대한 영향을 끼쳤다고 할 수 있다. 사실 몽골법은 몽골 유목제국 및 이것이 분열된 서방의 칸국 뿐 아니라, 티무르제국(Timur ulus)을 구성한 유목민에도 적용되었다. 더욱이 후대 유목민의 법을 통해서 현대의 부리야트, 퉁구스, 키르키즈, 알타이, 칼무크(Kalmuk) 등의 법 속에 살아 있는 것이다.[142)]

현재 전하지는 않지만 알려진 몽골 최초의 성문법전은 칭기스칸의 대법령『예케-자사크 Yeke Jasag』이다. 초원에 산재해 있던 몽골족들은 각 지방의 관습법을 따랐었다. '칭기스칸이 통일을 달성하자 관습법의 통일과 범몽골법의 성문화成文化의 필요에서 1206년의 쿠릴타이Khuriltai(전체 부족회의)의 승인을 거쳐 성립된 것이『예케-자사크(대법령)』이다.'[143)]

몽골의 관습법이 집성된 것은 (1) 원본도 사본도 전하지 않는『예케-자사크』, (2)『몽골·오이라트법전』, (3)『알탄칸법전』, (4) 신·구 2종의『할하법전』 등이 있었다.

몽골의 형법 체계의 특색은 정액 배상제가 확립되어 있다는 것이다. 특

142) 시마다 마사오, 임대희·박원길·우덕찬·이광수 옮김,『아시아 법사』(서울: 서경문화사, 2000), 232-233쪽.

143) 시마다 마사오, 임대희·박원길·우덕찬·이광수 옮김,『아시아 법사』(서울: 서경문화사, 2000), 235쪽.

히 몽골의 독특한 배상법은 성수 9와 관련되어 있다. '배상은 보통 가축으로 이루어지는데, 아홉 마리의 가축을 하나의 기본단위로 삼아 그 배수를 사용하는 것이 몽골법의 특징이다.'[144] 예를 들어 '3벌9三罰九'는 아홉 마리의 가축을 세 배 곧 스물일곱(9×3=27) 마리를 배상하는 것이다. 이런 몽골법의 특징을 구체적으로 살펴보면 아래와 같다.

> ① 17세기의 『몽골·오이라트법전』에서는 (1) 귀족 살해 때(방화를 동반하는 경우)는 전 재산의 몰수, (2) 중산계급의 사람을 죽인 때는 가축 300마리와 귀중품 30개, (3) 하층계급의 사람을 죽이면 15벌9(十五罰九: 9마리의 가축을 한 단위로 한 15배의 배상)와 귀중품 1개, (4) 노예를 죽이면 5벌9(五罰九), (5) 여자 노비의 경우는 3벌9(三罰九)로서 벌했는데, 이는 피해자의 신분에 따라 배상액에 차등을 둔 것이다.[145] (번호는 필자가 추가한 것임)

> ② 『몽골·오이라트법전』에는 '아버지 또는 어머니와 싸우고 염치없는 행동을 한 자식'에게 3벌9의 벌축(罰畜)을 과한 규정이 있고 … [146]

또한 18세기 청나라 때 몽골을 대상으로 성립된 『몽골율례』나 『이번원칙례』 등에서도 아홉 마리의 가축을 기본단위로 한 이러한 배상 기준이 그대로 이어지고 있다.

---

144) 시마다 마사오, 임대희·박원길·우덕찬·이광수 옮김, 『아시아 법사』(서울: 서경문화사, 2000), 244쪽.

145) 시마다 마사오, 임대희·박원길·우덕찬·이광수 옮김, 『아시아 법사』(서울: 서경문화사, 2000), 246쪽.

146) 시마다 마사오, 임대희·박원길·우덕찬·이광수 옮김, 『아시아 법사』(서울: 서경문화사, 2000), 256쪽.

사형이라는 실형주의가 확립되었고, 사면으로 사형이 면해지는 경우라도 여전히 벌삼구생축(罰三九牲畜: 三罰九를 말함-필자)의 가축을 피해자의 유족에게 주어야만 한다. 그리고 과실치사처럼 사정이 참작되는 경우에는 사형의 면제대가로 구구마필(九九馬匹: 말 9마리의 9배 즉 81마리-필자)을 관아에 바치고(平和金), 삼구생축을 피해자의 유족에 지불하는 배상방식도 인정되고 있다.[147]

결국 몽골의 배상법은 기본적으로 '아홉 마리의 가축을 기본단위'로 삼았으며, 죄의 경중에 따라서 9의 몇 배수만큼 가축을 배상하는 것이있나. 이러한 배상법에서도 몽골인이 성수로 여겼던 3, 9, 81(9×9)의 상징성이 그대로 드러난다고 볼 수 있다.

셋째, 배상법뿐 만이 아니라 선물을 주는 예법도 9의 배수로 하였고, 그 최고의 선물은 각종 기물을 종류별로 구구九九 곧 81개씩을 주는 것이다. 앞서 살펴본 바와 같이 칭기스칸에게 죄를 용서받기 위해서 최고의 예의를 갖춘 부르칸의 선물보따리는 '일체의 헌상품을 구구(9·9, 9×9=81개)에 맞추어' 준비한 것이었다. 이런 예법을 '구구예법九九禮法' 혹은 '구구예九九禮'라 부른다.[148] 몽골의 최대 축제인 나담 축제에서는 씨름, 활쏘기, 말 경주 세 가지 경기가 벌어지는데, 각 분야의 최종 우승자에게도 구구예법에 따라 81종의 선물이 주어졌다.[149]

---

147) 시마다 마사오, 임대희·박원길·우덕찬·이광수 옮김, 『아시아 법사』(서울: 서경문화사, 2000), 246쪽.

148) 몽골문화에 보이는 '우주적 완성수' 81의 사례에 대해서는 우실하, 「몽골문화와 '3수 분화의 세계관(1-3-9-81)'」, 325-332, 337-340쪽.; 우실하, 「몽골문화와 '3수 분화의 세계관(1-3-9-81)-Ⅱ: 9·9의 상징성을 중심으로」, 87-117쪽 참조.

149) 박원길, 『몽골의 문화와 자연지리』(서울: 두솔, 1996), 108쪽.

넷째, 몽골의 전통적인 천막집인 '게르'에는 우리나라의 서까래에 해당하는 우니Uni가 대부분 81개이며, 작은 게르는 우니가 72개(9×8)이다.

〈자료 5-4〉 몽골 게르의 형태와 81개의 우니Uni

다섯째, '3수 분화의 세계관'에 보이는 수상 전개의 특징(1-3-9-81)을 명확하게 도상화하고 있는 것이, 신라 미추왕릉지구 계림로 14호분에서 출토된 장식보검(보물 635호)이다. 이 장식보검은 5~6세기경에 조성된 신라 미추왕릉지구 고분에서 발견된 것이다. 중앙아시아 쪽에서 수입되었다는 설과 국내에서 제작되었다는 설이 공존하지만, 어느 지역이든 필자가 이야기하는 '3수 분화의 세계관'을 공유하고 있는 지역이다.[150)]

이 장식보검을 보면 (1) 하나의 원이 3개의 파문으로 나누어진 삼일태극은 셋이면서 하나인 3·1을 상징하고, (2) 삼일태극이 셋으로 분화된 것은 '변화의 계기수' 3을 상징하고 있고, (3) 3개의 삼일태극이 방향을 달리하여 회전하면서(시계 반대 방향→시계 방향→시계 반대 방향) 3의 3변三變(3×3=9)인 '변화의 완성수' 9를 상징하고 있고, (4) 3개의 삼일태극 전체를 감싸고 있는 직사각형의 테두리를 장식하고 있는 금 알갱이 혹은 금립金粒은 각각의 삼일태극 상하좌우에 정확하게 9개씩 장식되어 72개(9×8=72)가 되는데, (5) 이 72개의 금립은 3개의 삼일태극이 이루는 9수와 합쳐서 우주적 완성수인 81수(9×9=81)를 이루고 있다.[151)]

150) 이 장식보검에 대한 상세한 내용은 우실하, 『전통 문화의 구성 원리』(서울: 소나무, 1998), 225-236쪽을 참조하시오.

151) 우실하, 『전통 문화의 구성 원리』(서울: 소나무, 1998), 229쪽.

〈자료 5-5〉 신라 미추왕릉지구 계림로 14호분 출토 장식보검(보물 635호)[152]

〈자료 5-6〉 신라 장식보검에 보이는 삼태극 문양의 수상數象 전개[153]

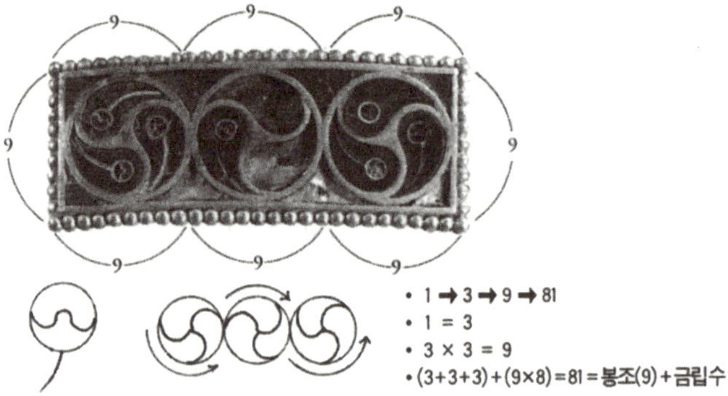

152) 『국립경주박물관』(1995), 133쪽.

153) 우실하, 『전통 문화의 구성 원리』(서울: 소나무, 1998), 235쪽 〈도표 6-13〉.

여섯째, 우리나라의 각종 민족종교에서 경전으로 사용되는 『천부경天符經』이 아홉 자씩 아홉 줄, 총 팔십일 자로 구성되어 있는 것은[154] 도가道家·신선사상神仙思想 계통의 『황제내경영추黃帝內經靈樞』, 『황제내경소문黃帝內經素問』, 『황제내경난경黃帝內經難經』, 『도덕경道德經』 등이 모두 81장으로 구성된 것과 궤를 같이하는 것이다.

『도덕경』 가운데 가장 이른 시기의 것은 1993년 8월 호북성 곽점촌郭店村에서 발굴된 기원전 4세기 초나라 무덤에서 발굴된 죽간본竹簡本 『노자』이다. 이 죽간본 『노자』는 (1) 현재 우리가 보는 『도덕경』의 42장 '도생일道生一, 일생이一生二, 이생삼二生三, 삼생만물三生萬物'[155] 부분이 없고, (2) 전체가 42장으로 현재와 같은 81장으로 구성되어 있지도 않았다.

42장 부분은, (1) 죽간본 『노자』보다 100여년 늦은 것으로 1973년에 발굴된 한나라 시대 마왕퇴馬王堆의 백서본帛書本 『노자』에서부터 보이기 시작하는 것으로, (2) 학자들 사이에도 '『도덕경』 안에서 가장 해석하기 힘든 부분'[156]으로 다양한 해석이 공존하고 있다.[157]

적확하게 언제 누구에 의해서인지는 논란이 있지만, (1) 『도덕경』을 전체적으로 재편집하면서 42장을 81장으로 재구성한 사람이나, (2) 42장 '道生一, 一生二, 二生三, 三生萬物' 부분을 새로 넣은 사람은 '태극은 천지인 3기를 함유하고 있는 1기'라는 삼일태극 관념을 바탕에 두고 있었을

154) 우실하, 「「천부경」, 「삼일신고」의 수리체계와 '3수 분화의 세계관(1-3-9-81)'」, 선도문화연구원, 『선도문화』 1집(2006), 35-101쪽.

155) 『도덕경』 제42 「道化」: 道生一, 一生二, 二生三, 三生萬物. 萬物負陰而抱陽, 沖氣以爲和.

156) 최진석, 『노자의 목소리로 듣는 도덕경』(서울: 소나무, 2001), 338쪽.

157) 42장에 대한 필자의 해석은 우실하, 『동양음악의 구조와 원리: 삼태극의 춤, 동양음악』(서울: 소나무, 2004), 253-271쪽을 참조하시오.

것이라고 필자는 추론하고 있다. 왜냐하면 당시에는 태극을 천지인 3기를 함유한 삼일태극으로 이해하는 것이 일반적이었기 때문이다.[158)]

일곱째, 북방족인 만주족이 새롭게 건설한 북경의 천단天壇은 철저하게 '3수 분화의 세계관'의 성수인 3, 9, 81의 수리 구조로 이루어져 있다.[159)]

우선 황제가 천제天祭를 지내던 환구圜丘는 (1) 3단 원형으로 구성되어 있으며, (2) 3단의 환구로 오르는 계단은 동서남북 네 방향으로 세 개씩 총 열두(4×3) 개인데 모두 9층 계단으로 되어 있다.

환구의 맨 윗단 한 가운데에는 대리석으로 된 직경 약 80cm 정도의 천심석天心石이 약간 볼록하게 나와 있는데, (1) 천심석을 중심으로 대리석 판이 아홉 겹으로 원을 그리며 배치되어 있고, (2) 아홉 겹으로 배열된 대리석 판은 첫째 바퀴는 아홉 개로 하나의 원을 그리고, 둘째 바퀴는 열여덟 개(9×2=19), 셋째 비퀴는 스물일곱 개(9×3=27)로 이어져 마지막 아홉째 바퀴는 정확하게 여든한 개(9×9=81)로 구성되어 있다.

나머지 아래의 두 단도 아홉 겹의 대리석으로 돌려져 있는데, 모두 9의 배수로 이루어져 있으며, 4등분된 3단의 원에 설치된 각각 네 개의 난간들도 모두 한쪽이 아홉 칸(9×1=9, 윗단), 열여덟 칸(9×2=18, 중간), 스물일곱 칸(9×3=27, 아래)씩 나뉘어 있다.

명나라 시대에 한족들이 세운 원구가 같은 자리에 있었다가 헐렸는데, 난간의 수가 3(꼭대기), 5(중간), 7(아래)칸으로 되어 있다(〈자료 5-11〉 참조). 이

158) 우실하, 「도교와 민족종교에 보이는 '3수 분화의 세계관'」", 한국도교문화학회, 『도교문화연구』 제24집(2006), 99-133쪽. 특히 '2-3) 노자『도덕경(道德經)』의 체계' 참조.

159) 우실하, 「동북아 성수(聖數: 3, 7, 9, 81)의 기원에 대하여」, 단군학회, 『단군학연구』 제10집(2004), 205-240쪽 참조.

______, 「동북아시아 모태문화와 '3수 분화의 세계관'」, 한국문화심리학회 편, 『문화와 사람』(서울: 사계절, 2000), 247-250쪽 참조.

는 음양론에 입각한 양수(陽數: 1, 3, 5, 7, 9)를 사용한 것이다. 한족들이 세운 이 원구는 중국을 점령한 만주족이 청나라를 세우고 나서 허물고 그들의 세계관에 입각해서 새로 원구를 만든 것이다.

〈자료 5-7〉 북경 천단天壇의 환구圜丘의 기년전祈年殿 모습[160)]

1. 앞의 3단 원형 제단이 환구, 맨 뒤 방형 기단 위에 세워진 건물이 기년전이다.

160) 天壇編輯委員會 編, 『天壇』(北京: 新華出版社, 1994). 이 책은 쪽수가 표시되어 있지 않다.

2. 환구: 3층 원형 구조의 모든 것이 1, 3, 9, 81의 수 체계로 구성되어 있다.

〈자료 5-8〉 북경 천단天壇의 한 가운데 천심석天心石 부분

* 천심석을 중심으로 첫 번째 원은 아홉 조각의 대리석이 원을 그리고 있고, 두 번째 원은 열여덟 개, 세 번째 원은 스물일곱 개 … 마지막 아홉 번째 원은 정확하게 여든한 개(9×9)로 되어 있다.

〈자료 5-9〉 북경 천단天壇의 9층의 계단

* 동서남북 각각 세 개씩 총 열두 개의 계단이 같은 모양인데 모두 9층 계단이다.

〈자료 5-10〉 북경 천단天壇 환구圜丘의 난간 모습

* 3층은 아홉 칸, 2층은 열여덟 칸(9×2), 1층은 스물일곱 칸(9×3)으로 되어 있다.

1. 맨 꼭대기인 3층 난간은 아홉 칸

2. 가운데인 2층 난간은 열여덟 칸(9×2)

3. 맨 아래인 1층 난간 스물일곱 칸(9×3)

〈자료 5-11〉 명나라 시대의 환구圜丘

* 명나라 시대에 한족들이 세운 원구가 같은 자리에 있었지만 난간의 수가 3(꼭대기), 5(중간), 7(아래)칸으로 되어 있어 음양론에 입각한 양수(陽數: 1, 3, 5, 7, 9)를 사용하였다. 만주족이 새로 세운 원구의 9, 18, 27의 수와는 전혀 다르다.

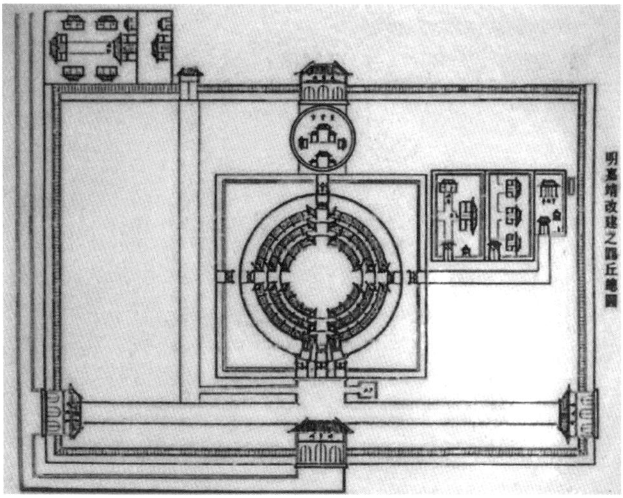

여덟째, 동양음악의 기본이 되는 5음 12율의 산출 논리도 철저하게 '3수 분화의 세계관'의 성수인 3, 9, 81의 수리구조로 이루어져 있다.[161]

우선 동양음악에서 악기나 5음 12율을 제정할 때 사용되던 황종척黃鐘尺은, (1) 기장을 횡橫으로 100알을 쌓은 길이를 1척으로 하는 10진법의 횡서척橫黍尺과, (2) 기장을 종縱으로 여든한 알을 쌓은 길이를 1척으로 하는 9진법의 종서척縱黍尺 2가지가 있다. 이 둘의 실제 길이는 같았다. 그러나 실제로 5음 12율을 제정할 때 사용한 것은 종서척이다.

동양의 전통음악에서, (1) 5음 12율을 만드는 황종척黃鐘尺은 '9진법'에 기초해서 9촌寸을 1척尺으로 하는 구분척九分尺을 사용하였는데, (2) 기장 한 알의 길이를 1푼分으로, 9알의 길이를 1촌寸으로, 여든한 알(9×9)의

161) 우실하, 『전통음악의 구조와 원리: 삼태극의 춤 동양음악』(서울: 소나무, 2004) 참조.

길이를 황종척 1척尺으로 하였으며, (3) 9의 제곱수인 81(9×9)은 황종척 1척의 길이로 황종수黃鐘數라고 부르며, (4) 12지지와 12율에 배당된 수가 1(3^0)에서 계속해서 3을 곱해가서 마지막 해亥의 수인 177,147(3^{11})을 황종대수黃鐘大數로 삼았으며, (5) 황종수 81에서 $\frac{1}{3}$을 더하고 빼면서 차례로 12율을 만드는 삼분손익법三分損益法을 사용하고 있다.

황종수 81이 의미하는 바는, (1) 율관律管을 사용하여 12율을 만드는 경우에는 9분척인 황종척 1척은 기장 여든한 알의 길이인 황종율관의 길이를 의미하는 것이었고, (2) 현악기의 경우에는 명주실 여든한 줄을 꼬아서 나는 소리를 모든 음의 기준음이 되는 궁음宮音으로 삼았다는 것을 의미한다. 황종수 81에서 $\frac{1}{3}$을 더하고 빼는 삼분손익법三分損益法을 통해서 동양음악의 기본이 되는 5음 12율을 산출하는데, 계산된 각각의 값이 곧 그 음의 율관의 길이가 되는 것이다.

〈자료 5-12〉 종서척縱黍尺의 3분 구조와 횡서척橫黍尺의 비교[162]

* 종서척을 보면 1척=기장 81알, 1촌=기장 9알, 1푼=기장 1알의 길이다.

* 아래 종서척을 보면 1촌(9푼)이 3푼씩 3등분 되어 있는 모습을 볼 수 있다.

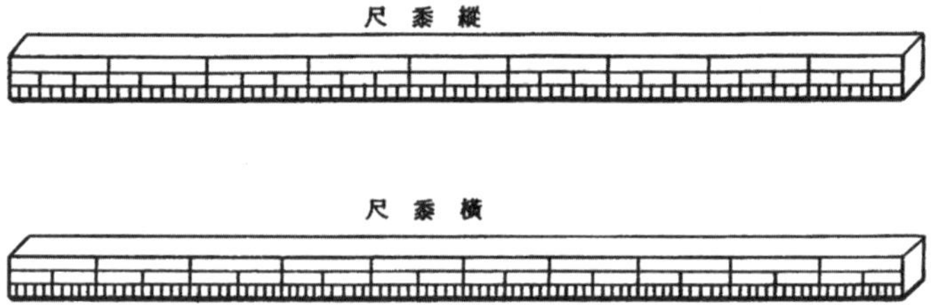

황종수 81을 기준으로 해서 5음을 산출하는 것은 『관자管子』「지원地員」

162) 우실하, 『전통음악의 구조와 원리: 삼태극의 춤 동양음악』(서울: 소나무, 2004), 158쪽, 〈도표 4-3〉

과 『사기史記』 「율서律書」에 서로 다르게 나타난다.

삼분손익법三分損益法을 통해서 12율이 만들어지는 과정은 『관자』 「지원」에 최초로 보인다. 황종수 81에서 81의 $\frac{1}{3}$인 27을 더하여 108을 얻는다. 다시 108의 $\frac{1}{3}$인 36을 빼면 72를 얻는다. 이렇게 $\frac{1}{3}$씩 더하고 빼기를 반복하면서 처음 다섯 개의 음을 5음(궁·상·각·치·우)이라고 부른다. 후대에는 『관자』가 도가의 책이라는 비주류로 밀려나지만 이것이 최초이자 본래 삼분손익법이다.[163]

5음 이후에도 삼분손익법을 계속해 가는데, 이것들은 정수로 떨어지지 않고 나머지가 남게 된다. 이것은 12율의 나머지 음들이 된다. 『관자』 「지원」에 보이는 오음의 산출 순서와 과정을 정리하면 아래와 같다.

〈자료 5-13〉 『관자』 「지원」에 보이는 5음 산출 과정과 5음의 순서[164]

① 궁宮 81 : 황종수 81
② 치徵 108 : 81+(81×$\frac{1}{3}$)=108, 108은 81에서 삼분익일三分益一한 값
③ 상商 72 : 108−(108×$\frac{1}{3}$)=72, 72는 108에서 삼분손일三分損一한 값
④ 우羽 96 : 72+(72×$\frac{1}{3}$)=96, 96은 72에서 삼분익일三分益一한 값
⑤ 각角 64 : 96−(96×$\frac{1}{3}$)=64, 64는 96에서 삼분손일三分損一한 값

* 낮은 음(큰 수)부터 배열하면 '치'가 가장 낮은 음이 되고 '궁'이 중간에 있게 된다.
* '치(108)−우(96)−궁(81)−상(72)−각(64)'

163) 우실하, 『전통음악의 구조와 원리: 삼대극의 춤 동양음악』(서울: 소나무, 2004), 158-176쪽 잠조.

164) 安井息軒, 服部宇之吉 校訂, 『漢文大系』 第21卷 『管子纂詁』(東京 : 富山房, 1972), 卷19 「地員」 第58, 3쪽.
三分而益之以一, 爲百有八爲徵. 不無有三分 而去其乘適足 以是生商. 有三分 而復於其所 以是成羽. 適足 以是成角.
『한문대계』는 1909~1916년 사이에 차례로 편집되어 동경東京의 부산방富山房에서 출

그러나 『사기史記』 「율서律書」에서는 『관자』 「지원」과는 다르게 황종수 81에서 81의 $\frac{1}{3}$인 27을 뺀 54가 먼저 만들어진다. 다시 54에서 54의 $\frac{1}{3}$인 16을 더하면 72를 얻는다. 이렇게 $\frac{1}{3}$ 더하고 빼기를 반복하면서 처음 5개의 음을 5음(궁·상·각·치·우)이라고 부른다. 『사기』 「율서」의 5음 산출 방식이 『한서』 등에 계속 이어져 주류의 학설이 된다.

〈자료 5-14〉 『사기』 「율서」에 보이는 5음 산출 과정과 5음의 순서[165)]

① 궁宮 81 : 황종수 81
② 치徵 54 : 81−(81×$\frac{1}{3}$)=54, 54는 81에서 삼분손일三分損一한 값
③ 상商 72 : 54+(54×$\frac{1}{3}$)=72, 72는 54에서 삼분익일三分益一한 값
④ 우羽 48 : 72−(72×$\frac{1}{3}$)=48, 48은 54에서 삼분손일三分損一한 값
⑤ 각角 64 : 48+(48×$\frac{1}{3}$)=64, 64는 48에서 삼분익일三分益一한 값

* 낮은 음(큰 수)부터 배열하면 '궁'이 가장 낮은 음이 되고 맨 앞에 있게 된다.
* '**궁**(81)−상(72)−각(64)−치(54)−우(48)'

황종척, 황종수, 황종대수 등 동양음악의 5음 12율을 산출하는 수의 전개를 보면 모두 1−3−9−81로 이어지는 '3수 분화의 세계관'을 바탕하고

판되었고, 1970년대에 증보판이 나왔다. 필자가 참고한 『관자管子』는 1972년에 출판된 증보판 『한문대계漢文大系』의 제21권으로, 야스이 솟켄安井息軒이 주석을 단 것으로 본래 이름은 『관자찬고管子纂詁』이다. 야스이 솟켄安井息軒은 이름이 安井이고, 휘諱는 衡, 자字는 仲平, 아호雅號는 息軒이다. 일반적으로 야스이 코安井衡 혹은 安井息軒 등으로 불린다. 그는 일본에서 각종 경전들을 집대성한 『한문대계漢文大系』 가운데 사서를 집주한 제1권과 21권인 『관자』를 주석한 『관자찬고管子纂詁』를 지은 근대 일본의 대학자였다.

165) 司馬遷 撰, 『史記』(北京: 中華書局, 1982), 卷25 律書 第3, 1249쪽.
律數, 九九八十一以爲宮. 三分去一, 五十四以爲徵. 三分益一, 七十二以爲商. 三分去一, 四十八以爲羽. 三分益一 六十四以爲角.

있음을 알 수 있다. 동양음악은 철저히 '3수 분화의 세계관(1-3-9-81)'을 바탕으로 하고 있다. 이런 까닭에 필자는 동양음악의 핵심을 '삼일태극의 춤'이라고 부른다.

'3수 분화의 세계관'을 바탕으로 한 성수인 3, 9(3×3), 81(9×9)이 응용된 사례들은 특히 북방 민족들의 기층문화에 풍부하게 남아 있다. 필자가 조사한 많은 자료들은 후속의 책들을 통해서 선보일 것이다.

| 제2부 |

'3수 분화의 세계관'의 기원과 확산

제6장 | '3수 분화의 세계관'의 기원과 환일幻日현상

제7장 | 홍산문화와 '3수 분화의 세계관'의 체계화

제8장 | 북방 샤머니즘과 '3수 분화의 세계관'

제9장 | '3수 분화의 세계관'의 확산 가설: 동북아 모태문화에서 북방 유라시아 모태문화로

제6장

'3수 분화의 세계관'의 기원과 환일幻日현상

1. 사진 한 장에서 풀린 의문들

3, 9(3×3), 81(9×9)을 성수聖數로 사용하는 '3수 분화의 세계관(1–3–9–81)'은 (1) '하나이면서 셋이고, 셋이면서 하나'라는 3·1철학의 본체론적 논리와, (2) '하나에서 셋'으로 지속적으로 분화되는 '3수 분화의 프랙탈 구조'를 지니고 있다. 결국 '3수 분화의 세계관'의 가장 핵심적인 논리는 '하나이면서 셋이고, 셋이면서 하나'인 3·1이라는 관념체계라고 할 수 있다.

필자는 '3수 분화의 세계관'이라는 사유체계를 연구해 오면서 북방 샤머니즘을 공유하고 있는 많은 민족들의 기층문화에 3, 9(3×3), 81(9×9)이라는 성수가 반복적으로 사용되고 있음을 많은 글과 책을 통해 발표하면서도 20년 가까이 풀지 못한 수수께끼가 있었다. 지난 20년 이상 필자의 머리 한 구석을 차지하고 있던 그 수수께끼 같은 질문은 꼬리에 꼬리를 물며 해결되지 않는 채 남아 있었다. 꼬리를 무는 질문들은 아래의 몇 가지로 정리할 수 있다.

- '왜' 하나이면서 셋이고, 셋이면서 하나일까?
- 이 세상에 '하나이면서 동시에 셋'인 그 무엇인가가 실제로 있을 수

있는가?

· 북방 샤머니즘에서도 3·1신 관념이 있었다면, 고대인들이 실제로 관찰 가능했던 '하나이면서 셋이고, 셋이면서 하나'인 그 무엇인가가 있지는 않았을까?

· 고대인들이 '하나이면서 셋이고, 셋이면서 하나'인 관념을 하나의 사유체계로 정리할 수 있을 만큼 강력하고 실제적이고 반복적인 경험이 무엇이었을까?

20년이 넘게 지녀온 이 모든 질문을 한꺼번에 해결한 것은 신문에 실린 사진 한 장 때문이었다. 인터넷 「서울신문 나우뉴스」 2010년 1월 10일자에는 〈종말 징조? 태양이 3개로 보이는 '환일현상' 포착〉이라는 짧은 기사가 실려 있었다. 기사의 사진을 보는 순간 그토록 찾던 필자의 의문들이 한순간에 풀렸다. 바로 3개의 태양이 뜨는 '환일현상'이었다.

기상학을 전공하는 사람들은 개론서에서 배우는 것일지 모르지만, 필자는 그 때 처음으로 환일현상의 사진을 보았다. 아마 기사를 쓴 기자도 처음 보는 것인지 '종말의 징조'라는 다소 충격적인 제목을 달았다. 본래의 태양이 가운데에 있고, 공기 중의 얼음 알갱이에 태양빛이 반사되면서 태양의 좌우에 또 다른 두 개의 태양이 있는 것처럼 보이는 환일현상은 필자의 모든 고민과 질문을 한 번에 해결하는 실마리가 되었다.

2010년 이후 1년 가까이 환일현상에 대한 각종 자료들을 모으고 동양의 사서史書들을 뒤져보니 고대에도 중국이나 한국에서 5~10년 간격으로 반복적으로 관찰되었다는 점도 알게 되었다. 2011년 4월 21일과 5월 2일에는 우리나라 대관령 지역에서도 두 차례나 환일현상이 관찰되었다(《자

료 6-7〉〈자료 6-10〉 참조).[1]

그리고 환일현상은, 위도가 높고 기온이 낮은 평지 지역일수록 잘 일어난다는 것도 알게 되었다. 이런 조건은 북방 샤머니즘 지역과 거의 일치하는 조건들인 것이다.

필자는 '3수 분화의 세계관'의 가장 핵심적인 논리인 '하나이면서 셋이고, 셋이면서 하나'인 3·1이라는 관념체계의 기원이 바로 '세 개의 태양'이 뜨는 '환일현상'에 있다고 보고, 이와 관련한 글을 학회에서 발표하고 그 결과들을 정리한 논문 두 편을 발표하였다.[2]

원시시대 이래로 오랫동안 태양은 세계 어느 문화권에서나 신神 곧 태양신太陽神이었다. 태양신인 태양이 어느 날 갑자기 세 개가 되어 떠오른다는 것은 형용하기 어려운 충격이었을 것이다. 세 개의 태양을 본 고대인들은, 하나의 태양 안에 이미 세 개의 태양이 내재되어 있는 것으로 여겼을 것이다.

필자는 '하나이면서 셋'인 태양신에서 출발한 것이 북방 샤머니즘을 공유한 지역에서 공통으로 보이는 3·1신神 관념이고, 이를 논리화, 철학화한 것이 3·1철학이라고 본다. 뒤에서 보겠지만 1980년대 이후 요서 지역에서 새롭게 발견되고 있는 신석기시대 홍산문화紅山文化에서는 이런 사

---

1) 많은 신문에 소개가 되어 있지만, 강원지방기상청 홈페이지(http://gangwon.kma.go.kr)에 가면 보도자료가 올라와 있고, 그 안에서 선명한 환일현상 사진들을 확인할 수 있다.

2) 우실하, 「3수 분화의 세계관(1-3-9-81)'의 기원과 홍산문화: 홍산문화에 보이는 성수(聖數) 3, 9, 81을 중심으로」, 비교민속학회, 『비교민속학』 제44집(2011.4), 11-61쪽. 이 글의 초고는 〈비교민속학회 2010 추계학술대회〉(2010. 11. 27 한남대)에서 처음 발표한 바 있다.
______, 「홍산문화 옥저룡(玉猪龍)·쌍수수황형기(雙獸首璜形器)·쌍수수삼공기(雙獸首三孔器)의 상징적 의미와 '환일(幻日: Sundog)' 현상」, 동아시아고대학회, 『동아시아고대학』 제24집(2011. 4), 63-133쪽. 이 글의 초고는 〈제42회 동아시아고대학회 학술대회〉(2010. 12. 3 인하대)에서 발표되었다.

유방식이 최초로 체계화된다. 이제 환일현상에 대해서 좀 더 상세히 살펴 보기로 한다.

2. '환일幻日'과 세 개의 태양

태양의 좌우에 두 개의 가짜 태양이 나타나는 특별한 기상현상은, (1) 우리말로는 '여러 개의 해'를 의미하는 '무리해', (2) 한자로는 '가짜 태양'이라는 의미의 환일幻日, (3) 영어권에서는 썬독Sundog(혹은 Sun dog), 혹은 모크 썬Mock Sun(가짜 태양), (4) 과학적 용어로는 파히리온Parhelion이라고 불린다.[3] 두산백과사전의 설명을 소개하면 아래와 같다.

〈환일 [幻日, parhelion]〉

요약 : 공기 속에 뜬 얼음의 결정에 태양빛이 반사·굴절했을 때 일어나는 현상을 말하며 무리해라고도 한다.

본문: 무리해라고도 한다. 태양과 같은 고도에서 좌우에 나타난다. 대개는 1쌍이지만, 더 많이 나타나는 경우도 있다. 태양이 낮을 때는 태양으로부터의 시거리(視距離)는 무리(헤일로)와 같이 약 22°인데, 태양이 높아지면 증대하여 안쪽 햇무리[內暈]의 바깥쪽에 나타난다. 태양에 가까운 쪽은 불그스레한 빛을 띠고, 바깥쪽은 다소 꼬리를 끌고 있다. 달에 대해서도 같은 현상이 일어나는데, 이것이 환월(幻月:무리달)이다. 태양 및 환일을 꿰뚫고 수평선에 평행으로 백색의 고리가 생기는 일이 있다. 이것이 환일환

3) Parhelion(복수는 Parheli)은 그리어 'parēlion(παρήλιον)'에서 기원한 것으로, 그 의미 구조는 'παρά(beside) + ἥλιος(sun) =παρήλιον(beside the sun)'로 되어 있다.

(幻日環:무리해고리)이다. 환일환은 드물게 완전한 원에 가까워지는 경우도 있다.

환일은 태양빛이 공기 중의 얼음 결정체에 굴절되어 관찰자의 시각에서 태양을 향해 좌우 22° 위치에 각각 하나씩 가짜 태양이 나타나는 현상이다. 이런 현상은, (1) 세계 어디서나 또 어느 시기에나 나타날 수 있으나, (2) 극極 지방이나 위도가 높은 평지 지역에서 선명하게 자주 관찰되고, (3) 해가 뜰 때나 해가 질 때는 태양의 고도가 낮아서 좀 더 선명한 무리해 현상이 나타나며, (4) 해가 중천에 떠 있을 때에는 아주 드물게 관찰되고, (5) 환일이 아주 밝게 태양의 좌우에 하나씩 나타나면 '세 개의 태양'으로 기록되지만, (6) 기상 상황에 따라 한 개 혹은 두 개 이상의 환일이 나타나는 경우도 있다. 이러한 현상은 달 주변에서도 나타나는데 이것을 환월幻月(무리달)이라고 부른다.

서양에서도 그리스의 아리스토텔레스 이래로 꾸준히 관찰되었고, 동양의 각종 사서史書에도 태양의 이변 가운데 하나로 꾸준히 기록되어 있다. 환일현상에서 보이는 여러 주변적 상황에 대한 현대 용어들을 먼저 정리하고[4], 이것들이 우리나라의 『삼국사기』, 『삼국유사』, 『고려사』, 『조선왕조실록』 등에서 기록될 때 사용한 용어들을 설명하면 아래와 같다.

---

4) 대부분의 기상학이나 대기광학 관련 입문서에서도 환일현상은 소개되어 있다. 柴田淸孝 지음, 김영섭·김경익 옮김, 『대기광학과 복사학』(서울: 시그마프레스, 2002), 35-51쪽; 한국기상학회, 『대기과학개론(개정판)』, (서울: 시그마프레스, 2009(5쇄)), 315-317쪽.; Frederick K. Lutgens, Edward J. Tarbuck 지음, 안중배·김준·류찬수 외 옮김, 『대기과학』(서울: 시그마프레스, 2009), 565-568쪽.; Trudy E. Bell 지음, 송영운 옮김, 『기상학』(서울: 도서출판 이치, 2010), 168-169쪽.

첫째, 햇무리(日暈, Halo)는 빛의 굴절 현상으로 인해서 태양의 주위에 둥글게 보이는 빛의 고리이다. 태양의 고도가 32° 이하일 때 가끔 이중 햇무리가 나타나는 경우가 있다. 이 경우에는, (1) 22°에서 보이는 '안쪽 햇무리'인 내훈內暈(Infralateral Arc)과, (2) 46°에서 보이는 '바깥 햇무리'인 외훈外暈(Supralateral Arc)으로 구분된다.

둘째, 무리해 혹은 환일幻日은 햇무리 현상이 나타날 때 태양빛이 공기 중의 얼음 결정체에 의해 굴절되면서 태양의 좌우 22°에 나타나는 내훈에 접해서 밝게 빛나는 '가짜 태양'을 말한다. 우리나라의 사서史書 기록에는 그 밝기나 모양에 따라서 구별하였는데, (1) 원형으로 태양과 같이 빛나는 것을 환일幻日, (2) 반원 형태로 빛날 때는 해의 좌우에 귀고리 같은 것이 있다고 해서 햇귀(日珥)라고 하였고, (3)아래위로 연결된 띠 모양으로 빛날 때에는 포抱 혹은 일포日抱라고 기록하였다.

셋째, 상단접호上段接弧(Upper Tangent Arc)는 '안쪽 햇무리'인 내훈內暈의 위쪽에 외접하여 나타나는 위로 열린 호弧 형태의 빛을 말한다. 동양의 사서에는, (1) 태양의 바깥쪽으로 빛이 발산된다고 하여 배背 혹은 배기背氣라고 기록하기도 하였고, (2) 태양의 위에 모자처럼 빛이 있다고 하여 관冠 혹은 일관日冠으로 기록하기도 하였다.[5)]

넷째, 패리 호弧(Parry Arc)는 상단접호 위쪽에 상단접호와 비슷한 호弧 형태의 빛이 새롭게 분리되어 나타나는 것이다. 태양의 고도가 0°에 가까울 때는 '상단접호'와 '패리 호'가 구별되지 않지만, 태양의 고도가 높아지

---

5) 『한서漢書』「天文志」 '위서배열暉適背穴' 항목의 안사고顏師古의 주註에서는, "태양의 옆에 반원형의 것으로 태양을 향해 있으면 포抱라고 하고, 태양의 바깥을 향하고 있으면 배背라고 한다(師古曰 在旁如半環 向日爲抱 向外爲背)."고 하였다.

면서 서서히 분리된다. 원래 '패리 호'는 '상단접호'와 구별되지 않았는데, 1820년 윌리엄 패리William Edward Parry(1790~1855)에 의해 구별하게 된 것이다. 이런 까닭에 동양의 사서에서는 '패리 호'도 '상단접호'나 '천정호'와 마찬가지로 배背, 배기背氣 혹은 관冠, 일관日冠 등으로 표현하고 있다.

〈자료 6-1〉 '환일幻日 현상'의 용어와 동양 사서史書에서의 표현

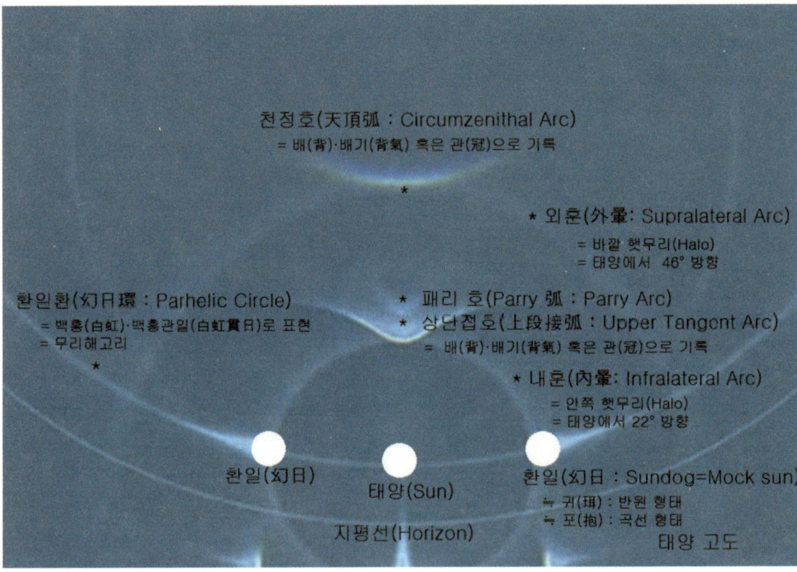

〈자료 6-2〉 환일현상에서 이론적으로 보일 수 있는 열 개의 태양의 위치

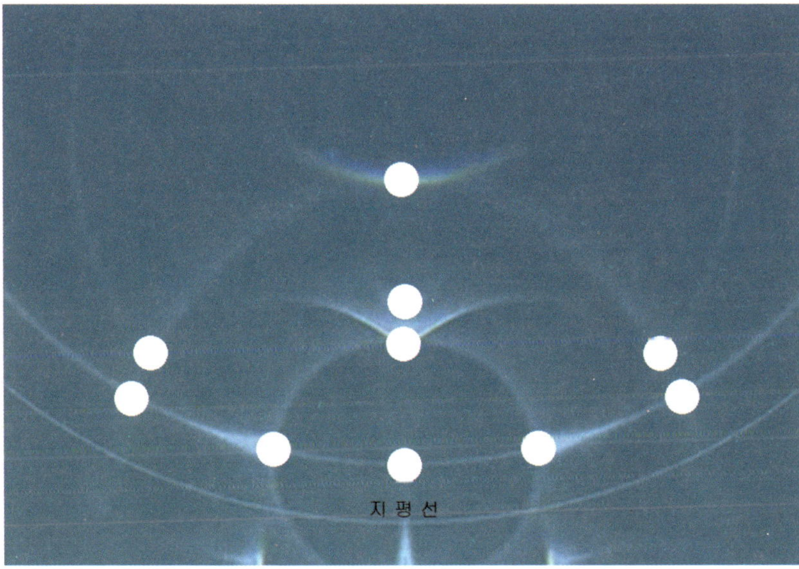

〈자료 6-3〉 태양의 고도(0°~30°)에 따른 상단접호와 패리 호의 분리
* 태양 고도가 높아지면서 상단접호 위쪽에서 패리 호가 분리되는 것을 볼 수 있다.

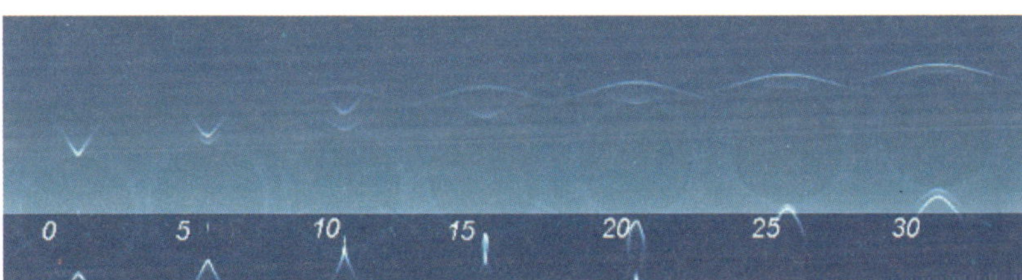

다섯째, 천정호天頂弧(Circumzenithal Arc)는 태양 고도가 32° 이하일 때에만 관측 가능한 것으로 '바깥 햇무리'의 상단에 접해서 태양이 바깥쪽으로 벌어진 호弧 형태의 빛을 말한다. 우리나라의 사서에는 '천정호'도 '상단접호'나 '패리 호'와 마찬가지로 배, 배기 혹은 관, 일관 등으로 표현하고 있다.

여섯째, '무리해 고리'인 환일환幻日環(Parhelic Circle)은 태양과 태양 좌우의 환일幻日을 꿰뚫고 수평선에 거의 평행에 가깝게 백색의 고리가 생기는 것을 말한다. 환일환은 완전한 원에 가까워지는 경우도 있다. 동양의 사서에 등장하는 '흰 무지개가 태양을 관통했다(白虹貫日).'는 것은 바로 이러한 현상을 기록한 것이다.

일곱째, 환일현상에서 안쪽 햇무리와 바깥 햇무리가 동시에 보인다면 이론적으로는 10개 정도의 태양이 보일 수도 있다. 물론 10개의 태양을 현실에서 보이는 것은 너무도 드문 일이기는 하겠지만, 동이계 신화인 '예羿와 열 개의 태양' 신화는 이런 여러 개의 태양이 떠오르는 환일현상에 대한 기억의 산물일 수도 있다고 본다.

환일현상이 일어날 때마다 앞서 설명한 다양한 기상현상이 다 보이는 것은 아니다. 대부분의 경우에는 환일幻日(빛이 약할 때는 日珥≒日抱), 안쪽 햇무리(內暈), 환일환(白虹貫日의 白虹), 상단접호(背 혹은 冠) 정도가 자주 관찰된다.

이론적으로는 열 개 정도의 태양이 가능하지만, (1) 일반적인 환일현상이 발생하는 경우에는 마치 세 개의 태양이 떠오르는 것처럼 보이고, (2) 기상 상황에 따라서는 한 쪽에만 환일이 생겨서 두 개의 태양처럼 보이는 경우도 있으며, (3) 태양 위쪽의 패리 호나 상단접호가 밝을 경우에는 네 개의 태양처럼 보이는 경우도 있다.

이러한 현상은 세계 곳곳에서 지금도 종종 관찰되고 있다. 아래는 최근에 세계 곳곳에서 관찰된 다양한 형태의 환일을 찍은 사진이다.(〈자료 6-4~6-10〉 참조).

〈자료 6-4〉 환일현상과 '세 개의 태양':
2009년 2월 18일 미국 노스-다코다주 파고Fargo[6)]

〈자료 6-5〉 환일현상과 '세 개의 태양':
2005년 1월 22일 미국 미네소타주 뉴-우름New Ulm[7)]

6) http://en.wikipedia.org/wiki/Sun_dog 의 사진 자료
7) http://en.wikipedia.org/wiki/Sun_dog 의 사진 자료

〈자료 6-6〉 환일현상과 '세 개의 태양':
2011년 1월 8일 중국 장춘시長春市[8)]

〈자료 6-7〉 환일현상과 '세 개의 태양':
2011년 4월 21일 강원도 대관령[9)]

8) 「서울신문 나우뉴스」, 2010. 1. 10일자 〈종말 징조? 태양이 3개로 보이는 '환일현상' 포착〉
9) 강원지방기상청 홈페이지(http://gangwon.kma.go.kr) 보도자료 사진. 대부분의 신문에도 소개되어 있다.

〈자료 6-8〉 환일현상과 '세 개의 태양':
2011년 12월 20일 중국 내몽고[10)]

〈자료 6-9〉 환일현상과 '두 개의 태양':
2007년 11월 14일 중국 하얼빈시哈爾濱市[11)]

10) 「서울신문 나우뉴스」, 2011. 12. 22일자 〈선명한 태양이 3개 … 희귀 환일현상 포착〉.
11) 「서울신문 나우뉴스」, 2007. 11. 15일자 〈태양이 두개로 보이는 '환일' 中서 떴다〉.

〈자료 6-10〉 환일현상과 '두 개의 태양':
2011년 5월 2일 강원도 대관령[12)]
* 오른쪽에 구름이 끼어서 두 개의 태양처럼 보인다.
* 아래와 같이 빛이 약할 때 동양의 사서에서 이珥나 포抱로 기록되었을 것이다.

3. 동양의 사서史書에 기록된 환일현상

동양의 여러 사서에서도 환일현상은 천문 관측 기록에 많이 남아 있다. 고대인들이 환일을 관측할 때, (1) 태양의 좌우에 환일이 선명할 경우에는 '세 개의 태양이 동시에 떠올랐다(三日竝出, 三日竝現, 三日竝照, 三日相承).'고 표현하였고, (2) 태양 좌우에 한쪽만 환일이 선명한 경우에는 '두 개의 태양이 동시에 떠올랐다(二日竝出, 二日竝現, 二日竝照).'고 표현했으며, (3) 태양 좌우의 환일이 그다지 밝지 못해 약한 반원형의 빛이 보일 때는 '태양

12) 강원지방기상청 홈페이지(http://gangwon.kma.go.kr) 보도자료 사진. 대부분의 신문에도 소개되어 있다.

에 귀고리가 달렸다/햇귀가 달렸다(日珥).' 혹은 '태양에 두 개의 귀고리가 달렸다/두 개의 햇귀가 달렸다(兩珥).'고 표현하였으며, (4) 빛이 약해서 위 아래로 연결된 곡선 형태의 빛일 때에는 '1~2개의 포抱가 있었다.'고 표현하였다.

1) 『삼국사기三國史記』와 『삼국유사三國遺事』에 기록된 2~3개의 태양

첫째, 『삼국사기』에는 두 번의 환일현상을 기록하고 있는데, (1) 신라 혜공왕 2년(766) 1월에 '두 개의 해가 동시에 떠서 대사면을 행하였다.'[13]는 기록과, (2) 신라 문성왕 7년(845) 12월 1일에 '세 개의 태양이 동시에 떴다.'는 기록이 있다.[14]

둘째, 『삼국유사』에는 한 번의 환일현상 기록이 있는데, 우리에게 잘 알려진 월명사月明師의 도솔가兜率歌와 관련된 기록이다. 곧, 신라 경덕왕 19년(760) 4월 1일 '두 개의 해가 나타나(二日竝現)' 없어지지 않자 월명사로 하여금 도솔가를 짓게 하였다는 기록이다.[15]

도솔가와 관련한 '두 개의 태양' 사건은 국문학자들 사이에서는 대부분, '태양이 두 개가 뜨는 것은 있을 수 없는 일'이기 때문에 왕과 관련된 상징적 의미로만 해석해온 것이 이제까지 대부분의 논문들이었다. 그러

---

13) 『삼국사기』 卷9. 新羅本紀 9, 惠恭王 2년(766) 春正月: 惠恭王 二年 春正月 二日並出 大赦. 二月 王親祀新宮.

14) 『삼국사기』 卷11 新羅本紀 11, 文聖王 7년(845): 文聖王 七年 … 十二月朔. 三日並出.

15) 『삼국유사』 卷第五 感通 第七 〈月明師兜率歌〉: 景徳王十九年庚子四月朔 二日並現 挾旬不滅 日官奏 請縁僧作散花功德則可禳 於是潔壇於朝元殿 駕幸青陽樓 望縁僧 時有月明師 行于阡陌 時之南路 王使召之 命開壇作啓 明奏云 臣僧但属於國仙之徒 只解鄕歌不閑聲梵 王曰既卜縁僧 雖用鄕歌可也 明乃作兜率歌賦之 其詞曰 今日此矣散花唱良巴寶白乎隱花良汝隱 直等隱心音矣命叱使以惡只彌勒座主陪立羅良 解曰 龍樓此日散花歌 挑送青雲一片花 殷重直心之所使 遠邀兜率大僊家.

나 황병익은 2005년 논문에서 '도솔가'와 관련된 '이일병현二日竝現'은 왕과 관계된 상징이거나 점성술적 용어가 아니라 실재한 천문현상인 환일幻日 현상을 기록한 것이라는 점을 명쾌하게 밝히고 있다.[16] 황병익은 아래와 같이 설명하고 있다.

> "합리적인 사고로는 하늘에 해가 둘일 수 없으므로 '이일병현(二日竝現)'은 실재 사실이 아니고, 왕과 관련된 상징이거나 점성술적 용어"라는 기존의 의견은 수정되어야 마땅하다. 왜냐하면, '(1) 하늘의 서북쪽에 청·적·백색의 두 개의 햇귀(日珥)가 있고, (2) 수 척이 넘는 붉은 기체 사이에 해가 끼어 있고, (3) 해의 배기(背氣)가 3중으로 나타나고, (4) 뭇사람들이 이를 두고 세 개의 태양이 떴다고 하였다'는 사료가 '이일병현'의 실상을 전해주고 있기 때문이다. 이는 실제의 천문현상인 환일(幻日), 햇무리 현상과 정확히 일치한다. …… 그러므로 도솔가에 나타나는 두 해의 출현은 환일, 무리 현상을 묘사한 것임에 분명하다.[17]

필자는 황병익의 이러한 견해가 옳다고 본다. 『삼국유사』에 보이는 두 개의 태양은 도솔가와 연결되어 그동안 혼란을 빚었을지 모르지만, 『삼국사기』에 두 번 등장하는 두 개의 태양 혹은 세 개의 태양이 동시에 떴다는 기록은 왕의 본기本紀에 등장하는 기록이다. 삼국시대에도 분명하게 환일현상을 기록하고 있는 것이다.

---

16) 황병익, 「『三國遺事』 '二日竝現'과 「兜率歌」의 의미 고찰」, 『어문연구』, 통권115호(제30권 3호, 2002), 145-166쪽.

17) 황병익, 「『三國遺事』 '二日竝現'과 「兜率歌」의 의미 고찰」, 『어문연구』, 통권115호(제30권 3호, 2002), 163쪽.

2) 『고려사高麗史』에 기록된 2~3개의 태양

필자가 『고려사』 전체를 살펴본 결과 환일현상과 관련한 기록이 총 114건이나 된다. 이 가운데, (1) 의종 13년(1159)과, (2) 공민왕 5년(1356)에 보이는 '세 개의 태양이 동시에 떴다(三日竝出).'는 기록은 천문天文과 세가世家에 중복 기록되어 있어 하나씩 제외하면 환일현상과 관련된 기록은 총 112건인 셈이다. 환일현상과 관련된 총 112건의 기록은 34대 475년(918~1392) 동안 지속된 고려 시대에 평균적으로 약 4.24년에 한 번씩 환일현상이 있었다는 것을 의미한다.

이 112건 가운데, (1) '세 개의 태양'이 동시에 떠올랐다는 기록은 총 3건(천문과 세가에 동시에 기록된 2건 제외), (2) '두 개의 태양'이 동시에 떠올랐다는 기록이 1건, (3) 태양의 양쪽 혹은 한쪽에 '귀(珥)'나 '포抱'가 달렸다고 표현한 것이 108건이다.

112건의 기록은 대부분 천문을 관찰한 기록인 『고려사』 47권, 「지志 1, 천문天文 1」에 실려 있다. 환일과 관련된 112건의 기록 가운데 2~3개의 태양을 직접 기록한 것만 시대순으로 소개한다.

첫째, 인종 7년(1129) '정월 정해丁亥일에 세 개의 태양이 함께 떠올랐는데 서로 연결되어 무지개와 같았다.'는 기록이 있다.[18] 이것은 아주 분명하고 선명한 환일현상인 세 개의 태양을 기술한 것이다.

둘째, 인종 11년(1133) '11월 무인戊寅일에 두 개의 태양이 함께 떴다.'는 기록이 있다.[19]

셋째, 의종 13년(1159) '정월 병진丙辰일에 햇무리(日暈)에 청·적·백색의

18) 『고려사』 卷47, 「志1, 天文1」: 仁宗 … 七年 正月 丁亥 三日並出 相連如虹.
19) 『고려사』 卷47, 「志1, 天文1」: 仁宗 … 十一年... 十一月 戊寅 二日竝出.

고리가 서북방에 두 개가 있었다. 배기背氣는 3중인데 모두 태양의 둘레에서 몇 자 떨어지지 않았다. 뭇사람들이 이를 바라보고 말하기를 세 개의 태양이 함께 떴다고 하였다.'는 기록이 있다.[20] 이 기록은 햇귀(日珥)가 생각보다 매우 밝아서 세 개의 태양과 같았다는 것이다. 이것은 세가에도 똑같이 기록되어 있다.[21]

넷째, 공민왕 5년(1356) '춘정월 … 갑오甲午일에 붉은 기운이 해를 둘러쌌다. 길이가 수척이 넘고 그 가운데 일륜日輪이 있었다. 사람들이 말하기를 세 개의 태양이 나란히 떴다고 하였다.'는 기록이 있다.[22] 같은 기록이 세가에도 기록되어있다.[23]

다섯째, 공민왕 16년(1367) '정월 … 무술戊戌일에 햇무리가 있었으며 두 개의 햇귀가 달렸는데, 마치 두 개의 태양과 같았다.'는 기록이 있다.[24] 이 기록은 두 개의 햇귀가 두 개의 태양과 같았다는 것으로, 본래의 태양과 합치면 세 개의 태양처럼 보이는 환일현상을 기록한 것이다.

여섯째, 공민왕 23년(1375) '10월 경신庚申일에 무지개가 태양을 둘러싸고 있었는데, 태양 곁에 또 크고 작은 두 개의 태양이 있었다.'는 기록이 있다.[25] 이 기록은 태양 좌우에 두 개의 환일이 있는 것을 묘사한 것으로

---

20) 『고려사』 卷47, 「志1, 天文1」: 毅宗 … 十三年 正月 丙辰 日暈有青赤白 西北方有二. 背氣三重 皆去日輪不 數몇尺 閒人望之 皆謂三日並出.

21) 『고려사』 卷18 「世家18」 毅宗 十三年(1159): 己卯, 十三年, 春正月, 丙辰, 日暈有珥, 色青赤白, 人皆謂三日並出.

22) 『고려사』 卷47, 「志1, 天文1」: 恭愍王 五年 正月 甲午 赤氣挾日 長數尺餘 其中皆有日輪 人言三日並出.

23) 『고려사』 卷39 「世家39」 恭愍王 五年: 春正月 … 甲午, 赤氣挾日, 長數尺餘, 其中皆有日輪. 人言三日並出.

24) 『고려사』 卷47, 「志1, 天文1」: 恭愍王 … 十六年 正月 … 戊戌 日暈有兩珥, 如二日也.

25) 『고려사』 卷47, 「志1, 天文1」: 恭愍王 … 二十三年 … 十月庚申 虹日圍 日旁又有大小二日.

본래의 태양까지 합치면 세 개의 태양을 관측한 기록인 것이다.

2~3개의 태양을 직접 언급하지 않고, '두 개의 햇귀가 걸렸다.'는 식의 표현도 105건이나 된다. 『고려사』에서는 환일현상의 밝기에 따라서 '2~3개의 태양이나 동시에 떴다.'거나 '태양의 좌우에 1~2개의 햇귀가 달렸다.'는 식으로 기록했던 것이다.

3) 『조선왕조실록朝鮮王朝實錄』에 기록된 2~3개의 태양

『조선왕조실록』에서 환일 관련 기록은 총 91건으로, (1) '세 개의 태양이 동시에 떠올랐다(三日竝出).'와 관련된 기록이 5건이고, (2) 태양의 좌우에 1~2개의 햇귀(日珥), 아주 가끔은 일관日冠이나 일포日抱가 있었다는 기록이 86건이다. 519년 동안 지속된 조선시대에 약 6.03년에 한 번씩 환일현상이 일어난 셈이다.

5건의 '세 개의 태양' 관련 기록 가운데, (1) '세 개의 태양이 동시에 떠올랐다(三日竝出).'고 '직접 관찰'하여 기록한 것이 3건, (2) 현재의 중국 북경에서 본 것에 대한 기록이 1건, (3) 해의 이상異常 현상을 왕에게 설명하면서 예로 든 것이 1건이다. 조선시대에 직접 관찰한 3건을 먼저 소개하면 아래와 같다.

첫째, 성종 7년(1476) '12월에 중국 황제의 생일을 축하하기 위해서 파견된 성절사聖節使 이봉李封이 12월 11일에 해주위海州衛에 도착하여 세 개의 달이 뜬 것 같은 무리달(幻月) 현상을 보고, 12일 새벽에는 붉은 햇무리가 있었는데, 양쪽에 두 개의 태양이 있는 형상(有赤暈, 兩傍又有兩日之狀)을 보았다.'고 왕에게 보고한 기록이 있다.[20]

---

26) 『조선왕조실록』 「成宗 74卷」, 7年(1476 丙申 / 명明 성화成化 12年) 12月 30日(己亥) 1번째 기사

둘째, 명종 11년(1556) '2월 19일에는 경상도 감사의 보고를 기록하면서 1월 29일에 합천에 세 개의 태양이 함께 떴다(正月二十九日, 陜川, 三日竝出).'는 것을 기록해 놓았다.[27)]

셋째, 선조 35년(1602) '1월 2일에는 충청도 임천군林川郡에서 금년(1601) 12월 20일 해가 뜰 때에 마치 세 개의 해가 함께 솟은 것 같았다(今十二月二十日日出時, 有若三日竝出).'는 임천군수 이심李愖의 보고를 기록하고 있다.[28)]

'세 개의 태양이 동시에 떠올랐다(三日竝出).'는 기록 가운데 위의 3건 이외의 나머지 2건은, (1) 성종 8년(1477) 성절사로 파견된 이봉이 중국 북경에서 본 것과, (2) 명종 5년(1550)에 영관상감領觀象監 이기李芑가 해의 이상 현상에 대해서 왕에게 설명하면서 사례로 소개한 것이다. 이것을 소개하

성절사 이봉이 흰 달무리와 붉은 햇무리를 보았다고 치계하다.

○己亥/聖節使李封馳啓曰: "十二月十一日, 臣到海州衛, 二更初, 月有白暈, 圓經四五十尺許, 又有暈, 微有青赤色, 如虹貫, 圓經百有五六十尺許, 當月兩傍, 有兩月之狀。 至明朝, 日暈如虹未銷, 十二日, 日高二丈許, 有赤暈, 兩傍又有兩日之狀, 南邊暈如匹練, 直指南方橫亘五六十尺許, 北邊日暈, 直指東北方, 南北相距, 可五六十尺許。 日高四五丈許始銷。" 傳曰: "可問觀象監。" 觀象監啓曰: "自十一日一更至三更月暈; 十二日陰雲。" 傳曰: "彼此不同, 未知孰是孰非, 然李封若無所見, 何詳悉如是? 其令憲府鞫觀象監官員以啓。"

27) 『조선왕조실록』 「明宗 20卷」, 11年(1556 丙辰 / 명明 가정嘉靖 35年) 2月 19日(戊申) 3번째 기사

정원에 재변이 일어남을 우려한다고 전교하다.

○以慶尙監司啓本, 傳于政院曰: "日變非尋常, 又有斷流之變。 恐懼憂慮之心, 尤爲罔極。"【正月二十九日陜川三日竝出, 晋州、奉化, 川流又斷。】

28) 『조선왕조실록』 「宣祖 145卷」, 35年(1602 壬寅 / 명明 만력萬曆 30年) 1月 2日(乙未) 2번째 기사

충청 감사 이용순이 임천의 기상 이변에 대해 치계하다.

○忠淸監司李用淳馳啓曰: "林川郡守李愖牒呈內, 今十二月二十日日出時, 有若三日竝出, 詳見其狀, 則正輪左右, 雙環挾持, 白虹圍其外, 二食頃許, 日輪始安。 二十二日申時地震, 自西向東, 其聲殷殷, 屋柱并震。 變怪非常事。"

면 아래와 같다.

첫째, 성종 8년(1477) 2월 4일에 성절사로 다녀온 이봉의 보고를 인용하여 성종이, "이봉이 말하기를 경사京師(북경)에 갔을 때 세 개의 해가 함께 출현한 것을 보았다고 하였는데, 경들도 또한 보고 들었는가(李封言: '赴京時見三日竝出', 卿等亦得見聞乎?)."라고 묻는 기록이 있다. 성절사 이봉은 해주를 지나가면서 세 개의 태양을 보았고(成宗 7년(1476) 12월 12일), 중국에 가서도 또 다른 세 개의 태양을 본 것이다.[29]

둘째, 명종 5년(1550) 11월 30일에 영관상감 이기가 아뢰기를 "옛날에는 세 개의 해가 나란히 나타났던 때도 있었습니다. 그러나 지금 이 변괴變怪는 햇무리에 양이(兩珥: 두 개의 햇귀)가 똑같이 함께 일어나서 색깔이 같은 것이었습니다."는 기록이 보인다.[30] 이것은 직접 관찰 기록은 아니지만 당

---

29) 『조선왕조실록』「成宗 76卷」, 8年(1477 丁酉 / 명明 성화成化 13年) 2月 4日(癸酉) 3번째 기사

중국에 가서 보고 들은 일과 안주에 백성을 이주시키는 일 등을 논하다.

○上御宣政殿, 引見沈澮、李克墩, 問聖節使之行, 弓角犯禁之由。 澮對曰: "近帝命太監二、校尉十六, 察玉河館內事, 通事芮亨昌潛買牛角, 令牙子分載四車, 期會通州。 校尉知之, 告太監以奏, 沒入牛角, 竝收其直, 牙子充軍。 臣等聞, 與牙子爭利者, 陰囑太監, 以至生事。" 上曰: "中朝法嚴, 今後必不得買矣。" 克墩曰: "中朝待我國甚厚。 高皇帝嘗賜火炮", 鄭同亦曰: "若奏請貿角, 意必蒙準。" 又啓曰: "中朝有怪事, 皇帝闕內設道觀, 崇奉道敎, 甚至有怪獸, 狀如黑拘, 夜則見多害人, 欲搏之, 便開口噓氣, 人輒腫。 有以此奏者, 帝不信。 一日帝御早朝, 獸乃見, 給事中及諸大臣極論奉道之非, 帝卽命壞觀。人言黑屬北, 其狀如犬, 恐有犬戎之禍。" 上曰: "帝之壞觀得矣。 李封言: '赴京時見三日竝出', 卿等亦得見聞乎?" 克墩對曰: "若有之, 衆必共見。 臣意不如是也。 其日陰, 意者陰雲解駁, 日光穿漏, 其狀或如是也。" 上曰: "必此誤見也。" 澮曰: "平安道諸邑城多頹圮, 且安州乃天使經由人處, 而彫殘尤甚。 若徙民以實, 則自然阜盛。" 承旨玄碩圭曰: "世祖朝徙民以實, 故兩界富庶。 若擇徙南方富實者, 則必能安居樂業矣。" 上曰: "予將審思之。"

30) 『조선왕조실록』「明宗 10卷」, 5年(1550 庚戌 / 명明 가정嘉靖 29年) 11月 30日(己未) 1번째 기사

영관상감사 이기가 해의 변괴에 대해서 아뢰다.

시 선비들이 환일현상을 알고 있었다는 것을 잘 보여주며, 변괴로 해석하였다는 점을 알 수 있다.

명종 5년 11월에는 일곱 번이나 햇무리 현상이 일어난다. 그 가운데 분명하게 2~3개의 태양을 기록한 것은, (1) 햇무리 현상과 두 개의 햇귀(兩珥)가 있어 '세 개의 태양'처럼 보인 현상이 7일과 23일에 있었고, (2) 좌측에만 햇귀가 보여 '두 개의 태양'처럼 보인 현상이 24일에 일어난다. 이렇게 해에 이상이 보이자 명종은 11월 28일에 "해의 재변이 예사롭지 않아 매우 두렵다. 관상감으로 하여금 상고하여 아뢰게 하라(日變非常, 予甚驚懼. 令觀象監詳考以啓)."고 명을 내린다.[31] 이에 대한 답변이 위에 소개한 영관상감 이기의 설명이다. 이기는 세 개의 태양은 실제로 태양이 세 개인 것이 아니라, 햇귀가 좌우에 두 개 달린 것이라고 설명하였던 것이다.

4) 중국 25사 중 『진서晉書』에 기록된 2~3개의 태양

중국의 각종 사서에서도 환일현상은 천문 현상의 하나로 기록되어 있다. 필자는 25사 전체에 대한 검색을 마치고 정리하고 있다. 여기에서는 비교적 짧은 기간 존속했던 서진西晉(265~316)의 역사를 기록한 『진서』의 기록만을 예로 들어 살펴본다.[32]

○己未/領觀象監事李芑啓曰: "古有三日竝出之時。 然此則日暈兩珥, 平等俱起, 而色同者也。" 傳曰: "知道。"

31) 『조선왕조실록』 「明宗 10卷」, 5年(1550 庚戌 / 명明 가정嘉靖 29年) 11月 28日(丁巳) 1번째 기사

청홍 감사의 서장에 따라 해의 재변을 상고하여 아뢰게 하다.

○丁巳/下淸洪監司李夢弼日變書狀,【牙山縣監申秀溟牒呈: "今十一月十四日辰時, 日高二竿, 太陽南北各距二布長, 狀如日色, 有微赤色, 尾長各一丈許, 而南邊圓光先自散盡, 北邊則良久消滅。"】于政院曰: "日變非常, 予甚驚懼。 令觀象監詳考以啓。"

32) 현재 중국의 25사 전체를 검색하였고, 그 결과는 별도의 논문을 통해 발표될 것이다.

『진서』에는 5건의 '세 개의 태양' 관련 기록이 보이는데, 같은 날짜의 천문天文과 제기帝紀에 동시에 기록되어 중복된 2건을 제외하면 실제로는 3건이 기록되어 있다. 서진이 41년 동안 존속한 것을 감안하면, 광활한 중국 대륙 가운데 서진 지역에서만 세 개의 태양이 뜨는 사건이 약 13.6년 만에 한 번씩 관찰된 셈이다.

3건 가운데, (1) 2건은 효민제孝愍帝 건흥建興 2년(314)과 건흥建興 5년(317)의 기록이고, (2) 나머지 1건은 유청劉聰이라는 인물에 대한 기록에 보이는 것으로 시기를 알기가 어렵다. 이것을 소개하면 아래와 같다.

첫째, 서진 효민제 건흥 2년(314) '1월 신미辛未일에 세 개의 태양이 같이 떴다(三日相承).'는 기록이 있다.[33] 이것은 제기帝紀에도 다시 기록되어 있다.[34]

둘째, 서진 효민제 건흥 5년(317) '1월 경자庚子일에 세 개의 태양이 함께 비추고 (흰)무지개가 오래 있었다. 태양에 이중 햇무리가 있었고 좌우에 두 개의 햇귀가 달렸다(三日竝照, 虹蜺彌天. 日有重暈, 左右兩珥).'는 기록이 있다.[35] 이것은 제기에도 다시 기록되어 있다.[36]

셋째, 위의 기록 이외에 다른 한 건은 유청이라는 인물에 대한 기록에 보이는데, '세 개의 태양이 동시에 비추고, 좌우에 두 개의 햇귀가 있었으

---

33) 『진서』 卷十二, 「志 第二」, 天文 中 : (孝愍帝) 建興二年(314) 正月辛未辰時, 日隕十地. 又有三日相承, 出於西方而東行.

34) 『진서』 卷五, 「帝紀 第五」, 孝愍帝 : (建興)二年(314) 春正月... 辛未, 辰時日隕于地. 又有三日相承, 出於西方而東行.

35) 『신서』 卷十二, 「志 第二」, 天文 中 : (孝愍帝) 建興 … 五年(317) 正月庚子, 三日並照, 虹蜺彌天. 日有重暈, 左右兩珥.

36) 『진서』 卷五, 「帝紀 第五」, 孝愍帝 : (建興)五年(317) 春正月, 帝在平陽. 庚子, 虹霓彌天, 三日並照.

며 오색이 선명했다(三日並照, 各有兩珥, 五色甚鮮).'는 기록이 있으나 연도를 알기 어렵다.[37]

이상의 내용을 종합해 보면 동양의 사서에서는 모두 환일현상을 분명하게 기록하고 있고, (1) 환일현상이 선명할 때에는 2~3개의 태양이 동시에 떴다고 기록했으며, (2) 그 빛이 약할 때에는 태양 좌우에 1~2개의 햇귀가 걸렸다고 기록했다는 것을 알 수 있다.

4. 북방 민족의 신화와 설화에 보이는 환일현상

여러 개의 태양이 동시에 보이는 환일현상은 북방 민족들의 신화나 설화에도 남아 있다.

첫째, 동이족 계열의 신화인 '예羿와 관련한 열 개의 태양' 신화[38]는 환일현상에 대한 기억이 신화적 형태로 남아 있는 것이라고 본다. 왜냐하면 이론적으로는 내훈과 외훈이 동시에 보이는 경우 열 개의 태양이 뜰 수 있기 때문이다(〈자료 6-1〉 참조).

둘째, 북방 소수민족들 사이에는 신석기시대부터 여러 개의 태양과 관련된 관념이 있었다. 러시아 극동대학교의 고고학자 데. 엘. 브로단스키는 동북방 아무르 강(흑룡강) 유역에 사는 여러 소수민족들에게서 보이는 궁수弓手와 여러 개의 태양 신화들을 소개하면서 '궁수와 다수의 태양에

---

37) 『진서』 卷一百二, 「載記 第二」, 〈劉聰子粲　陳元達〉: 赤虹經天, 南有一歧; 三日並照, 各有兩珥, 五色甚鮮; 客星歷紫宮入於天獄而滅. 太史令康相言於聰曰 : 「蛇虹見彌天, 一歧南徹; 三日並照; 客星入紫宮. 此皆大異, 其徵不遠也. 今虹達東西者, 許洛以南不可圖也. 一歧南徹者, 李氏當仍跨巴蜀, 司馬叡終據全吳之象, 天下其三分乎!

38) 원가 지음, 전인초·김선자 옮김, 『중국신화전설 I 』(서울: 민음사, 1998), 445-457쪽 참조.; 선정규, 『중국신화연구』(서울: 고려원, 1996), 275-305쪽 참조.

대한 신화는 아무르에서 가장 이른 시기—기원전 5천년기—로 편년될 것이다.'라고 지적하고 있다.[39] 브로단스키는 여러 개의 태양 신화를 직접적으로 환일현상과 연결시키지는 않지만, 필자는 여러 개의 태양 신화의 기원은 환일현상과 관련된다고 본다.

셋째, 필자는 여러 개의 해와 달 가운데 여분餘分의 해와 달을 늑대가 먹는다는 아메리카 인디언들의 신화도 '환일현상' 혹은 '환월현상'과 관련된 이야기의 변형이라고 본다. 브로단스키는 이러한 아메리카 인디언들의 신화가 구석기시대에 아메리카 대륙으로 건너간 것이라고 보고 있다.[40]

결국 환일현상을 좀 더 자주 관찰할 수 있었던, (1) 위도가 높고, (2) 평원에 가까운 지역에 살던 북방민족들에게는 환일현상으로 인한 여러 개의 태양이라는 관념이 다양한 형태로 변형되어 전승되고 있는 것이다. 환일현상에 대한 고대인들의 기억은 대부분 신화나 설화 형태의 이야기로 남아있지만, 제7장에서 살펴볼 홍산문화에서는 최초로 입체적 조각으로 표현되어 있다는 것이 필자의 생각이다.

5. 세 가닥으로 꼬인 탯줄

신으로 여기던 태양(태양신)이 세 개로 떠오르는 환일현상은 고대인들에게 형용할 수 없는 충격적인 경험이었을 것이다. '하나이면서 셋이고, 셋이면서 하나'라는 3·1관념은 하나의 신이 기능적으로 셋으로 분화되는

39) 데. 엘. 브로단스키 지음, 정석배 옮김, 『연해주의 고고학』, (서울: 학연문화사, 1996), 406-407쪽.

40) 데. 엘. 브로단스키 지음, 정석배 옮김, 『연해주의 고고학』, (서울: 학연문화사, 1996), 410쪽.

3·1신神 관념으로도 이어진다.

그런데 환일현상이라는 충격적인 경험을 통해 형성된 3·1관념을 지속적으로 이어가게 할 수 있었던 일상적이고 누적된 경험이 있다. 바로 인간을 포함한 모든 포유류의 '탯줄'이다. 일반적인 혈관계는 동맥과 정맥 두 종류의 혈관으로 구성된다. 그러나 생명을 잉태한 어미와 연결되었다가 세상에 탄생하는 순간 자르는 탯줄은 세 가닥의 혈관(동맥 2개, 정맥 1개)이 새끼줄처럼 꼬인 특이한 구조를 지니고 있다.

이런 사실을 바탕으로 '탯줄-새끼줄-뱀'으로 이어지는 '탯줄 코드'를 통해서 새롭게 세계 문화사를 정리한 책이 있다. 현직 의사이기도 한 김영균과 그의 아들 고故 김태은이 함께 쓴 『탯줄 코드: 새끼줄, 뱀, 탯줄의 문화사』라는 책이다.[41] 이 책의 핵심적인 내용은 「탯줄과 숫자 3 연구」라는 논문으로 정리되어 있다. 우선 탯줄의 특징을 소개하면 아래와 같다.

> 흥미롭게도 탯줄만은 일반적인 혈관계와 달리, 발생 5주말부터 세 개의 혈관이 생겨나 태아기(胎兒期)에 한정하여 하나의 세트를 이룬다. 탯줄은 외형상 줄(rope 혹은 code)이나 뱀(serpent)을 연상시키는데, 자세히 살펴보면 세 가닥의 탯줄혈관이 새끼줄처럼 꼬인(entwined) 특이한 구조를 가지고 있다. 탯줄혈관은 한 생명이 태어나기까지 생명유지에 절대적으로 필요한 기관이며, 세 개의 혈관과 이들의 새끼줄꼬임 구조는 원활한 혈액순환과 안

41) 김영균, 김태은, 『탯줄 코드: 새끼줄, 뱀, 탯줄의 문화사』(서울: 민속원, 2008). 책이 출판되기 전에 필자의 연구실을 찾은 김영균 선생과 많은 이야기를 나누고, 홍산문화 옥저룡玉猪龍 사진 등을 제공하기도 했다. 아들인 고故 김태은 군은 디자인 전공으로 김영균 선생의 책 작업에 많은 도움을 주었지만, 2006년 불의의 사고로 안타깝게도 책의 출판을 지켜보지는 못했다.

전한 혈행(血行)을 위하여 생물학적으로 선택된 것이다.[42]

김영균은 실제의 탯줄이 초기에는 두 개의 혈관이었다가 태아가 5주가 지나면서 세 개의 혈관으로 바뀐다는 점에 주목한다. 그래서, (1) 하나의 탯줄은 생명줄로 궁극적인 1을 상징하며, (2) 탯줄의 동맥과 정맥이라는 혈관계의 기능은 이항二項대립적 사유로 발전하고, (3) 세 가닥의 탯줄혈관은 3으로 결국에는 하나의 생명으로 귀결된다고 보아, (4) 탯줄에서는 1=2=3의 등식이 가능하다고 주장한다.[43]

'세 가닥의 탯줄혈관'이라는 사실은 필자에게는 '세 개의 태양'에 버금가는 새로운 충격이었다. 김영균은 이런 '탯줄 코드'를 바탕으로 세계 문화사에 공통적으로 보이는 '숫자 3'의 비밀을 풀어간다.

그는 세계 곳곳을 직접 답사하면서 자료를 수집하여 두 가닥 새끼줄, 세 가닥 새끼줄, 왼 새끼줄, 두 마리의 뱀이 꼬인 형태의 헤르메스의 지팡이, 세 마리의 뱀이 꼬인 형태의 이스탄불의 뱀기둥, 우주수宇宙樹, 생명줄, 우주의 배꼽 옴파로스, 에덴동산의 선악과 나무와 뱀, 삼줄, 용줄, 제주도 삼성혈, 삼신할머니, 복희여와 신화, 음양태극, 삼일태극 등의 상징성을 탯줄과 연결시켜 정연하게 풀어나간다. 탯줄의 이미지가 이렇게 여러 형태로 분화되는 과정을 잘 보여주는 것이 아래의 〈자료 6-11〉이다.

'세 가닥의 탯줄 코드'로 읽는 새로운 문화사는 그 독자성을 인정받고 있다. 그는 지금도 꾸준히 '숫자 3'에 대한 연구와 자료 수집을 계속하고 있다.

---

42) 김영균, 「탯줄과 숫자 3 연구」, 비교민속학회, 『비교민속학』 제44집, 130쪽.

43) 김영균, 「탯줄과 숫자 3 연구」, 비교민속학회, 『비교민속학』 제44집, 140-141쪽 참조.

필자는 이 책을 읽으면서 거의 유사한 주제를 가지고 서로 다른 방향으로 연구를 해온 분을 만난 신선한 충격과 반가움을 함께 느낄 수 있었다. 이제는 둘이 좋은 벗이 되었다.

물론 두 사람이 서로 다르게 생각하는 점들도 많다. 그러나 김영균의 논리는 필자의 논리를 더 풍부하게 보완해주는 역할을 한다는 생각이 든다. 필자가 지속적으로 파고들었던 것은 '숫자 3'만이 아니라 1-3-9-81로 지속적으로 분화되는 '3수 분화의 세계관'이라는 일련의 사유체계였기 때문이다. 필자는 두 사람의 논리가 보완적일 수 있다고 본다. 일단 간단히 이런 보완적인 관계를 설정해보면 아래와 같다.

첫째, 필자는 '하나이면서 셋이고, 셋이면서 하나'인 3·1관념은 환일현상에서 출발한다고 본다. 단 일상에서의 경험인 '세 가닥의 탯줄' 관념은 이러한 3·1관념을 지속시킬 수 있었던 보완적인 역할을 했을 것으로 본다.

둘째, 3·1관념의 다른 모습이기도 한 '세 가닥의 탯줄'의 상징성은 김영균이 잘 밝혀 놓았듯이 생명줄, 새끼줄, 2~3가닥으로 꼬인 뱀 등의 상징으로 분화되었다는 점에 대해서는 전적으로 동의한다.

셋째, '세 가닥의 탯줄'이라는 경험만으로 필자가 이야기하는 '3수 분화의 세계관'이라는 강력한 사유체계를 만드는 것은 불가능하다고 본다. 고대인들이 신으로 믿던 하나의 태양이 셋으로 떠오르는 경험은 '세 가닥의 탯줄'에 비하면 비교할 수없는 충격이었다. 이런 충격적이고 놀라운 경험들이 반복되면서 하나의 사유체계로 자리 잡을 수 있게 되었다고 본다.

넷째, 김영균은 주로 '세 가닥의 탯줄'에서 기원한다고 보는 '숫자 3'에 집중하여 연구하고 있다. '숫자 3'은 대부분의 문화권에서 공통적으로 보이는 것이다. 그러나 필자가 연구하는 '1-3-9-81'로 지속적으로 분화되는 일련의 사유체계에서 3, 9(3×3), 81(9×9)을 성수聖數로 사용하는 '3수 분화의 세계관'은 북방 샤머니즘을 공유한 지역에서 보이는 특징적인 사유체계이다.

다섯째, 환일현상에 대한 충격적 경험에서 출발한 3·1관념은 '3수 분화의 세계관'의 기초를 완성하고, 후대에는 도교나 선도 계통으로 이어지면서 철학화, 논리화되고 3·1철학으로 발전한 것이다.

필자의 책을 정독하는 분들은 『탯줄 코드: 새끼줄, 뱀, 탯줄의 문화사』도 꼭 읽어보시길 바란다. 그러면 좀 더 외연을 넓힐 수 있을 것이다.

〈자료 6-11〉 탯줄 이미지의 분화과정과 새끼줄, 뱀, 탯줄의 상징체계[44)]

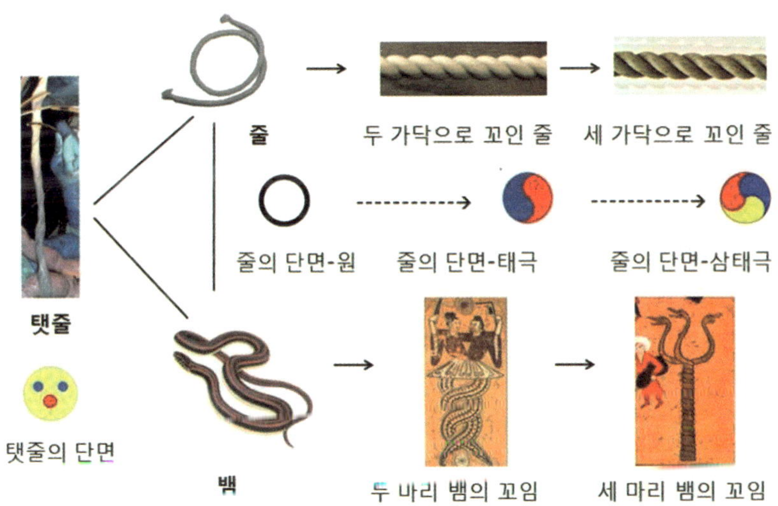

44) 김영균, 「탯줄과 숫자 3 연구」, 비교민속학회, 『비교민속학』 제44집, 141쪽 〈그림 2〉.

제7장

홍산문화와 '3수 분화의 세계관'의 체계화

1. 요하문명에 대한 간략한 소개[45]

중국의 한족들은 만리장성을 '북방한계선'으로 하여 야만인이라고 여겨온 북방민족들과는 분명한 경계를 두었었다. 그런데 1980년대 들어서면서 만주, 요서, 요동 지역에서 중원의 황화문명보다 시기적으로 앞서고 발달된 신석기문화가 속속 발견되기 시작했다. 여러 신석기문화 가운데서도 홍산문화紅山文化(BC 4500~BC 3000)의 발견은 세계 고고학계를 놀라게 한 것이었다.

특히 대규모 적석총, 제단, 여신묘女神廟(여신사당, 여신전)가 확인되어 '초기 국가단계'에 진입했다고 보고 있는 홍산문화 후기(BC 3500~BC 3000)의

45) 이와 관련해서는 필자의 아래의 책과 논문에서 이미 언급한 바 있다.
우실하, 『동북공정 너머 요하문명론』(서울: 소나무, 2007)
______, 『동북공정의 선행 작업과 중국의 국가 전략』(서울: 울력, 2004)
______, 『고조선의 강역과 요하문명』(서울: 동아지도, 2007)
______, 「'요하문명론'의 초기 전개 과정에 대한 연구」, 단군학회, 『단군학연구』 제21호(2009), 273-309쪽.
______, 「'통일적 다민족국가론'의 전개와 적용」, 고구려연구회, 『고구려연구』 29집(2007), 63-85쪽.
______, 「동북공정의 최종판 '요하문명론'」, 단군학회, 『단군학연구』 제15호(2006), 5-35쪽.
______, 「최근 중국의 역사관련 국가 공정들과 한국의 과제」, 단군학회, 『단군학연구』 제12집(2005), 301-333쪽.

우하량牛河梁 유적의 발견은 '요하문명의 꽃'이라고 불린다. 이후 중국학계에서는 1990년 중반부터 이 지역을 황하 중류의 황하문명黃河文明, 장강(양자강) 하류의 장강문명長江文明과 어깨를 나란히 하는 요하문명遼河文明으로 명명하였다.

요하문명은 중원의 황화문명과는 이질적인 전형적인 북방문화 계통이다. 그러나 '하상주단대공정夏商周斷代工程(1996~2000)', '중국고대문명탐원공정中國古代文明探源工程(2003~)', '동북공정東北工程(2002~2007)' 등을 거쳐 최근 요하문명의 주도세력, 범위, 분명단계 등에 대해 논의하고 있는 요하문명론遼河文明論에서는, (1) 황제의 손자인 고양씨高陽氏 전욱顓頊과 고신씨高辛氏 제곡帝嚳 두 씨족 부락이 지금의 히북성과 요녕성이 교차하는 유연幽燕 지역에서 살면서 모든 북방민족들의 시조가 되었으며, (2) 만주 지역 '요하문명권'의 핵심인 홍산문화는 고양씨 전욱 계통에 의한 문명이며, (3) 신석기시대 이래로 만주일대는 황제족의 영역이며, (4) 이 일대에서 발원한 모든 민족과 역사는 모두 중화민족의 역사라고 주장하기 시작했다.

이러한 여러 단계의 역사 관련 국가 프로젝트를 통해 고대사에 대한 나름대로의 정비를 한 중국은 이제 새로운 단계의 프로젝트를 진행하고 있다. 2005년부터 2년간의 사전 자료조사를 거쳐서 2007년부터 본격적으로 시작된 중국의 '국사수정공정國史修正工程(2005~2015)'이다. 국사수정공정은 각종 역사 관련 공정의 결과들을 바탕으로 중국의 정사 기록인 25사二十五史를 새롭게 주석하는 거대한 프로젝트다. 이런 작업이 마무리되면 새로운 교과서를 만드는 수순으로 나아갈 것이다. 그 때는 대응책을 마련하기엔 너무 늦다.[46]

46) [연합뉴스], 2011. 9. 1일자 '〈인터뷰〉 中 역사 수정 연구 우실하 교수' 참조.

우리가 주목해야하는 것은 만일 중국학계에서 최근 논의하고 있는 요하문명론이 정리되면, (1) 우리 민족의 선조들인 단군, 웅녀, 주몽, 해모수 등은 모두 황제의 후예가 되는 것이며, (2) 대한민국의 역사는 상고사부터 중화인민공화국의 방계 역사로 전락하게 된다는 점이다. 이러한 문제점이나 요하문명에 대해서는 이미 여러 논문과 글을 발표하였으므로, 여기에서는 요하 일대에서 발견되는 주요 신석기·청동기문화를 이른 시기부터 간략하게 정리해서 소개한다.

아래에서는 중국사회과학원 고고연구소에 있으면서 흥륭와문화 등 주요 유적을 직접 발굴한 류국상劉國祥이 2006년에 발표한 「서요하유역 신석기시대에서 조기청동기시대까지의 고고학 문화개론(西辽河流域新石器时代至早期青铜时代考古学文化概論)」이라는 논문에서 정리한 연대를 사용하기로 한다.[47] 논의 전개상 필요한 요하 지역의 주요 신석기문화, 청동기문화를 류국상의 편년을 기준으로 하여 시대순으로 소개하면 아래와 같다.

첫째, 신석기시대 소하서문화小河西文化(BC 7000~BC 6500)

둘째, 신석기시대 흥륭와문화興隆洼文化(BC 6200~BC 5200)

셋째, 신석기시대 사해문화査海文化(BC 5600~)

류국상을 비롯한 중국학자들 가운데는 사해문화를 흥륭와문화의 한 유형으로 보아 '사해-흥륭와문화'로 쓰고 별도로 구분하지 않는 경우도 있다. 그러나 논의의 편의상 별도로 구분하여 설명하기로 한다. 사해문화가 발견된 부신시阜新市 문화국文化局 자료에 의하면 사해문화의

47) 劉国祥, "西辽河流域新石器时代至早期青铜时代考古学文化概論", 『遼寧師範大學學報(社会科学版)』, 第1期(2006年), 113-122쪽.

방사성 탄소연대측정 결과는 기원전 5600±95년이다.[48]

넷째, 신석기시대 부하문화富河文化(BC 5200~BC 5000)

다섯째, 신석기시대 조보구문화趙寶溝文化(BC 5000~BC 4400)

여섯째, 동석병용시대銅石竝用時代 홍산문화紅山文化(BC 4500~BC 3000)

일반적으로 신석기시대로 알려져 있지만, '홍산문화 만기(BC 3500~BC 3000)'에는 구리(銅)를 주조한 흔적들이 발견되고 있어서 최근에는 동석병용시대로 보고 있다. 류국상도 위의 논문에서 '동석병용시대'로 분류하고 있다. 또한 류국상은 위의 논문에서 홍산문화의 중요한 유적지인 우하량 유적이 발견되는 홍산문화 만기에는 이미 '초급 문명사회' 단계에 진입했다고 보고 있다. 학자에 따라서는 이 시기에 '초기 문명사회' '초기 국가단계'에 진입하였다고 보기도 한다. 이에 대해서는 아직 논란이 있다.

일곱째, 동석병용시대銅石竝用時代 소하연문화小河沿文化(BC 3000~BC 2000)

소하연문화를 고리로 청동기시대로 이어지는 것이다.

여덟째, 조기早期 청동기시대 하가점하층문화夏家店下層文化(BC 2000~BC 1500)

류국상은 청동기시대로 진입하는 하가점하층문화 시기에는 '고급 문명사회'에 진입한다고 보고 있다.

---

48) 阜新市 文化局, "玉龙故乡 文明发端: 查海文化溯源". 이 글은 http://www.ylwh.com/ylwh/ch/에서 볼 수 있다.

〈자료 7-1〉 요하문명, 황하문명, 장강문명의 비교

문명	위치	주요 신석기문화
황하문명黃河文明 The Huang-he Civilization (Yellow River Civilization)	황하 중류 일대	앙소문화仰韶文化
장강문명長江文明 The Chang-jiang Civilization (Chang River Civilization)	장강(양자강)의 하류 일대	하모도문화河姆渡文化
요하문명遼河文明 The Liao-he Civilization (Liao River Civilization)	요하 일대	흥륭와문화興隆洼文化 사해문화査海文化 홍산문화紅山文化

〈자료 7-2〉 요하문명, 황하문명, 장강문명의 위치[49)]

49) 우실하, 『고조선의 강역과 요하문명』(서울: 동아지도, 2007)

〈자료 7-3〉 요하 지역 주요 신석기, 청동기문화

1 신석기시대 소하서문화小河西文化(BC 7000~BC 6500)
2 신석기시대 흥륭와문화興隆洼文化(BC 6200~BC 5200)
3 신석기시대 사해문화査海文化(BC 5600±95~)[50]
4 신석기시대 부하문화富河文化(BC 5200~BC 5000)
5 신석기시대 조보구문화趙寶溝文化(BC 5000~BC 4400)
6 신석기시대 홍산문화紅山文化(BC 4500~BC 3000))
전기前期(BC 4500~BC 3500)- 신석기시대
후기後期(BC 3500~BC 3000)- 동석병용시대
→ '초기 국가단계' 혹은 '초급 문명사회'
7 동석병용시대 소하연문화小河沿文化(BC 3000~BC 2000)
8 조기청동기시대 하가점하층문화夏家店下層文化(BC 2000~BC 1500)
→ '고급 문명사회'

〈자료 7-4〉 요하 지역 주요 신석기문화 분포 지역[51]

50) 阜新市 文化局, "玉龙故乡 文明发端: 查海文化溯源". 이 글은 http://www.ylwh.com/ylwh/ch/에서 볼 수 있다.

51) 우실하, 『고조선의 강역과 요하문명』, 부분도.

〈자료 7-5〉 요하 지역 주요 홍산문화 유적지 분포도(▲)

2. 요하문명의 주도 세력은 누구인가?

요하문명의 주도 세력은 누구일까? 과연 중국학자들이 주장하는 대로 중화민족의 시조라는 전설적인 인물 황제黃帝의 영역이었을까? 요서와 요동을 포함한 요하문명은 중원의 황화문명과는 전혀 다른 이질적인 문명이다. 〈자료 7-6〉 '신석기시대 4대 문화권' 지도에서 보듯이 만주→한반도→일본으로 이어지는 문화권은 신석기 4대 문화권을 대표하는, (1) 거석巨石 문화권, (2) 채도彩陶 문화권, (3) 빗살무늬토기(櫛文土器) 문화권, (4) 세석기細石器 문화권이 모두 수용되고 융합되는 세계적으로 유일한 지역이다. 채도 문화권만을 수용한 중원 지역의 황하문명과는 근본적으로 이질적인 문명권이었다.

〈자료 7-6〉 신석기시대 4대 문화권[52]

* 만주 일대, 한반도 지역은 신석기 4대 문화권이 모두 중첩되는 유일한 곳이다.

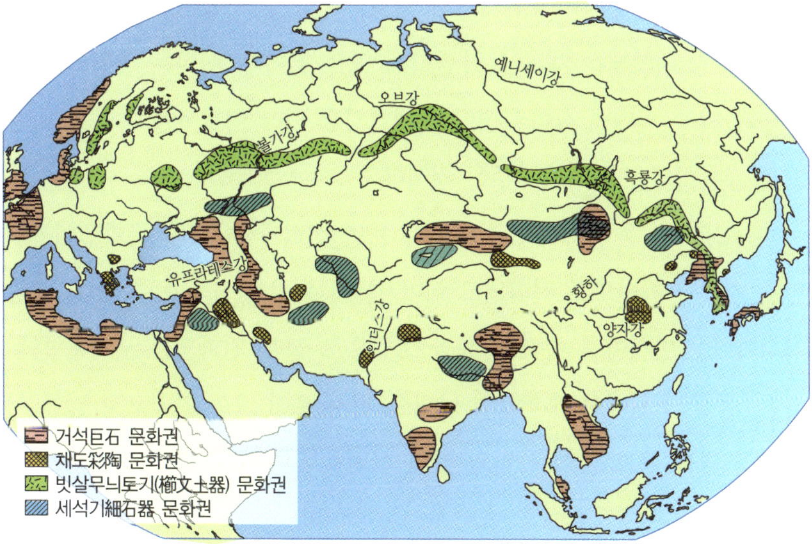

물론 기원전 4,000년경부터는 황하문명의 앙소문화仰韶文化(BC 5000~BC 3000)와 요서 지역간의 교류가 이루어진다. 그러나 그 이전에 이미 요서 지역에는 독자적인 문명권이 형성되어 있었던 것이다. 우리 민족은 이런 문화를 바탕으로 중원문화를 흡수하면서 독자적인 문화를 가꾸어 왔고, 그것이 한반도를 거쳐 일본까지 연결되는 것이다.

'요하문명' 혹은 '동북아문명'[53]은 황하 중류의 황하문명이나 장강 하류의 장강문명과는 분명하게 구별되고, 이들 가운데 가장 이른 시기에 문명 단계에 들어선다. 특히 만주 지역과 한반도는 아주 특별한 지역이다. 이

52) 정수일, 『고대 문명 교류사』(서울: 사계절, 2002), 70쪽을 토대로 구성한 것임.

53) 필자는 요하문명론이 거론되기 이전에 이 지역을 '동북아 문명권'으로 재정립할 필요가 있다는 논문을 발표한 바 있다. 우실하, 「최근 중국의 역사 관련 국가 공정들과 한국의 과제」, 단군학회, 『단군학연구』 제12집(2005), 301-333쪽.

지역 고유의 토착문화 위에 '신석기시대 4대 문화권'이 전래·전파되어 만주와 한반도 일대에서 융합되면서 새로운 문명을 낳았다는 것을 드러내준다. 중원 지역에는 채도 문화권만이 있을 뿐이다. 이것은 중원의 황하문명과 만주 일대의 요하문명이 신석기시대 이래 이질적인 문화를 바탕으로 교류하였음을 나타내주는 것이다.

〈자료 7-7〉 '동북아시아 지형도'를 보면 신석기시대 4대 문화권이 '왜' 만주 지역과 한반도로 전파되고 이어지는지를 쉽게 짐작할 수 있다. 중앙아시아나 서아시아를 통해서 몽골 초원으로 전래·전파되는 새로운 문화들은, 몽골 초원에서 대흥안령 남단을 거쳐 요서·요동 지역으로 넓게 이어진 초원을 두고 굳이 사막과 강과 산맥을 넘어서 중원으로 내려갈 필

〈자료 7-7〉 동북아시아 지형노

요가 없었던 것이다. 북방 유목민족들은 광대한 초원을 동서로 넘나들며 동·서 문화를 교류시켰고, 그 동쪽 끝에 만주와 한반도가 있었던 것이다.

특히 요하문명의 신석기시대와 청동기시대 유적에서 발견되는, (1) 일반적인 적석총과 피라미드형 적석총, (2) 빗살무늬 토기, (3) 돌출된 치雉를 갖춘 석성, (4) 비파형 동검 등은 중원 지역에서는 발견되지 않고 한반도로 이어지는 것들이다. 이것은 요하문명의 주도세력이 중원을 주도한 세력과는 다른 집단이며, 그 주맥은 요서·요동-한반도-일본으로 이어지는 북방계통이라는 것을 보여주고 있는 것이다.

세계를 놀라게 한 요하문명이 새롭게 발견됐으니 중국이 상고사를 다시 쓰는 것은 당연하다. 문제는 요하문명이 중화민족의 시조라는 황제의 영역이었고 요하 지역에서 파생한 모든 민족을 황제의 후예로 보는 시각이다. 이런 관점은 주변국 상고사를 중국사에 편입하려는 '대중화大中華주의'에서 비롯된 발상이다. 요하문명은 명실상부한 동북아시아 시원始源문명이다. 그 당시에는 지금과 같은 국경이 없었다. 그래서 옥기문화 등은 중원 쪽으로 이어지고, 적석총문화 등은 몽골과 한반도, 일본으로 이어졌다. 이제부터라도 요하문명을 '동북아시아 시원문명'으로 자리매김하고 한국과 중국, 일본, 몽골 등 관련국이 국가적 이해관계를 떠나 공동으로 연구하고 객관적이고 공정하게 그 실체를 규명해야 한다.

3. 홍산문화 유적·유물과 '3수 분화의 세계관'의 흔적들

요하문명의 여러 신석기 유적에서는 지금도 어마어마한 유물들이 속속 발굴되고 있다. 필자는 요하문명을 연구하면서, 홍산문화 후기(BC

3500~BC 3000)에 '3수 분화의 세계관'이 체계화되었다는 생각을 가지고 있다. 곧, '3수 분화의 세계관'이 최초로 체계적으로 구조화되는 것이 '요하문명의 꽃'이라고 불리는 홍산문화 후기라고 본다. 여기에서는 1980년대부터 새롭게 발견된 홍산문화 유적과 유물에서 발견되는 '3수 분화의 세계관'의 흔적들을 구체적으로 살펴보기로 한다.

필자는, (1) 성수 3은 고대 문명권에서 보편적인 것이었지만, (2) 성수 3의 제곱수인 성수 9와 성수 9의 제곱수인 81을 성수로 사용하는 일련의 사유체계인 '3수 분화의 세계관'은 북방 샤머니즘을 공유한 지역의 고유한 사유체계라고 본다.

1) '하나이면서 셋이고, 셋이면서 하나'인 3·1신神

'3수 분화의 세계관'은, (1) '하나이면서 셋이고, 셋이면서 하나'라는 '본체론적인 논리'와, (2) 1-3-9-27-81 … 로 지속적으로 분화되는 '3수 분화의 프랙탈 구조'인 우주론적인 자기 전개의 논리를 동시에 지니고 있다. 이런 사유체계의 가장 핵심적인 논리는 '하나이면서 셋이고, 셋이면서 하나'라는 '본체론적인 논리'인 3·1철학이라고 할 수 있다.

그런데 홍산문화 유적에서도 '하나이면서 셋이고, 셋이면서 하나'라는 3·1관념을 추론할 수 있는 유물이 발견되었다. 홍산문화 흥륭구 유적지 제2지점 21호묘 부상용 구덩이에서 출토된 도소삼인상陶塑三人像이 바로 그것이다. 도소삼인상은 3명이 함께 껴안고 삼위일체三位一體가 되어 있는 '흙으로 만들어 불에 구운 인물상'이다.

〈자료 7-8〉에는 마치 두 사람처럼 보이지만 같은 모습의 사람이 뒤쪽에도 한 사람 더 있다. 신석기시대의 인물상들은 대부분 일반적인 사람이 아니라 조상신 등의 신神을 표현한 것이다.

도소삼인상에 대해서 중국에서는 '세 명의 여인이 하나가 되어 일종의 춤을 추는 동작'으로 보고 '풍요를 기원하는 여신상'이라고 보고 있다.[54] 도소삼인상은 실제로 삼위일체의 도소삼여신상陶塑三女神像인 것이다.

세 명의 여신이 하나가 되어 얽혀있는 도소삼인상은 우리 민속문화에서 이야기하는 삼신할머니의 원형인지도 모른다. 또한 후대에 선도나 도교 계통 사상의 바탕이 되는 '하나이면서 셋이고, 셋이면서 하나'인 '3·1신'의 원형적인 모습인지도 모른다.

〈자료 7-8〉 도소삼인상: 홍산문화 흥륭구 제2지점 21호 부장용 구덩이 출토[55]

54) 邵國田 主編, 『敖漢文物精華』(浩和浩特: 內蒙古文化出版社, 2004), 20쪽.

55) 邵國田 主編, 『敖漢文物精華』(浩和浩特: 內蒙古文化出版社, 2004), 20쪽. 중국사회과학원 내몽고고고공작대 유국상이 발굴한 도조삼인상은 현재 내몽고고고연구소에 보관되어 있고, 오한치박물관에는 사진만 전시되어 있다.

홍산문화에서는 아직 문자가 발견되지 않아 추론밖에 할 수 없지만, (1) 홍산인들이 3이라는 수에 대해서 특별한 의미를 부여하고, (2) '하나이면서 셋이고, 셋이면서 하나'라는 3·1신 관념이 이미 있었을 가능성이 높다.

2) 홍산문화의 삼공기三孔器와 세 개의 태양

앞에서 세 개의 태양이 떠오르는 환일현상에 대해서 상세히 살펴보았다. 홍산문화에서 발견되는 옥기玉器 가운데는 이 환일현상을 형상화한 것으로 보이는 유물이 있다.

발굴된 홍산문화 옥기 가운데 3개의 구멍이 뚫린 특이한 형태의 삼공기三孔器들이 그것이다. 현재까지 홍산문화 유적에서 발견되는 삼공기는 3가지 형태가 있다.

첫째, 세 개의 구멍 좌우에 동물 머리를 장식한 쌍수수삼공기雙獸首三孔器이다.[56] 세 개의 구멍 좌우에 장식된 동물이 곰이라고 보아서 쌍웅수삼공기雙熊首三孔器[57] 또는 웅수삼공기熊首三孔器[58]라고 불리기도 한다. 홍산문화의 토템 동물 가운데 하나인 곰의 머리를 장식한 것이다(<자료 7-9> 참조).

둘째, 세 개의 구멍 좌우에 사람의 얼굴을 장식한 '쌍인수삼공기雙人首

56) 徐强, 『紅山文化古玉鑑定』(北京: 華藝出版社, 2007), 146쪽 사진 206에서 쌍수수삼공기雙獸首三孔器로 보고 있다.

57) 遼寧省博物館·遼寧省文物考古研究所, 『遼河文明展 文物集萃』(瀋陽: 遼寧省博物館·文物考古研究所, 2006), 25쪽에서 쌍웅수삼공기雙熊首三孔器로 보고 있다.

58) 鄧淑苹, 「試論紅山系玉器」, 許倬云, 張忠培 主編, 『新世紀的考古學』(北京: 紫禁城出版社, 2006), 385쪽.

三孔器'[59] 혹은 '인수삼공기人首三孔器'[60]라고 부르는 것이 있다. 앞에서 설명한 쌍웅수삼공기와 형태는 모두 같으나 동물(곰) 머리 대신에 사람 얼굴이 장식된 것이다(〈자료 7-10〉 참조).

〈자료 7-9〉 쌍수수삼공기: 홍산문화 우하량 제16지점 2호묘 출토[61]

〈자료 7-10〉 쌍인수삼공기: 홍산문화 우하량 제2지점 1호총 12호묘 출토[62]

59) 徐强, 『紅山文化古玉鑑定』(北京: 華藝出版社, 2007), 147쪽 사진 207에서 쌍인수삼공기雙人首三孔器로 부른다. 이 옥기가 우하량 제2지점 1호총 12호묘에서 출토되었다고 소개하고 있으나 잘못이다. 다른 책들을 참고하면 이 옥기는 우하량 제16지점 2호묘에서 출토된 것이다.

60) 鄧淑苹, 「試論紅山系玉器」, 許倬云, 張忠培 主編, 『新世紀的考古學』, 387쪽.

61) 遼寧省博物館, 遼寧省文物考古研究所, 『遼河文明展 文物集萃』(瀋陽: 遼寧省博物館·文物考古研究所, 2006), 25쪽.

62) 徐强, 『紅山文化古玉鑑定』(北京: 華藝出版社, 2007), 147쪽 사진 207.

〈자료 7-11〉 삼공기: 홍산문화 나일사태 유적지 출토[63]

셋째, 세 개의 구멍만 있고 좌우에 아무런 장식이 없는 삼공기가 있다. 중국 내몽고자치구內蒙古自治區 적봉시赤峰市에 있는 파림좌기巴林左旗의 나일사태那日斯台 유적지에서 출토된 이 삼공기는 현재까지 발표된 중국 학자를 포함한 여러 나라 학자들의 모든 논문이나 저서에서 삼련벽三聯璧 혹은 삼련옥벽三聯玉璧으로 잘못 알려져 있다(〈자료 7-11〉 참조).[64] 필자는 이 옥기를 삼공기라고 다시 명명하였다.[65]

옥벽玉璧은 제천예기祭天禮器로 둥근 옥에 원형의 구멍이 뚫린 옥기를 말한다. 홍산문화에서는, (1) 전형적인 옥벽, (2) 외부가 사각형인 방형옥벽方形玉璧, (3) 옥벽이 2개 연결된 쌍련옥벽雙聯玉璧, (4) 옥벽 3개가 연결된 삼련옥벽三聯玉璧 등 다양한 옥벽이 최초로 발견된다.

필자가 새롭게 삼공기라고 명명한 파림좌기 나일사태 유적지에서 출토된 것은 외형상 삼련옥벽과 유사하지만 분명하게 구별된다. 나일사태 삼

63) 于建設 主編, 『紅山玉器』(呼和浩特: 遠方出版社, 2004), 60쪽.
64) 1. 鄧淑苹, 「試論紅山系玉器」, 許倬云, 張忠培 主編, 『新世紀的考古學』, 366쪽.
2. 于建設 主編, 『紅山玉器』(呼和浩特: 遠方出版社, 2004), 60쪽.
65) 우실하, 「'3수 분화의 세계관(1-3-9-81)'의 기원과 홍산문화: 홍산문화에 보이는 성수(聖數) 3, 9, 81을 중심으로」, 비교민속학회, 『비교민속학』 제44집(2011.4), 101-102쪽 참조.

〈자료 7-12〉 홍산문화 쌍련옥벽과 삼련옥벽[66)]

공기는, (1) 한 변은 수평선을 상징하듯 평평하게 되어 있고, (2) 평평한 밑변에는 옥기를 매달 수 있는 구멍이 뚫려있어 수직이 아니라 수평으로 장식되었다는 점에서 홍산문화에서 발견되는 삼련옥벽과 분명하게 구별된다(〈자료 7-12〉 참조).

이에 비해서 홍산문화에서 발견되는 쌍련옥벽이나 삼련옥벽은, (1) 옥벽이 위아래로 2~3개 이어져 있고, (2) 2~3개의 연결된 옥벽 가운데 가장 작은 옥벽의 구멍에 줄을 연결하면 위아래로 수직으로 세워지게 되어 있다.

앞서 살펴본 세 가지 형태의 삼공기는 신석기시대 홍산문화 유적에서 최초로 발견되는 것들이다. 이것이 무엇을 형상화한 것이고 상징적 의미가 무엇인지에 대해서는 아직 연구된 바가 없었다.

홍산문화에서 최초로 보이는 쌍수수삼공기를 비롯한 3가지 유형의 삼

66) 徐强, 『紅山文化古玉鑑定』(北京: 華藝出版社, 2007), 140쪽 사진 190 쌍련옥벽(牛河梁 2지점 출토), 119쪽 사진 143 삼련옥벽(胡頭溝 3호묘 출토).

공기는 '환일현상'에서 보이는 '3개의 태양'을 형상화했다는 것이 필자의 생각이다.

신석기시대 대부분의 문화권에서 태양은 신神=태양신太陽神이었다. 이러한 태양신인 태양이 어느 날 갑자기 세 개가 동시에 뜬다는 것은 신석기시대 홍산인에게는 매우 충격적인 일이었을 것이다. 세 개의 태양이 뜨는 '환일현상'은 앞서 동양의 여러 사서들에서 본 바와 같이 적어도 5~13년에 한 번은 관찰되는 것이다. 요녕성 서부와 내몽고 동부의 홍산문화 지역은 위도가 높은 지역이고 평지이기 때문에 환일현상이 더 빈번하게 발생했을 것이다.

필자가 홍산문화에서 최초로 보이는 세 가지 형태의 삼공기가 세 개의 태양이 떠오르는 환일현상을 형상화한 것이라고 보는 데는 몇 가지 근거가 있다. 독자들도 차근차근 필자가 세시하는 근거들을 따라오면 충분히 납득할 수 있을 것이다.

첫째, 고대의 기록에서 무지개는 한쪽 혹은 양쪽 끝에 동물의 머리가 달려있는 구부러진 벌레나 뱀 형상의 동물로 물이나 구름과 관련되어 묘사되어 있다. 이를 구체적으로 소개하면 아래와 같다.

① 동아시아 최초의 문자인 갑골문甲骨文에는 무지개를 의미하는 '홍虹' 자 모양이 무지개의 양쪽 끝에 동물 머리가 달린 형상으로 되어 있다(〈자료 7-13, 7-14〉 참조).

② 갑골복사甲骨卜辭 중에서도 '무지개가 북쪽에서 출현하여 황하의 물을 마셨다(有出虹自北飮于河).'는 기록이 있다.[67] 이는 무지개를 동물로 인식

67) 徐中舒, 『甲骨文字典』(四川: 四川辭書出版社, 1989), 1426쪽, 有出虹自北飮于河

했다는 것을 의미한다.

③ 『설문해자說文解字』에서는 '홍虹은 체동螮蝀이다. 그 형상은 벌레(蟲)와 같다.'고 하였다.[68] '무지개 홍虹', '무지개 체螮', '무지개 동蝀', '무지개 예蜺'와 같이 무지개를 나타내는 모든 한자는 '벌레 충虫'자를 부수로 하고 있다. 심지어는 무지개를 암수로 구별하기도 하는데, '홍虹'은 수무지개를, '예蜺' 혹은 '예霓'는 암무지개를 나타낸다.[69]

④ 『석명釋名』 「석천釋天」에서는 '무지개는 매번 태양이 서쪽에 있을 때 동쪽에서 보이는데, 동쪽의 수기水氣를 마신다.'고 기록하고 있다.[70] 이 역시 무지개를 물을 마시는 동물로 인식했다는 것을 보여주는 것이다.

⑤ 『산해경山海經』 「해외동경海外東經」에서는 '무지개는 두 개의 머리를 가지고 있다(各有兩首).'고 하였다.[71]

⑥ 무지개가 동물의 형상으로 물을 마신다는 관념은 『삼국사기』에서도 보인다. 신라 진평왕 53년(631) 7월에 '흰 무지개가 궁궐 우물물을 마시고, 토성이 달을 범하였다(白虹飮于宮井 土星犯月).'는 기록이 있다.[72]

⑦ 이러한 구부러진 벌레 혹은 뱀 모양의 무지개는 『금석색金石索』에 보

---

68) 『說文解字』 虹 : 虹, 螮蝀也. 狀似蟲.

69) 『이아爾雅』에서는 암무지개를 나타내는 예霓를 예蜺라고 쓰고 있어 같은 의미임을 알 수 있다. 암수 무지개 개념은 쌍무지개가 뜰 때 색이 선명한 1차 무지개는 수무지개, 색이 흐린 2차 무지개를 암무지개로 구별하기 위해서 만들어진 용어이다.

70) 『釋名』 「釋天」: 蝃蝀, 其見每於日在西而見於東, 蝃飮東方之水氣也.

71) 『山海經』 「海外東經」: 各有兩首.

72) 『삼국사기』 卷第四 新羅本紀 第四 眞平王 : 五十三年(631) … 秋七月 遣使大唐獻美女二人 魏徵以爲 不宜受 上喜曰 彼林邑獻鸚鵡 猶言苦寒 思歸其國 況二女遠別親戚乎 付使者歸之 白虹飮于宮井 土星犯月.

이는 동한東漢시대 산동山東 지방의 무씨사武氏祠 화상석畵像石에서는 머리가 두 개 달린 구부러진 용의 형상으로 그려진다(〈자료 7-15〉 참조).[73]

이를 종합하면 고대인들이 생각했던 무지개는, (1) 몸이 구부러진 거대한 뱀 형상의 동물로, (2) 한쪽 혹은 양쪽 끝에는 큰 입이 달렸으며, (3) 강물 등을 마시고 하늘로 올라가 비를 뿌리고, (4) 후대에는 용의 형상으로 변형되는 거대한 뱀 모양의 동물이었다.

〈자료 7-13〉 왕홍력王弘力의 『고전석원古篆釋源』에 보이는 '홍虹'자의 갑골문[74]

73) 馮雲鵬·馮雲鵷, 『金石索』(北京: 書目文獻出版社, 1996), 영인본, 1408쪽.

74) 王弘力 編注, 『古篆釋源』(瀋陽: 遼寧美術出版社, 1997), 282쪽.

〈자료 7-14〉 서중서徐中舒의 『갑골문자전甲骨文字典』에 보이는 '홍虹'자의 갑골문[75]

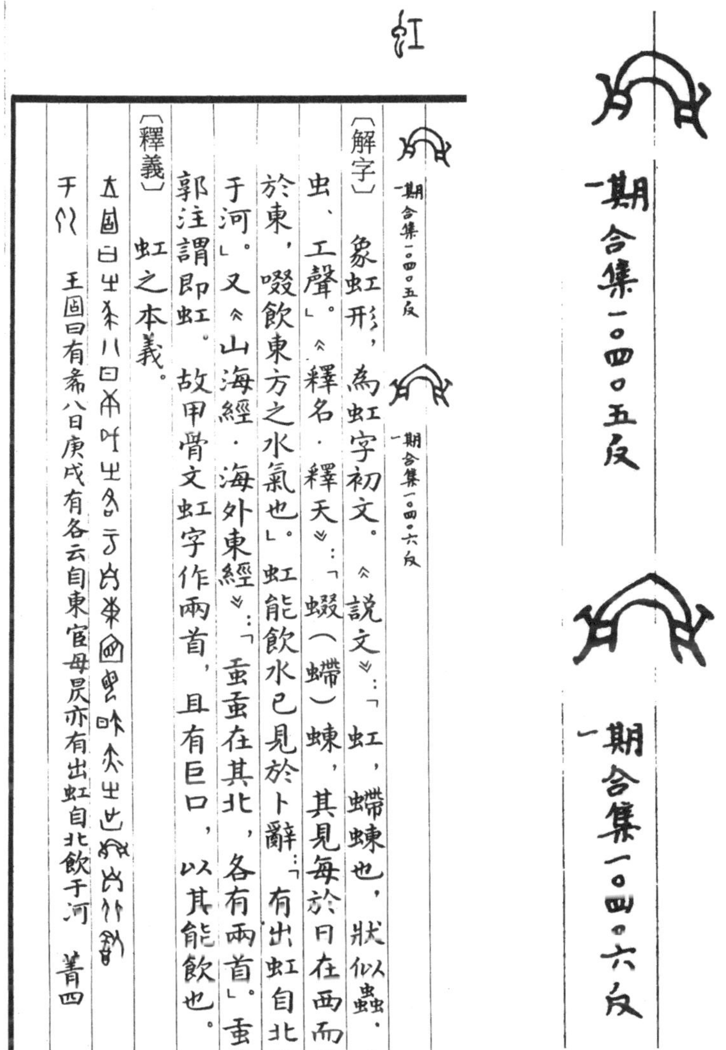

75) 徐中舒, 『甲骨文字典』(四川: 四川辭書出版社, 1989), 1426쪽.

〈자료 7-15〉 동한시대 산동 지역 무씨사武氏祠 화상석畫像石의 쌍용수雙龍首 무지개[76)]

1. 사진 자료 (오른쪽 중간)

2. 청나라 『금석색金石索』에 수록된 탁본 자료[77)]

76) 무씨사武氏祠는 동한시대 산동 가상성嘉祥城 남쪽의 무택산武宅山에 있는 무씨들의 가족묘로 무량사武梁祠라고도 불린다. 동한 환제桓帝 건화원년建和元年(147)부터 연희 10년延熹十年(167)사이에 연이어 건축된 무량武梁, 무영武榮, 무반武班, 무개명武開明 등 무씨 가족이 묻혀 있다.

77) 馮雲鵬·馮雲鵷, 『金石索』(北京: 書目文獻出版社, 1996), 1408쪽.

둘째, 양쪽에 머리가 달린 무지개 형상은 홍산문화 시기에 최초로 옥기로 형상화되었다. 홍산문화에서 발견된 옥기들 가운데 쌍용수옥황雙龍首玉璜이나 쌍수수황형기雙獸首璜形器는 무지개를 형상화한 것이다(〈자료 7-16~7-18〉 참조).

대부분의 중국학자들은 후대의 명칭인 '옥황玉璜'으로만 설명하고 있을 뿐, 그 최초의 형상이나 상징성에 대해서는 연구된 바가 없다. 홍산문화에서 보이는 쌍용수옥황이나 쌍수수황형기가 무지개를 형상하한 것이라는 점은 필자가 최초로 밝힌 것이다.[78)]

〈자료 7-16〉 홍산문화 객좌喀左 동산취東山嘴 유적에서 발굴된 쌍용수옥황雙龍首玉璜[79)]

〈자료 7-17〉 홍산문화 쌍수수황형기雙獸首璜形器: 중국 홍산옥기 전문가 서강 소장품[80)]

---

78) 상세한 논의는 우실하, 「3수 분화의 세계관(1-3-9-81)'의 기원과 홍산문화: 홍산문화에 보이는 성수(聖數) 3, 9, 81을 중심으로」, 비교민속학회, 『비교민속학』, 제44집(2011. 4), 68-81쪽 참조.

79) 遼寧省博物館·文物考古研究所, 『遼河文明展 文物集萃』(瀋陽: 遼寧省博物館·文物考古研究所, 2006), 35쪽 사진2.

80) 徐强, 『紅山文化古玉鑑定』(北京: 華藝出版社, 2007), 35쪽 〈圖 36〉.

〈자료 7-18〉 홍산문화 쌍저수옥황雙猪首玉璜: 개인 소장품[81]

셋째, 환일현상에서도 태양의 고도가 낮을 때에 '안쪽 햇무리'인 내훈內暈은 무지개와 똑같은 모습이라는 것이다(〈자료 7-19〉 참소). 무지개 형태의 내훈은 날씨가 흐린 날이나 석양이 질 때에는 무지개와 같은 색이 보이기도 한다. 참고로 내훈과 외훈의 색깔 순서는 서로 반대로 되어 있다. 따라서 홍산인들은 무지개와 모습이 똑같아 보이는 '내훈'도 또 다른 형태의 무지개로 인지했을 것이다.

넷째, 양쪽에 동물 머리를 장식한 쌍수수황형기雙獸首璜形器로 무지개를 형상화했던 홍산인들은 '안쪽 햇무리'인 '내훈'도 역시 쌍수수황형기와 마찬가지로 한 마리의 거대한 뱀 모양의 동물로 묘사했을 것이다.

양쪽 끝에 머리가 달린 동물 형태로 무지개를 상상하고, 건기와 우기에 물을 마시거나 토해서 비를 조절하는 것이 고대 동양의 전형적인 무지

81) 神州收藏网(http://yourcollect.net/products/200953012515180.htm)에 소개된 개인 소장 자료. 여기에서는 홍산문화 쌍용두옥황雙龍頭玉璜으로 소개해 놓았다.

〈자료 7-19〉 태양 고도가 낮을 때 '안쪽 햇무리'인 내훈內暈의 모습
* 내훈이 무지개 형상을 하고 있다.

개 관념이었다. 이러한 무지개 관념은 후대에 용龍의 관념과 직접적으로 이어진다.

다섯째, 환일현상에서는 보통 세 개의 태양과 내훈이 동시에 나타난다. 홍산인들이 무지개를 쌍수수황형기雙首獸璜形器로 형상화하였듯이, '무지개와 같은 모양의 내훈'과 '세 개의 태양'이 동시에 떠오른 모습을 보았을 때 쌍수수황형기와 유사한 다른 형태의 옥기로 형상화하였을 것이다. 곧 무지개를 형상화한 쌍수수황형기의 몸통 부분에 '세 개의 태양'을 상징하는 '세 개의 구멍'을 뚫어 놓은 것이 쌍수수삼공기雙獸首三孔器라는 것이 필자의 생각이다.(〈자료 7-9~7-11〉 참조)

동양의 사서에 반복적으로 관찰되고 기록된 환일현상과 관련하여, (1) 홍산문화 시대에 이미 환일현상은 관찰되었으며, (2) 홍산인들은 '세 개의 태양'을 형상화한 세 가지 유형의 삼공기三孔器라는 옥기를 제천예기祭天

禮器로 사용했으며, (3) 홍산문화의 세 가지 유형의 삼공기는 환일현상에 대해 관찰하고 남긴 인류 최초의 입체 조각품이라고 볼 수 있다.

3) 삼계관三界觀, 천지인 삼재관三才觀, 원·방·각 관념

홍산문화 후기에는 이미, (1) 이 세상을 하늘세계, 인간세계, 지하세계로 수직적으로 나누는 삼계관三界觀, (2) 천지인 삼재관三才觀에 따른 각기 서로 다른 제사 장소, (3) 천지인을 각각 원(圓:○), 방(方:□), 각(角:△)으로 도상화하는 관념이 존재했을 것으로 보인다. 이에 대해서 상세히 살펴보기로 한다.

첫째, 홍산문화 후기(BC 3500~BC 3000)의 유적인 우하량 유적의 적석총과 제단은 대부분 원형과 방형의 3층 계단식 적석총이다. 〈자료 7-20〉은 홍산문화 우하량 유적지 인근의 적석총의 분포도이다. 그림에서 확인할 수 있듯이 거의 대부분이 3층 계단식 적석총이다. 이를 통해 홍산인들이 숫자 3에 특별한 의미를 부여했음을 짐작할 수 있다.

둘째, 우하량 제2지점의 원형 제단祭壇도 3층 계단식 원형 건축이다. 중국학자들은 홍산문화 우하량 유적에 보이는 이 원형 제단을 3층 원형으로 된 북경 천단天壇 환구圜丘의 기원으로 보기도 한다. 곧 '단의 평면도 앞부분(원형 제단)은 북경 천단天壇의 환구圜丘를 닮았고, 뒷부분(방형 제단)은 천단의 기년전祈年殿의 방형 토대를 닮았다.'는 것이다.[82)]

82) 遼寧省文物保護與長城基金會(籌備)·遼寧省文物考古研究所 編著, 『遼寧重大文化事迹』(瀋陽: 遼寧美術出版社, 1990), 해설. 壇的平面圖前部象北京天壇的圜丘, 後部象北京天壇的祈年殿方基.

〈자료 7-20〉 홍산문화 우하량 유적 분포도(숫자는 해발고도)[83]

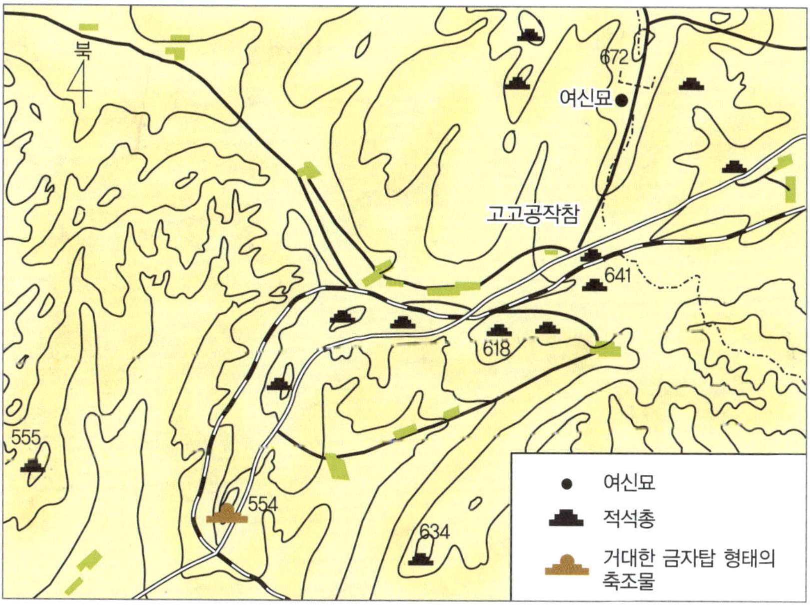

특히 3층 원형 제단은 근처에서는 나지않는 '적색 안산암安山巖'을 사용하여, '백색 석회암'을 사용하는 기타의 3층 계단식 적석총과 분명하게 구별하고 있었다. 또한 원형 제단터가 원형의 3층인데 비해, 많은 묘를 주변에 거느린 대형 방형 3층 적석총은 4겹의 돌담(石墻)이 둘러져 있다. 이는 전지인을 원(○), 방(□), 각(△)으로 도상회히는 관념세계의 일부인 천원지방天圓地方 사상의 기원일 가능성이 높다.

83) 遼寧省文物考古研究所, 『牛河梁紅山文化遺址與玉器精粹』(北京: 文物出版社, 1997), 3쪽 〈圖二〉.

〈자료 7-21〉 우하량 제2지점 제단 유적지 발굴조사 그림[84]

* 좌측 하단 기준길이가 6m이다.

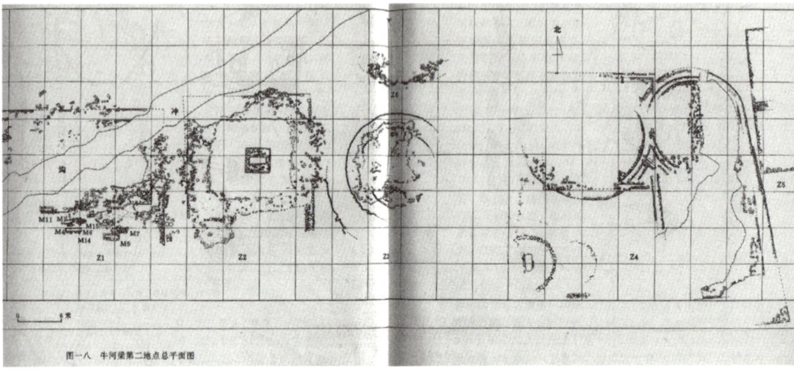

〈자료 7-22〉 우하량 제2지점 3원 구조의 '원형 제단'과 그 복원도

* 일반 적석총은 모두 백색 규질 석회암이지만, 원형제단은 적색 안산암安山巖으로 구별하였다. 적색 안산암은 주변에서 나지도 않는다.

84) 遼寧省文物考古研究所, 『牛河梁紅山文化遺址與玉器精粹』, 20-21쪽 〈圖一八〉.

〈자료 7-23〉 우하량 제2지점 전체 분포도와 제1단원 상세도[85]

제2지점 그림

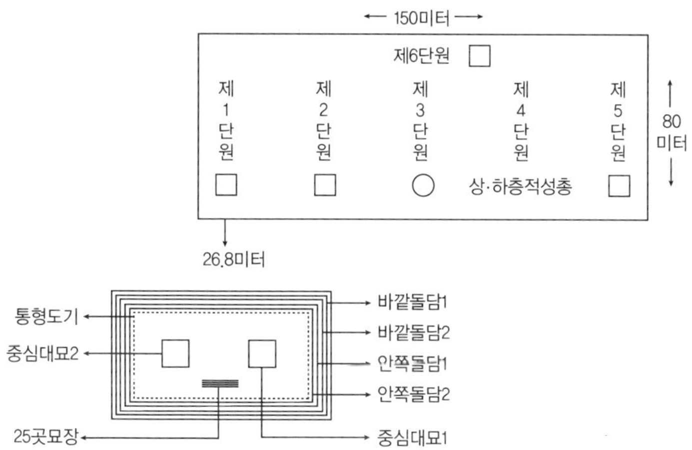

〈자료 7-24〉 우하량 유적지 제2지점 6개 단원의 특징[86]

단원	특징
제1단원	4겹의 돌담으로 두른 대형 방형 적석총 (중심대묘 2개, 1호~25호 묘장)
제2단원	방형 적석총
제3단원	원형 3층 제단(圓丘, 圜丘): 붉은 색 안산암安山岩
제4단원	원형 적석총 (시기별로 반복해서 쌓아 상층, 하층이 나누어짐)
제5단원	원형 적석총
제6단원	제3단원 북쪽 원형 적석총

셋째, 위의 우하량 유적의 특징과 분포를 토대로 할 때 홍산문화 후기 단계에는 이미 (1) 삼계관三界觀(하늘세계, 인간세계, 지하세계), (2) 천시인 삼재관三才觀에 입각한 각기 다른 제사 장소, (3) 천지인을 원(圓:○), 방(方:

85) 趙承楷, 『考古文化』(北京: 文化藝術出版社, 2009), 35쪽.

86) 趙承楷, 『考古文化』(北京: 文化藝術出版社, 2009), 34-35쪽.

ㅁ), 각(角:△)으로 도상화하는 관념이 존재했을 가능성이 높다.

우선 삼계관은 우하량 유적의 특징을 통해서 추론할 수 있다. 홍산인들의 성소聖所였을 것으로 보고 있는 우하량 유적에는, (1) 하늘세계의 천신들에게 제사지내는 3층 원형圓形 제단, (2) 지하세계의 지신地神에게 제사지내던 네 겹의 돌담을 두른 방형方形 3층 적석총, (3) 인간세계에 공존하는 조상신을 제사지내던 여신묘女神廟(여신사당, 여신전)가 모두 보인다.

특히 이 유적들은 건축 재료는 물론 외부 형태를 달리하여 각각을 분명하게 구별하고 있었다. 곧, (1) 천신들에게 제사지내던 제단은 붉은색 안산암을 사용하여 둥근 원형으로, (2) 지신에게 제사지내던 제단은 백색 석회암을 사용하여 네모난 방형으로, (3) 조상신에게 제사지내던 여신묘는 돌을 하나도 사용하지 않고 '나무, 흙, 풀'만을 사용하여 각진 지붕으로 만들었던 것이다.

〈자료 7-25〉 홍산문화 시기의 삼계관을 보여주는 원구, 방단, 여신묘의 특징

삼계관	제단祭壇	건축 재료	외부 형태	용도
天: 하늘세계	3층 원구圓丘	적색 안산암安山岩	圓, ○	천신을 제사지내던 곳
地: 지하세계	4겹 돌담을 두른 3층 방단方壇	백색 석회암石灰巖	方, □	지신을 제사지내던 곳
人: 인간세계	각진 지붕의 여신묘女神廟	나무, 흙, 풀	角, △	조상신을 제사지내던 곳

넷째, 천지인을 형상화한 도상인 원(○), 방(□), 각(△) 관념이 존재했다고 추론할 수 있는 또 다른 유물이 있다. 홍산문화 옥기 가운데 옥벽玉璧, 방형옥벽方形玉璧, 방원형옥벽方圓形玉璧, 쌍련옥벽雙連玉璧, 삼련옥벽

三連玉璧 등에는 원, 방, 각의 모습을 통해서 다양한 상징적 의미를 부여하고 있다. 이것을 상세히 살펴보면 아래와 같다.

우선 '벽璧'은 원형의 제천의기 가운데 원형의 구멍이 뚫려있는 것으로 '옥으로 만든 벽'이 옥벽玉璧이다. 옥벽은 제천의식에 사용된 의기儀器로 알려져 있다. 최초의 옥벽 형태가 홍산문화에서 발견되고, 이후에 상나라, 주나라, 춘추전국시대, 한나라 등 후대로 지속적으로 이어진다.

홍산문화에서 최초로 발견되는 이런 옥벽 중에는, (1) 외부 형태가 네모난 방형옥벽方形玉璧, (2) 외부 형태가 네모에 가까운 방원형옥벽方圓形玉璧, (3) 서로 다른 모양의 옥벽 2개가 이어져 있는 쌍련옥벽雙連玉璧, (3) 서로 다른 모양의 옥벽이 3개가 이어져 있는 삼련옥벽三連玉璧 등이 있다. 이런 다양한 옥벽의 형태도 홍산문화에서 처음 나타난다. 특히 홍산문화 초모산草帽山 유적 제2지점 1호총에서 발굴된 것은 외부 모양이 완전히 네모난 방형옥벽이다.

그런데 이 옥벽들은 단순히 '원형의 옥기 가운데 원형의 구멍이 뚫려있는 일반적이고 사전적인 의미의 옥벽'이 아니라 원, 방, 각 3가지 형태의 모양이 조합되어 있다. 필자는 홍산문화에서 발견되는 이런 다양한 옥벽들은 서로 다른 상징적 의미를 지니고 서로 다른 용도와 기능을 지니고 있었을 것이라고 본다.

우선 다양한 옥벽의 상징적 의미와 관련해서 살펴보면, (1) 원형옥벽은 '원형(외부)+원형(내부)'으로 군장이자 제사장인 샤먼이 하늘세계 천신들과 교통하기 위해서 사용된 통천의기通天儀器이고, (2) 방형옥벽과 방원형옥벽은 '방형(외부)+원형(내부)'으로 지하세계 지신들과 교통하기 위한 통지의기通地儀器이며, (3) 쌍련옥벽은 '삼각형(위)+원형(아래)'으로 하늘세계 천신,

인간세계의 조상신과 모두 교통하기 위한 통천인의기通天人儀器이며, (4) 삼련옥벽은 '삼각형(위)+방형(중간)+원형(아래)'으로 하늘세계, 지하세계, 인간세계의 모든 신들과 교통하기 위한 통천지인의기通天地人儀器라고 볼 수 있다.

또한 다양한 옥벽의 용도와 관련해서 살펴보면, (1) 원형옥벽은 통천의기通天儀器로 천신과 교통하는 샤먼이 패용했을 것으로 보며, (2) 방형옥벽과 방원형옥벽은 통지의기通地儀器로 지신과 교통하는 샤먼이 패용했을 것으로 보며, (3) 쌍련옥벽은 통천인의기通天人儀器로 천신과 조상신 모두와 교통하는 일정 단계 이상의 샤먼이 패용했을 것으로 보며, (4) 삼련옥벽은 통천지인의기通天地人儀器로 하늘세계, 지하세계, 인간세계의 모든 신들과 교통할 수 있는 최고 단계의 샤먼이 패용했을 것으로 본다.

따라서, (1) 샤먼들은 교통할 수 있는 신들이 달랐을 것이고, (2) 쌍련옥벽을 패용하는 샤먼들은 원형옥벽이나 방형옥벽을 패용하는 샤먼들보다 위계가 높았을 것이고, (3) 삼련옥벽을 패용할 수 있는 샤먼은 최고의 위치에 있는 샤먼으로 군장이자 제사장의 역할을 겸했을 것으로 본다.

필자가 이런 논의를 하는 것은, 지금도 북방 샤먼들 가운데는 그들이 교통할 수 있는 신령들의 수나 유형에 따라서 위계를 나누고 있기 때문이다. 또한 이런 샤먼의 위계는 샤먼의 모자에 꽂는 새의 깃털 수나 사슴뿔의 수 등으로 구별하는 사례가 많이 발견되기 때문이다.

다양한 옥벽의 형태나 상징적 의미 등에 대해서는 좀 더 상세한 연구가 필요하다. 그러나 의미의 해석을 떠나서 분명한 것은 홍산문화에서부터 보이기 시작하는 다양한 옥벽에는 원, 방, 각의 형태가 분명하게 보이고 이를 구별하였다는 것이다.

〈자료 7-26〉 원형옥벽圓形玉璧: 홍산문화 우하량 제2지점 1호총 7호묘 출토[87]

〈자료 7-27〉 방형옥벽方形玉璧: 홍산문화 초모산 제2지점 1호총 출토[88]

87) 徐強, 『紅山文化古玉鑑定』(北京: 華藝出版社, 2007), 54쪽 그림 67.

88) 邵國田 主編, 『敖漢文化精華』(赤峰市: 內蒙古文化出版社, 2004), 28쪽. 홍산문화 초모산草帽山 유적은 1983년 봄에 내몽고 적봉시 오한기敖漢旗 사가자진四家子鎭 초모산 자락에서 처음 발견되었다.

〈자료 7-28〉 방원형옥벽方圓形玉璧: ① 우하량 제2지점 2호총 1호묘 출토[89)]

〈자료 7-29〉 방원형옥벽方圓形玉璧: ② 우하량 제2지점 5호총 1호묘 출토[90)]

89) 徐强, 『紅山文化古玉鑑定』(北京: 華藝出版社, 2007), 82쪽 그림 104.

90) 徐强, 『紅山文化古玉鑑定』(北京: 華藝出版社, 2007), 134쪽 사진 175. 방원형옥벽方圓形玉璧이라고 제목을 달아 놓았다.

〈자료 7-30〉 방원형옥벽方圓形玉璧: ③ 우하량 제2지점 16호묘 출토[91]

〈자료 7-31〉 홍산문화 우하량 출토 쌍련옥벽雙連玉璧

1. 우하량 2지점[92]

2. 우하량 2지점 1호총 21호묘[93]

91) 徐强, 『紅山文化古玉鑑定』(北京: 華藝出版社, 2007), 142쪽 사진 197.

92) 徐强, 『紅山文化古玉鑑定』(北京: 華藝出版社, 2007), 140쪽 사진 190.

93) 徐强, 『紅山文化古玉鑑定』(北京: 華藝出版社, 2007), 50쪽 사진 55.

〈자료 7-32〉 홍산문화 삼련옥벽三連玉璧

1. 호두구 유적 3호묘[94] 2. 유동청柳冬青 소장[95], 3. 이홍민李洪民 소장

4) 홍산문화와 성수 '3'

홍산문화 유적과 유물에는 성수 3을 활용한 것들이 많이 보인다. 아래에서는 이런 유적과 유물들을 소개하기로 한다.

첫째, 우하량 제1지점의 여신묘女神廟에는 현재까지 6개체(혹은 그 이상)에 해당하는 여신군상이 발견되었는데, 크기별로는 실물 세 배 크기의 여신 한 명, 실물의 두 배 여신 한 명, 실물 크기의 여신 네 명(혹은 그 이상) 등 '3등급의 여신'이 모셔져 있었다(〈자료 7-35〉 참조).[96]

여신묘는, (1) 반지혈식 건축으로 돌을 전혀 사용하지 않고 흙, 나무, 풀로만 지어진 '아亞'자 형태의 건축으로, (2) 남북 18.4~22m, 동서 2~9m,

94) 徐强, 『紅山文化古玉鑑定』(北京: 華藝出版社, 2007), 119쪽 사진 143. 부신현 호두구유적 3호묘 삼련옥벽.

95) 柳冬青, 『紅山文化』(呼和浩特: 內蒙古大學出版社, 2002). 75쪽.

96) 여신묘에 대한 서술은 郭大順, 『紅山文化』(北京: 文物出版社, 2005)를 번역한, 郭大順 지음, 이종숙·조영란·모진석 옮김, 『홍산문화』(서울: 동북아역사재단, 2007), 재단 내부자료, 119-143쪽 참조.

깊이 0.8~1m, 남쪽단실은 6m×2.65m 정도이며, (3) 주실은 원형, 동·서 측실도 원형, 북측 건물은 장방형, 남쪽 건축군은 '장방형'+'좌우 장방형 측실을 지닌 원형'+'좌우 장방형 측실을 지닌 원형 별채'로 구성되어 있으며, (4) 기둥을 세우고 그 사이에 풀을 섞은 진흙으로 흙벽을 만들고, 그 위에 흰 색, 붉은 색(朱色)으로 뇌문雷紋과 유사한 기하학적 무늬의 벽화가 그려져 있었다.

특히, (1) 주실 한 가운데에서는 실물 세 배 크기의 여신상(코와 귀 출토)

〈자료 7-33〉 여신묘 터와 복원도

과 실물 크기의 여신상(오른쪽 어깨, 위 팔뚝, 유방, 왼손 등 출토)이 모셔져 있었고, (2) 서측실에는 실물 두 배 크기의 여신상 (팔뚝, 넓적다리 출토)이 모셔져 있었다. 오랜 세월이 지나고 훼손된 점을 감안하면, (1) 원형의 주실 한 가운데 실물 세 배 크기의 여신상이 주신으로 모셔져 있었고, (2) 원형의 서측실에 실물 두 배 크기의 여신상이 (3) 원형의 동측실에 실물 크기의 여신상들이 모셔져 모두 여섯 명 정도 혹은 그 이상이 있었을 것으로 보인다.

〈자료 7-34〉 발굴된 실물 크기의 여신의 얼굴과 복원된 여신상

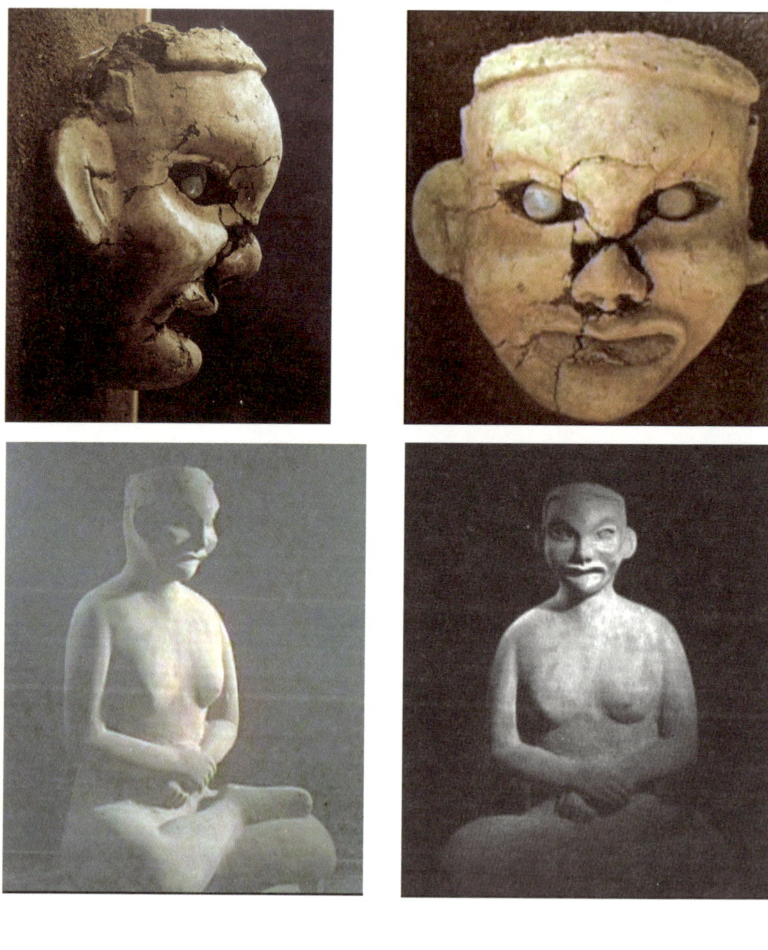

〈자료 7-35〉 발굴된 실물 1~3배 크기의 여신상 잔편들

1. 크기가 다른 손

2. 크기가 다른 유방

3. 크기가 다른 귀

〈자료 7-36〉 우하량 유적 여신묘 터에서 발견된 채색 벽화 잔편

둘째, 여신묘 위에도 또 다른 신전과 신전으로 보이는 평대 유적 등이 있어 모두 '세 개의 신전'이 있었음이 확인되었다.[97] 위계적으로 배열된 것인지는 알 수 없지만, 신전을 세 영역으로 분리하여 남북으로 일직선상에 배열하였다.

가장 북쪽의 상묘上廟에는 (1) 흙으로 만든 인물상(人塑像) 조각이 발굴되었고, (2) 땅을 다지면서 불로 정화淨化를 한 흔적으로 보이는 불에 탄 홍소토紅燒土가 깔려있었고, (3) 도제기陶祭器와 목조 건축 잔재 등이 발견되었다. 건축구조의 크기와 형식은 여신묘와 다른 점이 있지만 또 다른 신전터 임이 분명해 보인다.

상묘 아래 여신묘 바로 위의 평대平臺(平台)는, (1) 여신묘에서 8m 위쪽에 4만 평방미터(200m×200m)의 방형 유적으로 여신묘 지면보다 2m 높은 곳이며, (2) 여신묘와 일치하는 방향으로 인공으로 두른 돌담(石砌邊墻)이 발견되었으며, (3) 또 다른 신전터로 보인다.

〈자료 7-37〉 우하량 제1지점(여신묘)과 세 개의 신전神殿 터

신전터	고고 발굴 현황
상묘上廟	· 불로 정화淨化를 한 흔적으로 보이는 불에 탄 홍소토紅燒土 발견 · 흙으로 만든 인물상 잔편, 도제기陶祭器와 목조 건축 잔재 발견
평대平臺	· 성방형(200m×200m)의 평대와 평대 주변을 인공으로 두른 돌담(石砌邊墻) 확인
여신묘 女神廟 제사교갱 祭祀窖坑	· 실물의 3배~1배의 여신상 잔편 다수, 채색 벽화, 건축물 잔재 발견 · 희생물을 묻는 구덩이인 제사교갱祭祀窖坑에서는 여러 동물의 뼈 발견

97) 趙承楷, 『考古文化』(北京: 文化藝術出版社, 2009), 36-37쪽.

홍산인들은, (1) 세 명의 여신이 하나처럼 껴안고 있는 '도소삼인상'을 만들었고, (2) 여신 사당인 여신묘에는 실물의 3배-2배-1배 크기의 '3계층의 여신'을 모셨고, (3) 신전도 상·중·하로 세 개를 지었던 것이다.

셋째, 홍산문화에서 발굴된 유물들 가운데는 '3'을 의도적으로 강조한 것들이 있는데 대표적인 것이 석인상石人像 머리 위에 올려져 있는 '세 개의 원형 고리'이다. 아직까지는 그 상징적 의미나 용도 등에 대해서 밝혀진 것이 없지만, 분명한 것은 의도적으로 세 개의 고리형태의 장식물을 올려놓았다는 것이다.

유사한 형태의 것이, (1) 연세대 이상윤 교수 소장의 적봉 지역 홍산문화 석인상, (2) 중국의 홍산문화 고옥 전문가 서강徐强 선생 소장 옥조신玉祖神에서도 보여서, 후속 연구를 위한 자료로 소개해둔다. 서강 선생의 소장품인 옥조신의 경우에는 머리 부분에 세 개의 음각선을 돌려놓았다.

신석기시대의 석인상은 그냥 보통 사람의 조각상이 아니라 신상神像이라는 것은 주지의 사실이다. 필자는 신을 조각한 신상의 머리 위에 올려진 '세 개의 고리형태의 장식물'이나 '세 개의 음각선'은 천상계 곧 하늘세계를 3층으로 나누었던 홍산인들의 관념을 보여주는 것이라고 본다. 북방 샤머니즘을 공유한 지역에서 하늘세계는 일반적으로 9층으로 나누지만, 지역에 따라서는 3층, 7층 등으로 나누기도 하기 때문이다.

〈자료 7-38〉 홍산문화 석인상: 파림우기巴林右旗 나일사태那日斯台 유적지 출토[98]

98) 于建設 主編, 『紅山玉器』(呼和浩特: 遠方出版社, 2004), 36쪽.

〈자료 7-39〉 홍산문화 석인상: 이상윤 교수 소장품[99]

1. 석인상(27.3cm)

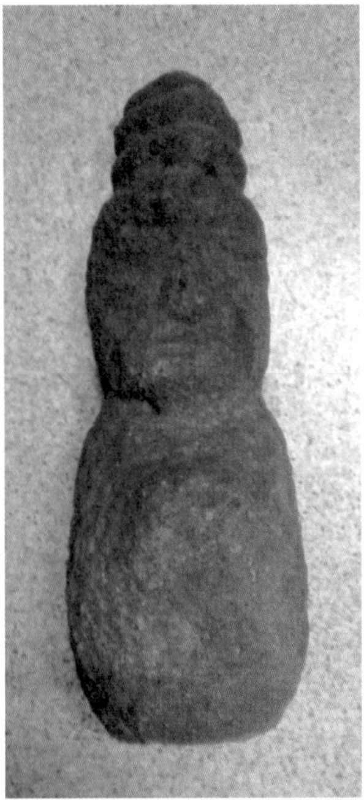

2. 석인상(27.1cm)

넷째, 홍산문화 우하량 제2지점 부근에서는 토기를 올려놓는 좌대가 원반原盤 3개를 올려놓은 모습으로 발굴되었다. 이것은 앞서 소개한 석인상 머리 위에 장식된 것과 거의 유사한 모습이다. 필자는 이것이 3층 하늘세계를 향한 제물을 담는다는 상징적 의미를 표현하는 의기라고 해석하고 있다.

99) 필자는 유라시아 석인상의 기원을 요하문명과 연결한 논문을 〈몽골학회 한·몽 수교 20주년 기념 국제학술대회〉에서 발표(2010. 3. 15)한 바 있다. 이 발표문은 수정하여 한국몽골학회 학회지에 실려 있다. 우실하, 「몽골 지역 석인상의 기원과 요하문명(遼河文明)」, 『몽골학』 제29호(한국몽골학회, 2010), 145-183쪽.

〈자료 7-40〉 홍산문화 옥조신玉祖神: 홍산옥기 전문가 서강 소장품[100)]

〈자료 7-41〉 대홍도발大紅陶鉢과 기좌器坐: 우하량 제2지점 부근 출토[101)]

100) 徐强, 『紅山文化古玉鑑定』(北京: 華藝出版社, 2007), 141쪽 사진 193(좌), 194(우).

101) 遼寧省文物考古研究所, 『牛河梁紅山文化遺址與玉器精粹』(北京: 文物出版社, 1997), 99쪽 사진 99.

5) 홍산문화와 성수 '9'와 '81'

현재까지 홍산문화에서 성수 '9', '81'과 직결되는 유물들이 정식 고고 발굴을 통해서 발견된 적은 없다. 그리고 홍산문화 시기에 과연 9나 81이라는 큰 수를 관념화할 수 있을 정도로 추상적 사고를 할 수 있었을까 하는 점은 앞으로 더 많은 발굴 결과들을 기다려야하는 부분이다.

그러나 개인 소장자인 황강태黃康泰 선생이 20여 년 동안 모은 홍산문화 옥기들 가운데 성수 '9', '81'과 연결되는 것들이 있어서 일단 자료로 소개를 해두기로 한다. 그는 2002년 5월부터 7월까지 중국 심양시 9·18역사박물관에서 〈홍산문화옥석기정품전〉을 열었고, 이 전시회에 1,500여점의 홍산문화 옥기玉器들을 전시했다. 이 전시는 심양시 문물국, 심양시 황고구皇故區 인민정부, 심양시 9·18역사박물관, 심양시 동신문화전파유한공사東晨文化傳播有限公司 등이 공동 주최한 것으로, 사전에 많은 옥기 전문가들의 감정을 거친 것이다.

9·18역사박물관의 전시에서 엄청난 호응을 얻자 2002년 9월에는 심양시 문물국, 심양시 고궁박물관, 심양시 동신문화전파유한공사 공동 주관으로 〈중국고옥정품전中國古玉精品展〉이라는 이름으로 다시 전시를 하였다. 이 전시회에도 중국의 저명한 옥 감정가인 주남천, 왕조주 등이 다녀갔다. 여기에서는 이 전시회에 소개되었던 자료들을 필자가 직접 살펴보고 찍은 사진들을 소개하기로 한다.

첫째, 홍산문화 유적에서 정식으로 발견된 것은 아니지만 홍산옥기 전문가인 황강태 선생이 소장하고 있는 자료 가운데 9마리의 옥저룡이 한 세트로 된 것이 전시되었다. 정식 발굴품은 아니지만, 황강태 선생에 의하면 이 옥기는 한 장소에서 같이 나온 것이라고 한다. 바깥에 있는 가장

〈자료 7-42〉 황강태 선생의 〈홍산문화옥석기정품전〉 전시장 앞에서
* 좌로부터 필자, 황강태, 윤종록

〈자료 7-43〉 9마리 옥저룡玉猪龍: 황강태 선생 소장품

〈자료 7-44〉 81마리 옥저룡으로 구성된 홍산문화 옥기: 황강태 선생 소장품

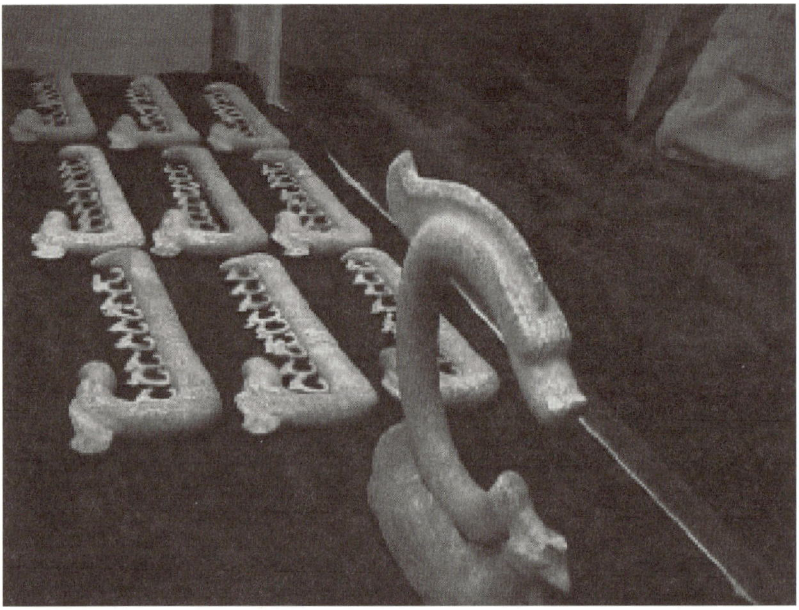

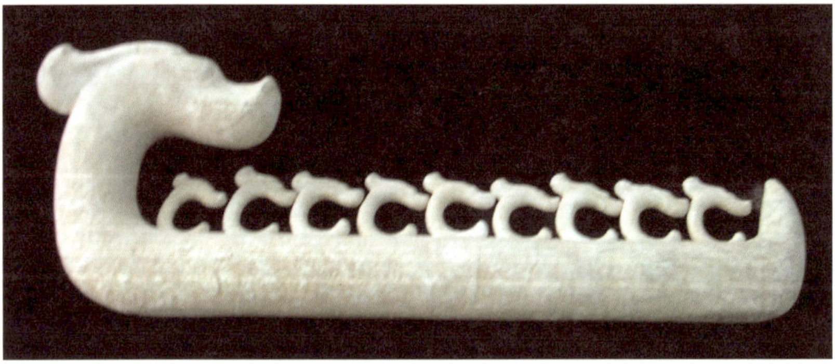

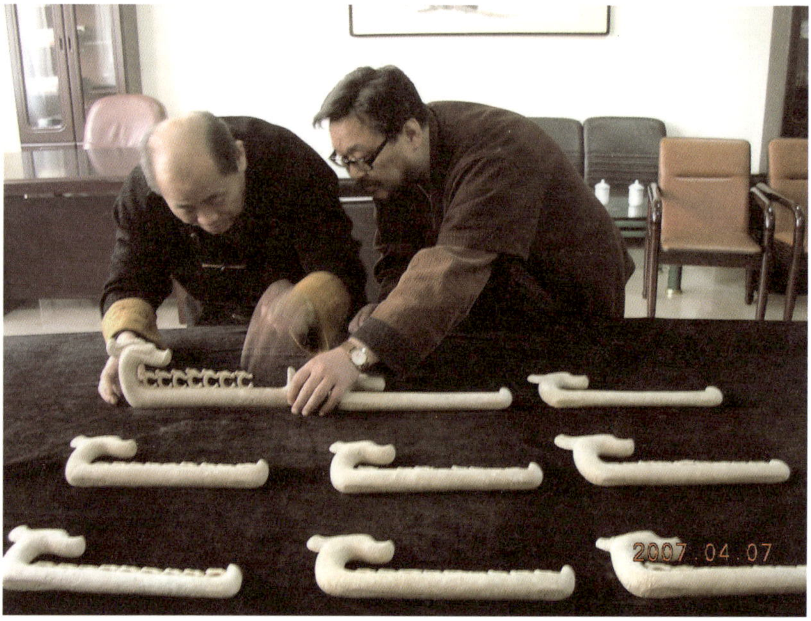

큰 것은 직경이 80~90cm나 된다.

둘째, 81마리의 옥저룡玉猪龍(돼지 머리 모양이 장식된 옥룡)이 한 세트를 이루는 옥기가 전시되었다. 이 전시회에서 특별히 주목을 끈 것이 바로 이 옥기였다. 이 옥기는, (1) 옥저룡과 봉황이 결합된 모습과, (2) 그 옆에 자식들처럼 보이는 9마리의 옥저룡, (3) 그리고 그 9마리의 옥저룡 위에 올려진 각각 9마리씩의 새끼 옥저룡 81마리로 구성된 것이다. 필자는 중국 심양시의 요녕대학에 재직하던 때인 2002년 7월에 전시회에 가서 직접 이 옥기를 보고, 황강태 선생에게 양해를 구하고 사진과 비디오를 찍어둘 수 있었다.[102)]

102) 동북 샤머니즘의 사유 체계를 '3수 분화의 세계관'으로 보고 있는 필자에게는 매우 중요한 상징적인 유물이었다. 이 옥기를 본 며칠 후에 요녕대학 역사학과 교수의 소개로

홍산문화에서 성수 9와 81에 대한 자료는 아직은 정식 고고발굴을 통하지 않은 수집품 밖에 없는 실정이다. 그러나 '3수 분화의 세계관'의 핵심적인 논리는 '하나이면서 셋이고, 셋이면서 하나'인 3·1의 관계인데, 이런 사유는 홍산문화의 도소삼인상 등을 통해서 짐작할 수 있다. 또한 홍산문화 시기에 성수 3에 대한 관념도 존재하고 있었다는 점도 여러 유물들을 통해 확인할 수 있다.

결론적으로 (1) '3수 분화의 세계관'의 가장 핵심적인 논리인 '하나이면서 셋이고, 셋이면서 하나'라는 사유체계는 세 개의 태양이 동시에 떠오르는 환일현상에 대한 경험이 체계화된 것이고, (2) '3수 분화의 세계관'의 핵심적 논리인 '하나이면서 셋이고, 셋이면서 하나'라는 관념과 성수 3에 대한 관념은 '요하문명의 꽃'이라고 불리는 홍산문화紅山文化(BC 4500~BC 3000), 특히 후기(BC 3500~BC 3000)에 체계화되었으며, (3) 홍산문화 후기 단계에는 이미 천지인 삼재론 관념, 삼계관(하늘세계, 인간세계, 지하세계), 천원지방 관념, 3·1신 혹은 3신 관념, 천지인을 원(○)·방(□)·각(△)으로 도상화하는 관념 등의 초기 모습이 형성되었을 가능성이 있다.

황강태 선생을 만나 많은 이야기를 나누었고, 부탁을 드려서 1시간 반 이상의 비디오 녹화도 할 수 있었다. 지금도 이 비디오를 소중하게 간직하고 있고, 기회가 오면 학술자료로 공개할 예정이다. 그 후 요하문명 답사를 하면서 심양과 북경에서 황선생과 여러 차례 만나 새로운 정보를 얻곤 하였다.

제8장

북방 샤머니즘과 '3수 분화의 세계관'

이 장에서는 북방 샤머니즘의 세계 이해 방식, 영혼관, 복식과 기물, 각종 제례의식 등에 보이는 성수 3, 9(3×3), 81(9×9)의 구체적인 사례들을 소개하기로 한다.

1. 북방 샤머니즘의 삼계구천설三界九天說과 우주수宇宙樹

북방 샤머니즘에서 우주를 수직적 질서로 이해하는 삼계구천설三界九天說은, (1) 우주를 하늘세계, 인간세계, 지하세계로 수직적으로 나누는 삼계관三界觀과, (2) 삼계를 각각 3층으로 나누어 우주를 9층으로 나누거나 하늘세계만 9층으로 나누는 구천설九天說을 합하여 부르는 개념이다.

하나의 우주가 하늘·인간·지하세계의 세 가지로 구성되었다고 보는 것은 '하나이면서 셋이고, 셋이면서 하나'인 3·1관념의 또 다른 변형일 수 있다. 우주는 1이면서 3인 것이다. 북방 샤머니즘에서 3이 기본적으로 의미하는 것은 '샤머니즘의 세계관인 천상·지상·지하세계를 의미한다는 데에는 거의 이론이 없다.'[103]

103) 박원길, 『유라시아 초원제국의 샤머니즘』(서울: 민속원, 2001), 36쪽.

필자는 삼계관과 삼계를 각각 3층으로 나누어 우주를 9층으로 나누거나, 하늘을 9층으로 나누는 구천설은 고대로부터 북방 민족들의 사유체계에 이미 존재하고 있었다고 보고 있다. 삼계관에 의하면 상층은 신령의 세계이고, 중층은 인간과 기타 생물들의 세계이며, 하층은 지하계를 다스리는 신들과 죽은 혼령 그리고 악마 등이 거처하는 세계로 알려져 있다. 그러나 지하세계가 악마가 거처하는 곳이라는 부정적 관념은 본래 샤머니즘과는 관련 없는 것으로, 불교의 유입 이후에 나타나는 특징이다.

이런 삼계관은 삼계가 각각 여러 층으로 다시 세분되는 삼계다층설三界多層說로 발전하는데, 천상계를 9층으로 나누거나 삼계를 각각 3층으로 나누는 것이 상대적으로 많아 일반적으로 삼계구천설三界九天說로 알려져 있다.

이 우주는 하늘세계(상층), 인간세계(중층), 지하세계(하층)의 삼계로 나뉘고, 각 세계가 다시 3층, 7층, 9층 등으로 나누어진다. 이런 우주의 구조는 북방 여러 민족마다 조금씩 다르기도 하지만 기본적으로 세계가 수직적, 입체적으로 여러 층을 형성하고 있다는 것은 공통적이다. 우주를 '종縱으로 삼분하여 상·중·하계로 나누는 것은 물론, 횡橫으로도 동남·서북·극북으로 삼분'하기도 한다.[104]

만주족의 삼계관에 의하면, 천계-광명계光明界=화계火界는 태양·달·별·바람·번개·비 등을 수관하는 여러 신들과 씨족신이나 영웅신 등이 거주하는 곳으로, 신들의 성격이나 위계에 따라서 다시 3층으로 나뉜다. 인간계는 사람과 각종 동물, 식물, 힘없는 정령精靈 등이 거주하는 곳으로 이들도 3층으로 구성되어 있다. 지하계=지계地界=토계土界=암계暗界는

104) 김택규, 『한국민속문예론』(서울: 일조각, 1980), 3쪽.

위대한 지모신地母神, 밤을 다스리는 여신들, 악마가 거주하는 곳으로 역시 3층으로 나뉜다. 샤먼은 9층 세계를 마음대로 돌아다닐 수 있는 사람이라고 믿는다.[105)]

일반적으로 동북 샤머니즘에서 삼계구천 세계는 우주의 한 가운데 있다는 우주수宇宙樹를 통해서 서로 연결되어 있으며, 샤먼들은 이 삼계구천 세계를 두루 돌아다닐 수 있다고 믿는다. 만주족 샤먼들이 사용하는 우주신 형상물에는 이런 삼계가 연결되어 있다는 관점이 드러나 있다.

만주족의 우주신 형상은 세 명의 창조 여신과 타원형의 벚나무(혹은 자작나무) 껍질로 만든 상자로 구성되어 있다. 세 자매신姊妹神은 개천벽지 시대의 창조대신創造大神이고, 벚나무 껍질로 만든 상자는 다층 세계의 한 층을 대표하는 것이다. 상자의 표면에는 구름과 물, 버드나무 잎새가 그려져 있고, 상자의 밑바닥 중앙에는 둥근 구멍이 나 있다. 이 구멍은 지하 세계와 통하는 길을 의미하는 것이다.[106)]

곧, (1) 상자 안은 인간세계를 상징하고, (2) 뚜껑에는 하늘세계를 상징하는 구름이 그려져 있어 뚜껑을 열면 하늘세계와 연결되며, (3) 밑바닥 중앙에는 지하세계와 연결되는 구멍이 뚫려 있다.

삼계구천설이 가장 보편적이긴 하지만, 지역과 민족에 따라서 차이를 보이기도 한다. 즉, (1) 만주족 중에서도 어떤 성씨나 몽골족들은 우주를 구구(9·9)층層 곧 81층[107)]으로 나누기도 하고, (2) 어떤 소수 민족에서는 17층層으로, (3) 흑룡강 북부 지역에서는 5층 혹은 7층으로 나누기도 한

---

105) 富育光, 『薩滿教與神話』(沈陽: 遼寧大學出版社, 1990), 26쪽.

106) 郭淑雲, 『原始活態文化 : 薩滿教透視』(上海: 上海人民出版社, 2001), 22쪽.

107) 필자는 여기서 보이는 '99'도 '구십구'가 아니라 '구구(九九, 9×9=81)'로 읽어야 한다고 본다.

다.[108] 또한 (4) 시베리아 여러 민족의 샤먼들은 12층·16층·17층으로 나누기도 하며, (5) 중국 동북방의 시버족(錫伯族) 샤머니즘에서는 49층으로, (6) 돌궐족 가운데도 33중천·17층이 공존하기도 한다.[109] 그러나 가장 일반적으로 보이는 것이 삼계구천설이다.

삼계론은 지역과 민족을 떠나 대부분의 샤머니즘에서 공통적으로 보이는 것이다. 그러나 천계를 몇 층으로 나누는가 하는 것은 민족과 씨족에 따라 다양하며, 천계를 여러 층으로 나누는 것 자체가 샤머니즘의 보편적인 특징이라고 볼 수 있다.

북방 샤머니즘 세계관에서는 삼계구천을 수직으로 연결하는 나무가 우주 한가운데 있다고 믿는다. 바로 우주수宇宙樹·우주목宇宙木·천수天樹·샤먼수薩滿樹·생명수生命樹 등으로 불리는 것이다. 우주수는 우주의 한 가운데 위치하면서, (1) 뿌리는 지하세계에 연결되어 있고, (2) 줄기는 인간세계에 있으며, (3) 우주수의 가지와 꼭대기는 하늘세계와 연결되어 있다고 믿는다. 대부분의 경우 이 우주수의 뿌리는 세 갈래 혹은 아홉 갈래로 갈라져 있고, 가지도 보통 세 갈래 또는 아홉 갈래로 갈라져 있다.[110]

대부분의 경우 우주수는 거대한 나무 한 그루이다. 그러나 중국의 흑룡강성에 주로 거주하는 허쩌족(赫哲族=果兒特族, 국제적으로는 나나이족, 그루와트족이라고 불림)[111]은 우주수가 천계·인간계·지하계에 각각 하나씩 있

108) 富育光, 『薩滿教與神話』(沈陽: 遼寧大學出版社, 1990), 22쪽.

109) 郭淑雲, 『原始活態文化 : 薩滿教透視』(上海: 上海人民出版社, 2001), 26~27쪽.

110) 富育光, 『薩滿教與神話』(沈陽: 遼寧大學出版社, 1990), 23쪽

111) 郭淑雲·王宏剛 主編, 『活着的薩滿 : 中國薩滿教』(沈陽: 遼寧人民出版社, 2001), 172쪽 참조.
허쩌족은 인구가 4,245명(1990년 통계) 정도로 주로 흑룡강성 동강시同江市 요하현饒河縣·무원현撫遠縣 등에 거주한다. 허쩌족의 기원은 고대 숙신肅愼 계통의 읍루挹樓·

다고 여기기도 한다.[112)]

2. 북방 샤머니즘과 3·1신神인 삼신三神

만주족의 창세신화인 『천궁대전天宮大戰』은 국내에도 번역되어 있다.[113)] 『천궁대전』은 중국학자 부육광富育光이 지은 『샤머니즘과 신화』[114)]에도 부록으로 실려 있다. 『천궁대전』은 한문으로 옮긴 것이고 본래 만주어로는 『우처구우러본烏車姑烏勒本』인데 이는 '조상신들의 이야기'라는 의미이다.

이 만주족의 창세신화도 그 기본적인 구조가 3신과 '3수 분화의 세계관'으로 구성되어 있다. 특히 신화의 초입부에는 '하나이면서 셋이고, 셋이면서 하나'인 3·1신神 관념을 보여주는 3신三神이 탄생하는 과정을 잘 설명하고 있다.

우선 『천궁대전』에 보이는 창세 과정은 '하나이면서 셋이고, 셋이면서 하나'인 삼일신三一神에 의해서 이루어지는 구조이다.

첫째, 하늘과 땅이 나뉘지 않은 물거품이었을 때 그 물거품에서 최초의 '하늘의 여신'인 아부카허허(阿布卡赫赫)가 탄생한다. 그녀는 물거품이 있는 곳에는 어디에나 있게 되었고 나중에 크게 변하여 하늘이 되며 빛

물길勿吉·흑수말갈黑水靺鞨·야인여진野人女眞 등이다. 이들의 말은 알타이계 퉁구스어족 만주어지류에 속한다. 그러나 말은 있으나 문자가 없어서 청나라 때에는 만주족 글자를 사용했고, 현재는 한자를 사용하고 있다.

112) 郭淑雲, 『原始活態文化 : 薩滿敎透視』(上海: 上海人民出版社, 2001), 22쪽.

113) 김재용·이종수, 『왜 우리 신화인가–동북아 신화의 뿌리 『천궁대전』과 우리 신화』(서울: 동아시아, 1999). 이 책의 3부(341–383쪽)에 『천궁대전』이 번역되어 있다. 아쉽게도 원문이 없다.

114) 富育光, 『薩滿敎與神話』(沈陽: 療寧大學出版社, 1990).

으로 만물을 만들어 낸다.

둘째, 청탁이 갈라져 맑은 것은 상승하고 흐린 것은 하강하였는데 아부카허허의 하반신이 찢어지면서 '땅의 여신'인 바나무허허(巴那姆赫赫)가 탄생한다.

셋째, 다시 '하늘의 여신' 아부카허허의 상반신이 찢어지면서 '별자리신' 와러두허허(臥勒多赫赫)가 탄생한다.[115]

이들 세 여신은 '하나이면서 셋이고, 셋이면서 하나'인 삼일신三一神의 성격을 지니고 있다. 삼일신의 성격을 보여주는 곳을 보면 아래와 같다.

> ① 아부카허허·바나무허허·와러두허허는 같은 몸 한 뿌리로서 함께 현현하였고, 함께 존재하며 함께 잉태하였다. 아부카허허는 공기에서 구름과 우뢰를 만들고, 바나무허허는 피부에서 골짜기와 샘물을 만들고, 와러두허허는 아부카허허의 눈에서 해와 달과 작은 북두칠성을 만들어내었다. 이 세 신은 영생영육하며 대천세계를 양육하였다.[116]
>
> ② 세 자매는 원래 같은 뿌리에서 나서 같이 존재하고 있었으므로 그 중 하나가 죽으면 다른 두 자매도 이어서 질식하게 된다.[117]

이러한 점은 앞서 살펴본 도가나 선도 계통에 보이는 3·1철학·삼일신

---

115) 김재용·이종수, 『왜 우리 신화인가 – 동북아 신화의 뿌리 『천궁대전』과 우리 신화』, 346–347쪽 참조.

116) 김재용·이종수, 『왜 우리 신화인가 – 동북아 신화의 뿌리 『천궁대전』과 우리 신화』, 347쪽.

117) 김재용·이종수, 『왜 우리 신화인가 – 동북아 신화의 뿌리 『천궁대전』과 우리 신화』, 364쪽.

과 같은 세계관의 다른 변형이라고 볼 수 있다. 여기에서 보이는 여성 삼신은 우리 민속에 있는 '아이를 점지해준다는 삼신三神할머니 혹은 산신産神할머니'의 원형 혹은 변형인지도 모를 일이다.

삼일신의 구조 이외에도 『천궁대전』의 내용에서 중요한 상징들은 모두 9수로 나타난다. 곧, (1) 전체가 9모링(장章에 해당-필자)으로 구성되어 있으며,[118] (2) 아홉 가닥 뿔의 신록神鹿, (3) 아홉 머리의 오친 여신, (4) 아홉 머리 악마신 예루리, (5) 예루리의 아홉 개의 머리가 변해서 된 아홉 개의 별, (6) 새를 보내 물어온 구문석九紋石, (7) 동쪽 하늘의 아홉 가지 달린 신수神樹, (8) 9층 하늘, (9) 하늘 다리를 지나는 아홉 갈래의 길, (10) 아홉 돌산, (11) 아홉 버드나무 숲, (12) 아홉 시냇물, (13) 아홉 짐승 뼈를 엮어 만든 전포戰袍, (14) 쿤저러라고 부르는 아홉 색깔 신조神鳥, (15) 아홉 색깔 신기한 빛, (16) 아홉 색깔 전포戰袍, (17) 아홉 머리 악한 새, (18) 북쪽 사람들이 살았다는 아홉 계단의 깊은 집 등 대부분의 중요한 상징들이 9로 이루어져 있다.

모든 것이 3, 9수로 표현되는 만주족 창세신화 『천궁대전』과 모든 것이 7수로 표현되는 수메르신화를 비교하며 읽어보면 두 지역의 성수 개념의 차이를 분명하게 느낄 수 있을 것이다.

3. 북방 샤머니즘의 삼혼신앙三魂信仰, 삼혼일체설三魂一體說

필자는 어릴 때 잠자는 동생의 얼굴에 장난삼아 수염을 그렸다가 할머

118) 앞의 1모링에서 4모링까지는 신·만물·악마 등이 만들어지는 과정을 구체적으로 설명하고 있다.

니에게 혼이 난 경험이 있다. 당시 할머니는 "사람이 잠을 잘 때는 혼이 빠져나가는데, 얼굴에다 수염이 그려 놓으면 빠져나간 혼이 자기인줄 못 알아봐서 돌아올 수 없다."는 것이었다. 당시에는 무슨 말인지도 모르고 혼난 것이 억울했지만 진짜로 그런 줄 알았다. 하지만 왜 그런지 그 궁금증은 머리를 떠나질 않았다.

대학교에 다니면서 동양철학을 공부할 때는 더 혼란에 빠졌다. 내가 동양철학을 공부하면서 읽은 대부분의 한국철학, 중국철학은 유교적인 사유체계를 바탕으로 한 것이었다. 유교에서는 사람이 죽으면 양기陽氣인 혼魂은 하늘로 올라가 흩어지고, 음기陰氣인 백魄은 땅으로 내려가 흩어진다고 설명한다. 혼과 백은 사람이 죽어야만 분리된다는 것이다. 그렇다면 죽기도 전에 잠을 잘 때 빠져나간다는 '혼'은 도대체 무엇이란 말인가? 할머니가 순 엉터리였나?

이런 의문은 북방 샤머니즘의 영혼관을 공부하면서 풀렸다. 우리의 기층문화에 남겨진 영혼관은 유교와는 상관없이 북방 샤머니즘의 사유체계를 기반으로 한 것이었다. 혹시 필자와 유사한 경험이 있는 사람이라면, 아래에서 필자가 설명하는 내용을 주의 깊게 읽어보시기 바란다.

1) 유교의 음양혼백론陰陽魂魄論

유교 문화의 영향을 강하게 받은 지역에서는 일반적으로 사람이 영혼을 음양론에 입각해서 혼魂과 백魄으로 나눈다. 사람이 죽은 후에 하늘로 올라간다는 양기陽氣인 혼魂과 시신과 함께 땅으로 돌아간다는 음기陰氣의 백魄으로 구별하는 것이다.

또한 귀신鬼神이라는 것도 음양론에 입각한 표현이다. 곧, 귀신이란 양기에 속하는 신神과 음기에 속하는 귀鬼가 합쳐져 있는 표현이다. 이러한 혼백·귀신 등의 구별은 음양론에 입각한 설명 방식이다. 성리학의 교과서라고 할 수 있는 주자의 『성리대전性理大全』 28권 「귀신편」을 보면 이런 유교적 입장이 잘 드러나 있다. 몇 곳을 살펴보면 아래와 같다.

① 귀신은 음양의 소장消長에 불과한 것이다. … 사람에게 있어서는, 정精이 백魄이요 백魄이라는 것은 귀鬼가 성盛한 것이다. 기氣는 혼魂이니 혼魂이라는 것은 신神이 성盛한 것이다. 정精과 기氣가 모이면 물건(物)이 되는 것이니, 어느 물건엔들 귀鬼와 신神이 없으랴. 혼魂이 떠나면 변화가 일어나니, 혼魂이 떠나면 백魄도 지하로 내려간다는 것을 알 수 있다.

② 대저 귀신은 다만 음양의 두 기氣이나 굴신왕래屈伸往來 하는 것을 주로 말하면 신神은 양陽의 영靈이요, 귀鬼는 음陰의 영靈이다.

③ 사람에 있어서는 양혼陽魂은 신神이 되고 음백陰魄은 귀鬼가 된다. 두 기가 합한즉 혼은 모이고 백은 응결되며, 생명을 마치면 혼은 올라가 신이 되고 백은 내려가 귀가 되나니….[119)]

『성리대전』에 보이는 귀신·혼백·정기 등의 이분법에 입각한 개념은 유

---

119) 『성리대전』 卷之28 鬼神.

⑴ 鬼神不過陰陽消長而己 … 在人則 精是魄 魄者鬼之盛也. 氣是魂 魂者神之盛也. 精氣聚而爲物 何物而無鬼神. 游魂爲變 魂游則 魄之降 可知矣.

⑵ 大抵鬼神只是陰陽二氣 主屈伸往來者言之 神是陽之靈鬼是陰之靈.

⑶ 其在人焉則 陽魂爲神 陰魄爲鬼 二氣合則 魂聚魄凝而生 離則 魂升爲神 魄降爲鬼….

교에서 일반적으로 받아들여지는 것이고, 일반인들에게도 많이 알려져 있는 것이다. 이것을 정리하면 〈자료 8-1〉과 같다.

〈자료 8-1〉 유가의 영혼관[120)]

음양배속	양陽	음陰
성질	기氣	정精
	혼魂=양혼陽魂=양령陽靈	백魄=음백陰魄=음령陰靈
	혼魂은 하늘로 올라가 신神이 됨	백魄은 땅으로 하강하여 귀鬼가 됨.
	혼魂은 신神이 성盛한 것	백魄은 귀鬼가 성盛한 것

2) 북방 샤머니즘의 삼혼신앙三魂信仰, 삼혼일체설三魂一體說

음양론에 입각해서 인간의 영혼을 음과 양으로 이분하는 것과는 달리, 북방 샤머니즘에서는 인간의 영혼이 세 개라는 삼혼신앙이 널리 분포한다. 또한 이 세 개의 영혼이 긴밀하게 연결되어 있어서 마치 하나의 통일체처럼 구성되어 있어 삼혼일체설이라고 불리기도 한다.

동북방 여러 민족에게서 공통적으로 보이는 삼혼설·삼혼신앙은, (1) 샤머니즘의 보편적인 관념이며, (2) 삼혼일체三魂一體로서 밀접하게 연결되어 분리할 수 없으며, (3) 각기 맡은 분야가 있어 사람의 생사와 생명 상태 등을 공동으로 주재한다.

각 민족이 삼혼에 대해서 부르는 명칭은 서로 다르지만, 그 실제적인 내용은 대동소이하다.

첫째, 만주족은 삼혼을 명혼命魂(만주어로는 파양아發揚阿), 부혼浮魂, 신

120) 우실하, 『전통음악의 구조와 원리』(서울: 소나무, 2004), 204쪽 [도표] 5-5.

혼眞魂(만주어로는 인추파양아恩出發揚阿)으로 나눈다.[121)]

둘째, 허쩌족(赫哲族)은 삼혼을 생명혼生命魂(허쩌족 말로는 아오런奧任), 사상혼思想魂(허쩌족 말로는 하니哈尼), 전생혼轉生魂(허쩌족 말로는 파양구法揚庫)으로 나눈다.[122)]

셋째, 몽골족은 삼혼을 두 가지 방식으로 나눈다. 하나는 주혼主魂, 유혼游魂, 시혼尸魂으로 나누는 것이고, 다른 하나는 '영원히 존재하는 영혼(永存的靈魂),' '마음속의 혹은 일시적인 영혼(心底的或暫時的靈魂),' '다시 태어나는 영혼(轉世的靈魂)'으로 나누는 것이다. 두 번째 분류법은 주혼·유혼·시혼이라는 것을 좀 더 구체적으로 묘사한 것으로 내용상 대동소이하다.[123)]

이런 영혼관은 샤머니즘의 생사관과 영혼불멸 사상과도 바로 연결된다. 삼혼 가운데 하나인 진혼眞魂(만주족)=전생혼轉生魂(허쩌족)=전세혼轉世魂(몽골족)은 사람이 죽는 순간에 다른 생명의 태胎로 보내져 다시 태어난다고 믿는다. 이 진혼·전생혼·전세혼이 있기 때문에 인간의 영혼은 불멸하며 다시 태어난다는 것이다.

세 가지 영혼에 대한 명칭은 민족마다 조금씩 다르지만, 이 세 가지가 의미하는 내용은 사실 대동소이하다. 아래에서는 이 세 가지 영혼이 어떻게 구별되는지 좀 더 구체적으로 살펴보기로 한다.

---

121) 富育光, 『薩滿敎與神話』(沈陽: 遼寧大學出版社, 1990), 12-176쪽.

122) 凌純聲, 『松花江下流的赫哲族: 上冊』, 102쪽.; 郭淑雲, 『原始活態文化: 薩滿敎透視』, 53쪽에서 재인용.

123) 策·達賴, 丁師浩, 特爾根 譯, 『蒙古薩滿敎簡史』(北京: 中國社會科學院民族研究所, 1978), 27-28쪽. ; 郭淑雲, 『原始活態文化: 薩滿敎透視』, 53쪽.

(1) 명혼命魂=생명혼生命魂=주혼主魂

첫째 형태의 영혼은 명혼命魂(만주족) 또는 생명혼生命魂(허쩌족), 주혼主魂(몽골족)으로 불리는 것이다. 필자는 명혼으로 통칭하기로 한다. 이것은 사람들이 태어날 때 누구나 지니고 나오는 것으로 모든 생명체가 생명을 유지하는 기초가 되는 것이다.

사람과 동물이 능히 생명을 유지하고 후대를 번식하며 지각·본능·정감 등을 지니고 있는 것은 모두 이 명혼의 작용에 의한 것이다.

이 혼은 어머니의 몸속에서 생명을 받을 때 형성되는 것으로, 사람의 생명과 그 시작과 끝을 같이 한다. 곧 사람의 생명이 다하면 명혼도 사람의 신체를 떠나서 육체에 의존하지 않아도 존재할 수 있는 망혼亡魂이 된다.

명혼은 생명을 창조하는 신이 부여한 것으로, 샤머니즘 관념에서는 사람이 병에 걸리거나 다치게 되면 이 명혼이 침범을 받거나 다치게 되는 것이라고 본다.[124]

명혼은 생명과 가장 밀접하게 연결되어 있는 혼으로, (1) 명혼이 다치면 병에 걸리며, (2) 생명이 다했을 때 명혼은 신체를 떠나서 망혼亡魂이 되어 떠돌게 되는데, (3) 샤먼이 죽은 자의 혼령을 위로하는 것은 바로 신체를 떠난 명혼인 망혼을 위로하여 보내기 위한 것이고, (4) 명혼은 사람이 죽기 직전에 먼저 신체를 떠나기도 하고 서서히 떠나기도 하는데, (5) 일단 사람이 죽으면 철저하게 신체를 이탈한다. 샤먼은 병자가 완전히 죽지 않았더라도 심장 박동, 신체에서 풍기는 냄새, 입 냄새, 맥박 상태 등을 종합적으로 고려하여 명혼이 몸 안에 존재하는지 떠났는지를 판단하고, 그

124) 郭淑雲, 『原始活態文化 : 薩滿敎透視』(上海: 上海人民出版社, 2001), 54쪽.

결과에 따라 여러 가지 무술巫術을 행한다.[125)]

(2) 부혼浮魂=사상혼思想魂=유혼游魂

둘째 형태의 영혼은 부혼浮魂(만주족), 사상혼思想魂(허쩌족), 유혼游魂(몽골족)이라고 부르는 것이다. 필자는 부혼으로 통칭하기로 한다. 이 영혼의 특징은 사람이 살아 있을 때에도 신체를 떠나서 신체 외부에서 잠시 동안 머물거나 활동할 수 있다는 점이다.

이 부혼은 사람이 잠들었을 때 신체를 떠나 아주 먼 곳에 도달할 수도 있으며, 다른 사람의 영혼과 사귈 수도 있다. 그래서 인간이 꿈을 꾸는 것은 이 부혼이 활동한 결과라고 본다. 또 외부의 영향으로 부혼이 신체 밖으로 내몰릴 수도 있는데, 정신 이상은 이런 결과로 나타나는 것이라고 본다.

또한, 사람이 죽으면서 명혼命魂이 몸을 이탈한 상태를 망혼亡魂이라고 했는데, (1) 이 망혼을 샤먼이 샤먼 의식을 통하여 하계=지하계=저승으로 안내하거나, (2) 몸 밖으로 나간 병자病者의 부혼을 찾아 데려오는 샤먼의 초혼술招魂術은, 샤먼에게도 자신의 몸을 떠나서 돌아다닐 수 있는 부혼이 있기 때문에 가능한 것이다.[126)]

부혼의 가장 큰 특징은 사람이 살아있을 때에도 신체를 벗어나 떠다닐 수 있는 유동성流動性이다. 샤먼에게도 이런 부혼이 있기 때문에 샤먼의 각종 의례가 가능한 것이라고 볼 수 있다. 특히 샤먼의 부혼은 샤먼의 의식에서 필요할 때마다 자유자재로 샤먼의 몸을 벗어난다.

북방 샤머니즘의 샤먼은, (1) 신이 샤먼의 몸에 내려오는 강신형降神形

125) 郭淑雲, 『原始活態文化 : 薩滿教透視』(上海: 上海人民出版社, 2001), 55-56쪽.

126) 郭淑雲, 『原始活態文化 : 薩滿教透視』(上海: 上海人民出版社, 2001), 54-55쪽.

혹은 접신형接神形 샤먼과, (2) 샤먼의 부혼이 빠져나가서 삼계구천 세계를 자유자재로 돌아다니는 탈혼형脫魂形 샤먼 2가지가 있다.

곧, 탈혼형 샤먼이 행하는 각종 샤먼 의례는, (1) 샤먼 자신의 부혼이 몸 밖으로 나가서, (2) 신령들과의 협상·투쟁·설득·타협 등을 통해, (3) 병자의 몸을 이탈해서 떠도는 병자의 부혼을 병자의 몸 안으로 되돌리거나, (4) 죽은 자의 명혼(신체를 이탈하면 망혼)을 편안하게 하계(지하계)로 안내하는 것이라고 볼 수 있다. 샤먼이 그 자신의 부혼을 자유자재로 들락거리게 할 수 있는 것은 샤먼의 기본적인 기술이라고 할 수 있으며, 이를 통해서 사람과 신령의 세계를 연결하는 역할을 담당하는 것이다.

북방 샤머니즘을 공유한 몇몇 부족들에서는 몸에서 분리된 부혼은 벌·나비·파리·작은 뱀·개미·거미·지네 등의 작은 동물로 변한다고 믿기도 하지만, 대부분의 경우 '새'로 변한다고 생각하고 있다.

예를 들어, 중국 동북방 소수 민족들 가운데, (1) 어원커족(鄂溫克族)과 허쩌족(赫哲族)은 영혼이 몸에서 나가면 쇠박새(小雀)로 변한다고 믿으며, (2) 따월족(達斡爾族)은 참새(雀)로 변한다고 믿는다.[127]

부혼이 신체를 떠날 때 새로 변한다는 동북방 샤머니즘의 영혼관을 이해하면, 동북방 탈혼형 샤먼들이 샤먼 의식을 진행할 때에 두 팔을 새 날개처럼 넓게 펴고 다리를 구부렸다 펴면서 새처럼 너울너울 춤을 추는 모습을 이해할 수 있다. 또한 신령세계와 인간세계를 잇는 신의 사자가 왜 새가 되는지도 알 수 있다. 사실 신의 사자인 새는 바로 최초의 샤먼 신화와 연결해서 보면 샤먼 자신이며, 영혼관과 연결해서 보면 신의 세계와 교통하는 '샤먼의 부혼'이라고 볼 수 있는 것이다.

127) 郭淑雲, 『原始活態文化 : 薩滿教透視』(上海: 上海人民出版社, 2001), 58쪽.

탈혼형 샤먼은 특정한 의례를 통해서 자신의 부혼을 몸 밖으로 빼내서 삼계구천 세계를 두루 돌아다닐 수 있다. 그런데 이러한 샤머니즘의 부혼 관념은 사실 북방 샤머니즘의 '3수 분화의 세계관'을 철학화, 논리화한 도가나 선도 계통에서도 그대로 전승되고 있다.

도가나 선도계통에서 호흡과 명상을 통해 자신의 혼이 몸 밖에서 자신을 바라보는 유체이탈 체험을 하는 사람들이 많다. 영어에서도 'Out-of-body experience'라고 부른다. 이러한 유체이탈은 불교 명상법에서도 보인다. 물론 도가나 선도 계통에서는 이것을 본래부터 있던 부혼이 신체를 이탈한 것으로 설명하지는 않는다.

정재서의 『사라진 신들과의 교신을 위하여』라는 책에는 도교의 수련에 대해서 잘 정리하고 있다. 이를 바탕으로 정리하면 아래와 같다.

도가나 선도 계통에서는 수련을 통해서 자신의 몸속에 별도의 완전한 몸을 이루어 불노장생하려는 꿈을 가지고 있었다. 초기의 도교에서는 자신 속에 별도의 완전한 개체를 만들기 위해 약물을 복용하는 외단법外丹法에 의존했다. 외단법은 후한시대의 위백양魏伯陽을 거쳐서 동진東晋의 갈홍葛洪에 이르러 이론으로 집대성된다.

그러나 당나라 이후에는 주로 호흡과 명상을 통해 신체 내부에서 정기를 취하는 내단법內丹法으로 방향이 바뀐다. 호흡과 명상을 통해서 몸속에는 새롭게 자신 속의 개체로 성장하는 시초인 결태結胎라는 현상이 생긴다고 한다. 결태는 여성의 몸에 아이가 생기는 수태受胎 현상과도 비슷해서, 이 결태는 수련에 따라서 점차 커지는데, 이 과정을 양신養神이라고 부른다.

양신이 잘 이루어지면 자신의 몸속에 새로운 '완전한 몸'이 생기는 데,

이것은 영원히 죽지 않는 원신元神이라고 불리며, 시공간을 초월하는 것이다. 바로 이 원신이 명상 중에는 몸 밖으로 나와서 시공을 초월하여 돌아다니기도 하는 것이다. 자신이 죽게 되면 본래의 몸을 벗어버리고 원신은 영생을 하는 것이다. 이것을 도교에서는 시해尸解라고 부른다.

원신이 신체를 이탈하는 모습은, (1) 당나라 도인 여동빈呂洞賓이 지은 『태을금화종지太乙金華宗旨』에 실린 「단공명심도端拱冥心圖」와, (2) 명나라 때부터 도교 신자들의 집회 장소인 도관道觀에 전해오는 「수진도修眞圖」 등에 잘 드러난다.[128]

필자는 도가나 선도 계통에서 호흡과 명상을 통해서 몸 밖으로 빠져나오는 것이, 샤머니즘에서 이야기하는 부혼이라고 본다. 물론 도교나 선도 계통에서는 이것을 길러서 크기를 키우는 수련과정을 설정하고 있지만, 샤머니즘의 시각에서 보면 부혼의 변형으로 볼 수 있다는 것이다.

곧, 탈혼형 샤먼이 특정 의례를 통해서 자신의 부혼을 몸 밖으로 빼낸다면, 도가나 선도 수행자들은 호흡과 명상을 통해서 자신의 원신을 몸 밖으로 빼내는 것이다. 이 전통에서는 보통 부혼이 정수리 부분의 백회百會를 통해서 빠져나간다고 한다. 명상에 잠긴 도사나 선도 수행자를 그린 그림에서 이런 모습을 확인할 수 있다.

그러나 북방 샤머니즘에서 부혼은 살아 있을 때도 신체를 벗어날 수 있지만 도가나 선도 계통의 원신과는 달리 영생하는 것은 아니다. 북방 샤머니즘에서 영생하고 윤회하는 혼은 삼혼 가운데 뒤에서 살펴볼 진혼眞魂이다.

도가나 선도 계통의 원신 개념에는, (1) 북방 샤머니즘에서 신체를 이

128) 정재서, 『사라진 신들과의 교신을 위하여』(서울: 문학동네, 2007), 265-266쪽.

〈자료 8-2〉『태을금화종지太乙金華宗旨』에 실린 「단공명심도端拱冥心圖」
* 도교 수행자의 원신이 신체를 이탈하는 모습

〈자료 8-3〉 도관道觀에 전해오는 「수진도修眞圖」

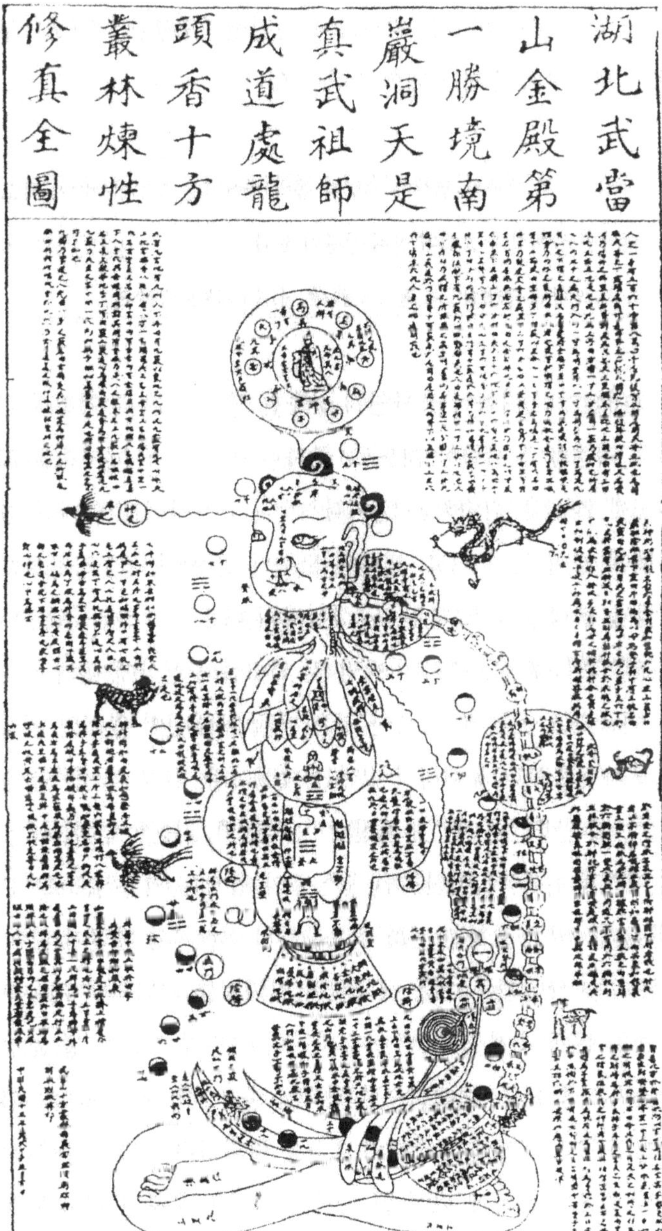

탈하는 부혼 개념과, (2) 영생하며 윤회하는 진혼 개념이 합쳐진 것이라고 볼 수 있다.

명상을 통해 원신이나 부혼이 빠져나가는 모습은 도가나 선도 계통뿐만이 아니라 불교 명상법에서도 그대로 이어진다. 명나라 때에 만들어진 '그림으로 설명하는 백과사전'이라고 할 수 있는 『삼재도회三才圖會』에는 부처의 제자인 용수존자龍樹尊者와 나한존자羅漢尊者를 소개하면서 명상에 잠긴 그림이 있다. 이 그림은 (1) 용수존자의 정수리 위에서 연기 같은 것이 피어나면서 그 가운데에는 둥근 원형의 것이 그려져 있고, (2) 나한존자의 정수리 위에서도 연기 같은 것이 피어나면서 그 가운데에는 작은 사람이 그려져 있다. 이 또한 원신 혹은 부혼의 다른 변형이라고 할 수 있다.

〈자료 8-4〉『심재도회』에 보이는 명상하는 용수존자龍樹尊者[129]

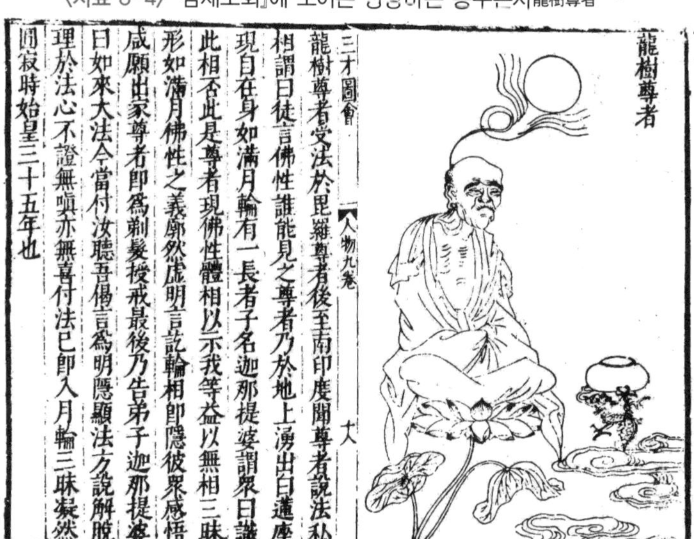

三才圖會 人物九卷 大

龍樹尊者受法於毘羅尊者後至南印度聞尊者說法私相謂曰徒言佛性誰能見之尊者乃於地上湧出白蓮座現自在身如滿月輪有一長者子名迦那提婆謂衆曰識此相否此是尊者現佛性體相以示我等益以無相三昧形如滿月佛性之義廓然虛明言訖輪相即隱彼衆感悟咸願出家尊者即爲剃髮授戒最後乃告弟子迦那提婆曰如來大法今當付汝聽吾偈言爲明隱顯法方說解脫理於法心不證無嗔亦無喜付法已即入月輪三昧凝然圓寂時始皇三十五年也

129) (明) 王圻, 王思義 編集, 『三才圖會』(上海: 上海古籍出版社, 1985) 영인본 上, 人物九卷, 750쪽.

〈자료 8-5〉『삼재도회』에 보이는 명상하는 나한존자羅漢尊者[130]

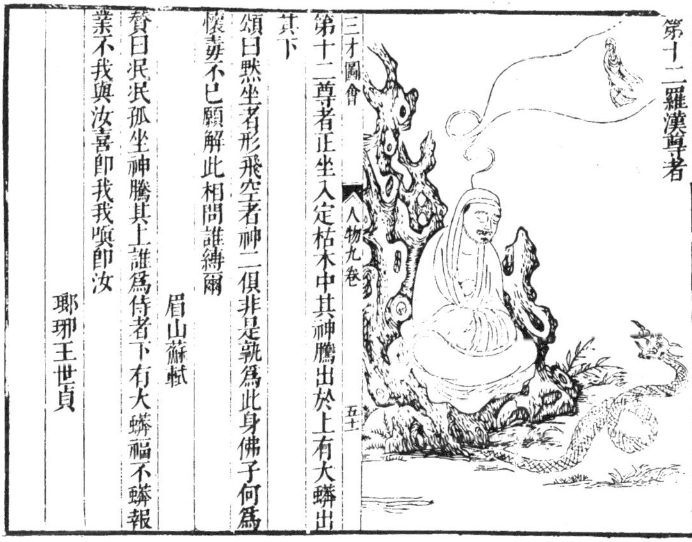

(3) 진혼眞魂=전생혼轉生魂=전세혼轉世婚

북방 샤머니즘에서 셋째 형태의 영혼은 진혼眞魂 혹은 신혼神魂(만주족), 전생혼轉生魂(허쩌족), 전세혼轉世婚 혹은 시혼尸魂(몽골족) 등으로 부르는 것이다. 아래에서는 진혼으로 통칭하기로 한다. 각 민족 간의 이름이 조금씩 다르고 의미가 완전히 일치하는 것은 아니지만 대동소이하다. 이 진혼의 가장 두드러진 특징은 영생불멸하고 윤회하는 영혼이라는 점이다.

만주족의 샤머니즘에서는 진혼의 작용이 현저하게 드러난다. 곧, 신혼은 세 가지 영혼이 핵심이며 영생불멸하며 다시 태어날 수 있다는 것이다. 진혼은 명혼(생명혼=주혼)과 부혼(사상혼=유혼)에 직접 영향을 미치며, 사람이 죽더라도 이 진혼은 영원히 윤회한다. 만주족의 진혼은 '영생

130) (明) 王圻, 王思義 編集, 『三才圖會』(上海: 上海古籍出版社, 1985) 영인본 上, 人物九卷, 767쪽.

의 혼(永生的魂)'이자 '다시 태어날 수 있는 혼(能轉生的魂)'으로 평소에는 치아·뼈·모발 가운데 숨겨져 있다고 믿는다.[131)]

허쩌족 샤머니즘에서는 진혼을 전생혼轉生魂이라고 부르며, 내생來生을 창조하는 능력이 있다. 전생혼은 사람이 죽은 후 신체를 떠나 '본래 왔던 곳'으로 되돌아간다고 믿는다. 사람이 죽으며 전생혼이 '본래 왔던 곳'으로 돌아가기 전에 생전에 다녔던 곳을 다시 한 번 돌아다닌다고 한다. 남자는 7일, 여자는 9일 동안 걸어 다닌다고 한다. 전생혼이 '본래 왔던 곳'으로 돌아가면, 다른 사람의 태胎 속에 들어가 새로운 생명을 받아 다시 환생한다. 물론 착한 사람은 다시 사람으로 태어나고, 죄를 지은 사람은 가축으로 태어나며, 악한 사람은 다시는 사람이 되지 못한다.[132)]

몽골족은 진혼을 전세혼轉世婚 혹은 시혼尸魂이라고 부른다. 시혼은 사람이 죽은 뒤 시신을 보호하는 혼이라는 의미이고, 전세혼은 다른 세상에서 다시 태어나는 능력을 지니고 있는 혼이라는 의미이다.[133)] 몽골족은 이 영혼을 '다시 태어나는 영혼(轉世的靈魂)'이라고 부르는데, 사람이 죽으면 즉시 신체를 떠나서 다른 사람의 몸 속 태胎에 들어가 다시 태어난다고 믿는다.[134)]

진혼과 관련된 이런 샤머니즘의 관념들은 불교 윤회설과 쉽게 어울린다. 하지만 불교의 영향으로 샤머니즘의 삼혼관三魂觀이 형성된 것으로 보

131) 郭淑雲, 『原始活態文化 : 薩滿教透視』(上海: 上海人民出版社, 2001), 55, 57쪽.

132) 凌純聲, 『松花江下流的赫哲族 : 上冊』(南京: 國立中央研究院歷史言語研究所, 中華民國23), 102쪽.; 郭淑雲, 『原始活態文化 : 薩滿教透視』(上海: 上海人民出版社, 2001), 56쪽에서 재인용.

133) 郭淑雲, 『原始活態文化 : 薩滿教透視』(上海: 上海人民出版社, 2001), 55쪽.

134) 策·達賴, 『蒙古薩滿教簡史』, 丁師浩, 特爾根 譯(北京: 中國社會科學院民族研究所, 1978), 28쪽.; 郭淑雲, 『原始活態文化 : 薩滿教透視』(上海: 上海人民出版社, 2001), 56쪽.

아서는 안 된다. 곧, (1) 단순히 불교 윤회설의 영향으로 샤머니즘의 삼혼관이 생겨난 것이 아니라 '샤머니즘 고유의 삼혼관과 불교의 윤회 사상이 교묘하게 결합'된 것으로 보아야 하며, (2) 불교 때문에 삼혼관이 생겨난 것이 아니라 '샤머니즘에 내재된 고유한 관념이 삼혼관을 주도'하고 있다고 보아야 한다는 것이다.[135] 이런 북방 샤머니즘의 삼혼일체관을 정리하면 〈자료 8-6〉과 같다.

〈자료 8-6〉 북방 샤머니즘의 삼혼신앙과 삼혼일체설[136]

삼혼의 명칭	명혼命魂(만주족) 생명혼生命魂(허쩌족) 주혼主魂(몽골족)	부혼浮魂(만주족) 사상혼思想魂(허쩌족) 유혼游魂(몽골족)	진혼眞魂(만주족) 전생혼轉生魂(허쩌족) 전세혼轉世婚(몽골족)
성질	1. 태어날 때 누구나 지니고 나오는 것으로 생명유지·번식·지각·본능·정감 등을 주재한다. 2. 사람의 죽으면 신체를 떠나서 망혼亡魂이 된다. 3. 이 혼이 외부의 침범을 받거나 다치면 병이 생긴다. 4. 샤먼 의례는 망혼을 지하세계로 안내하거나 병든 명혼을 제자리로 돌리는 것이다.	1. 생존시에도 신체를 떠날 수 있으며, 꿈을 꾸는 것은 이 혼이 빠져나간 것. 2. 몸을 떠나면 보통 새의 모습으로 변한다. 3. 이 혼이 빠져나가 돌아오지 못하면 정신병에 걸린다. 4. 샤먼은 이 혼을 자유자재로 들락거리게 할 수 있어서, 죽은 자의 망혼을 지하계로 안내하거나, 되돌아오지 않은 부혼을 되돌려 병을 치료한다.	1. 사람이 지니는 기질·정신·수명·지혜 등을 결정하며, 사람이 죽더라도 진혼은 영원히 존재하며 다시 태어난다. 2. 평소에는 치아·뼈·모발 가운데 숨겨져 있다. 3. 사람이 죽으면 왔던 곳으로 돌아가기 전에 남자는 7일, 여자는 9일 동안 평소에 다니던 곳을 배회한다. 4. 돌아가서 나는 사람의 태胎 속에 들어가 새로운 생명을 받아 재생한다.

이런 삼혼 신앙은 시베리아 북부의 축치Chookchee족이나 유카기르Yukagir족의 경우에도 비슷하게 나타나는 데, 이들도 일반적으로 영혼을

135) 郭淑雲, 『原始活態文化 : 薩滿教透視』(上海: 上海人民出版社, 2001), 57쪽.
136) 우실하, 『전통음악의 구조와 원리』(서울: 소나무, 2004), 210쪽 [도표 5-6].

세 가지로 구별한다.

① 북아시아 사람들도 한 사람에게는 자그마치 3개 혹은 7개의 영혼이 있다고 믿는다. 이들의 믿음에 따르면, 사람이 죽을 경우 이 영혼 중 하나는 무덤에 남고, 하나는 저승으로 가며, 나머지 하나는 천상으로 올라간다. 그러나 이러한 사고방식 – 가령 축치인이나 유카기르인에게 있는 것으로 확인된 – 은 사후에 3 영혼이 처하는 운명에 관한 많은 사고방식 중의 하나에 지나지 않는다.[137]

② 유카기르인들의 믿음에 따르면, 사람이 죽으면 이 사람에게 깃들어 있던 세 개의 영혼은 서로 흩어진다. 즉 하나는 시신에 남아 있고, 또 하나는 그림자 왕국으로 내려가고 나머지 하나는 천상으로 올라가는 것이다. … 그런데 이들 중 가장 중요한 영혼은 그림자가 되는 영혼인 듯하다. 그림자가 되는 영혼은 그림자 왕국으로 가는 길에 저승의 문을 지키는 문지기인 노파를 만났다가 강가에 이른다. 그림자가 되는 영혼은 배로 이 강을 건넌다. (이 그림자 왕국에서는 이승에서 죽은 사람들도 친척들과 더불어 그림자 짐승을 사냥하는 등 이승에서와 똑같은 삶을 살고 있다.) 샤먼이 병자의 영혼을 찾으러 가는 곳은 바로 이 그림자 왕국이다.[138]

축치Chookchee족이나 유카기르Yukagir족의 경우에도, 이런 세 가지의 영혼은 주로 사람들의 치아·뼈·모발 속에 존재한다고 믿는 점에서는 몽골

137) 미르치아 엘리아데, 이윤기 옮김, 『샤머니즘; 고대적 접신술』(서울: 까치, 1992), 205쪽.
138) 미르치아 엘리아데, 이윤기 옮김, 『샤머니즘; 고대적 접신술』(서울: 까치, 1992), 232쪽.

족·만주족·허쩌족 등과 마찬가지이다.

이런 까닭에 시베리아 지역과 중국 동북방 지역 등에서는, (1) 고대로부터 멧돼지·호랑이·곰 등의 이빨로 만든 목걸이나 장식품들이 전사의 상징으로 사용되었고, (2) 뼈로 만든 각종 장식품이 신성한 것으로 여겨졌으며, (3) 각종 동물의 뼈를 이용한 점복법占卜法이 발전했던 것이라고 볼 수 있다. 특히 동물의 견갑골肩胛骨 등을 불에 태워서 점을 치는 골복骨卜의 전통은 북방 샤머니즘의 산물이다.[139)]

머리카락에도 영혼이 깃들어 있는 것이라고 여겼기 때문에 전쟁 중에 친구가 죽으면 그의 머리카락을 시신 대신 가져와 장례를 지르기도 했다. 우리네 할머니들도 머리를 손질하면서 빠지는 머리카락을 소중하게 모았다가 깨끗하게 불에 태워버리곤 했는데, 이런 전통도 북방 샤머니즘의 영혼관과 연결되어 있다고 볼 수 있다.

삼계구천설·우주수·삼혼일체설 등에서 살펴본 성수 3과 그 배수인 9는 북방 샤머니즘의 사유 체계에서 중요한 상징으로 작용한다. 이런 북방 샤머니즘의 3수 분화의 세계관은 상商·주周 시대를 거치는 동안에도 주된 사유체계로 작용한다. 그 가운데 가장 추상적인 상징이 바로 삼일태극이라고 볼 수 있다.

4. 북방 샤머니즘과 성수 3, 9, 81

북방 샤머니즘의 각종 의례와 복식 등에는 성수 3, 9, 81 등이 잘 보존

139) 골복의 전통에서 상대 갑골점이 나왔다고 보고 있다. 상세한 것은 다음의 글을 볼 것. 우실하, 『전통 문화의 구성 원리』(서울: 소나무, 1998), 140-150쪽.

되어 있다. 아래에서는 몇몇 중요한 것들을 사례로 설명하기로 한다.

1) 브리야트족 샤먼 입무入巫 의식 차나르Chanar

샤먼이 되려는 사람들이 치르는 입무入巫 의식을 차나르Chanar라고 부른다. 몽골학자 게. 강토그토흐는 「몽골 브리야트족 샤머니즘의 이해」라는 글에서 차나르 의식을 잘 소개하고 있다. 이 글을 바탕으로 차나르 의식과 관련된 성수 3, 9, 81을 소개한다.[140)]

첫째, 차나르 의식은 3일 동안 열린다. 인간에서 샤먼으로 변하는 '변화의 계기수' 3을 거치는 것이다. 이런 차나르 의식을 열세 번 거치면 '자이랑'이라는 샤먼의 등급에 오른다.

둘째, 호리Holi 브리야트족의 무당들은 차나르 의식을 할 때 상징나무에 제를 올린다. 자작나무를 구구 81(9×9=81) 또는 삼구 27(3×9=27) 그루를 심는데, 이를 데르벨게Derbelge라고 한다. 이 여든한 그루 혹은 스물일곱 그루의 자작나무로 구성된 데르벨게의 가장 윗부분에 부친목父親木, 모친목母親木이라는 두 그루의 나무를 지정하고, 오색의 비단과 천으로 모든 나뭇가지를 장식한다. 부친목의 끝에는 붉은 비단으로 태양 형상을 오려서 자작나무 껍데기에 붙이고 부친목의 끝에 매단다. 모친목 끝에는 하얀 비단으로 달 형상을 오려서 둥근 펠트 위에 붙여서 매단다.

셋째, 모친목에 비단과 천 조각으로 새 집을 세 개 짓고 양털로 아홉 개의 알을 만들어 세 개의 새 집에 각각 세 개씩 넣는다.

140) 게. 강토그토흐, 장장식 옮김, 「몽골 보리야드 족 샤마니즘의 이해」, 고려대 민족문화연구원 민속학연구소 편, 『몽골의 무속과 민속』(서울: 도서출판 월인, 2001), 147-165쪽. 필자는 '보리야드 족' 대신에 '브리야트족', '샤마니즘' 대신에 '샤머니즘'으로 쓰기로 한다.

넷째, 모친목 옆에는 아홉 개의 문이 있는 후르지Hurji라는 오두막을 짓고 제사상을 차린다.

다섯째, 구구 81개의 작은 쇠스랑 모양의 바르닥Bardaag도 상징물로 사용된다.

여섯째, 무당의 의식을 돕는 조무助巫를 예슨친Iyesunchin이라고 부르는데 '아홉 명(예슨)의 사람(친)'이라는 뜻으로 남자아이 여섯 명과 여자아이 세 명으로 구성된다. 예슨친은 정화를 위해서 불 주위를 시계 방향으로 세 바퀴 돌고 자리에 앉는다.

일곱째, 차나르 의식이 시작되면 의식을 주관하는 무당은 예슨친을 데리고 불 화덕 주위를 아홉 번 돈다. 그리고 누군가가 문을 열어주면 밖에 나가서 굿을 시작한다.

여덟째, 제물로는 3년 동안 잘 보살펴온 세 살배기 숫양을 사용한다. 이 숫양에게는 아홉 명의 사람 형상을 그린 흰색 천을 이마에 둘러주고, 하닥(흰색이나 파란색의 신성한 천)도 달고, 숫양의 네 발굽에는 기름을 칠해준다.

아홉째, 천막집인 게르Ger의 서남쪽 문짝 위의 서까래에 해당하는 우니(Uni) 세 개를 빼내고 그 사이로 남자 세 명이 밖으로 나가서 지붕을 걷어내면, 이 구멍으로 집안에서 세 사람이 세 살배기 숫양을 들어 밖으로 옮긴다. 그러면 밖에 서있던 세 명이 양을 받아서 빨간색 나무틀 사이로 양을 다시 통과하게 한 후 집 둘레를 세 바퀴 돈다. 양을 데리고 게르 둘레를 도는 세 명은 아무런 소리도 내어서는 안 된다. 하늘이 진노한다고 여긴다.

열째, 게르 둘레를 세 바퀴 돌 때에는 반드시 구구 81걸음으로 돌아야 한다. 도는 동안 무당은 계속해서 노래를 부른다. 한 바퀴에 27보(9×3)씩, 세 바퀴면 81(9×9)보가 된다. 한 바퀴 돌 때마다 완성수 9를 '변화의 계기수'인 세 번 반복하면서 새로운 변화를 기대하고, 마지막 세 바퀴에서는 완성수 9를 아홉 번 반복한 '우주적 완성수'를 이루는 것이다.

열한째, 세 살배기 숫양을 데리고 게르를 돌았던 세 명이 게르 안으로 들어오면 굿을 하고 있는 무당 둘레를 세 번 돌고, 무당이 사용하는 바르닥이라는 채찍으로 등을 세 번 스치게 하는 의식을 행한 후에 서쪽으로 가서 앉는다.

몽골 브리야트 샤먼의 입무의식인 차나르 의식의 절차를 보면 대부분의 의례에 사용되는 상징수들은 3, 9, 81 등 '3수 분화의 세계관'의 성수들이라는 것을 알 수 있다.

2) 북방 샤먼의 복식·기물·전설과 성수 3, 9, 81

샤먼들이 사용하는 복식이나 각종 장신구 등의 기물에서도 3, 9, 81 등의 성수를 사용하는 것을 볼 수 있다.

첫째, 브리야트 샤먼의 무복巫服의 뒤에는 아홉 개의 타원형 쇳조각인 아르할리Arhaali가 달려있다. 이것은 여러 해악으로부터 등을 보호하는 것이라고 한다.[141]

둘째, 브리야트 샤먼의 단면고單面鼓(한쪽만 가죽이 달린 북)를 헤세Hese라고 하는데, 황색 염소가죽으로 한쪽 면을 감싼 헤세의 뒤쪽에는 다람쥐 모양의 쇳조각 아홉 개가 달려 있고 줄에는 흰색 천인 하닥을 매단다.

141) 게. 강토그토흐, 장장식 옮김, 「몽골 보리야드 족 샤마니즘의 이해」, 고려대 민족문화연구원 민속학연구소 편, 『몽골의 무속과 민속』(서울: 도서출판 월인, 2001), 154쪽.

셋째, '샤먼의 관모인 말르개малгай는, (1) 신령의 얼굴이 무섭게 표현된 두건과 비슷한 머리띠, (2) 머리띠 위에 장식하는 아홉 개의 새 깃털, (3) 얼굴을 가릴 수 있도록 드리워진 아홉 개의 헝겊줄인 만지크мангиг로 구성되어 있다.'[142] 깃털은 주로 독수리나 매의 깃털을 사용한다.

'아홉 개의 헝겊 줄'인 만지크는 '샤먼의 시야를 외부와 차단하여 샤먼이 내적인 시력으로 신령의 세계로 깊이 진입할 수 있도록 돕는다.'고 한다.[143]

〈자료 8-7〉 몽골 샤먼의 모자 말르개малгай: 몽골 역사박물관 소상

* 아홉 개의 깃털이 꽂혀있고, 아홉 개의 헝겊 줄인 만지크는 맨 왼쪽에 하나가 떨어져 나갔다.

142) 이필영, 「몽골 흡스굴 지역의 샤머니즘: 현지조사 보고를 중심으로」, 고려대 민족문화연구원 민속학연구소 편, 『몽골의 무속과 민속』(서울: 도서출판 월인, 2001), 100쪽.

143) Czaplicka, M. A., Aboriginal Siberia: A Study in Social Anthropology (1914). 이필영 옮김, 『시베리아 샤머니즘』(서울: 탐구당, 1984), 95쪽.

넷째, 무당의 웃옷인 호익xoyяг의 뒷면 상단에는 헝히노르xонхинуур라 부르는 주술 용구가 매달려 있다. '한 개의 헝히노르는 원형의 쇠테와 그 쇠테에 매달린 세 개의 쇠막대로 구성된다. 이런 헝히노르가 호익 뒷면에 병렬로 세 개 매달린다. … 헝히노르는 양 어깨 위에도 하나씩 부착시킨다.'[144)]

〈자료 8-8〉 샤먼의 웃옷 뒷면 상단의 헝히노르xонхинуур: 몽골 역사박물관 소장

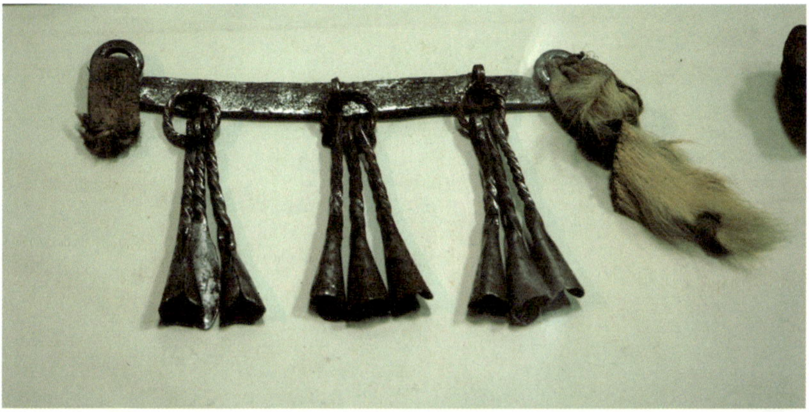

144) 이필영, 「몽골 홉스굴 지역의 샤머니즘: 현지조사 보고를 중심으로」, 100쪽.

다섯째, 몽골 서부 훕스굴 지역의 샤먼들에게는 '새 머리를 한 사람 모습의 '아홉 개의 샘есөн булгийн юм'이란 옹고드도 있다. 이것은 아홉 개의 작은 동산овгор에서 나온 아주 힘이 센 옹고드онгод라고 한다. 이는 가죽으로 만든다.'[145] 옹고드는 매우 복잡한 개념이긴 하지만 보통은 샤먼의 혼 가운데 윤회하는 불멸의 영혼을 말한다. 샤먼의 영혼인 옹고드는 금, 은, 옥, 구슬과 같은 아홉 종류의 귀금속을 들지 못한다고 한다.[146]

몽골 샤머니즘에서는 무당이 죽은 지 3년 후에 죽은 무당의 혼을 모시게 되면 옹고드 하나가 늘어난 것으로 간주한다고 한다.[147]

여섯째, 한국의 고수레 풍습과 유사한 몽골의 '차찰Цацал, Tsatsal 의식'에서 사용하는 나무 주걱인 차찰에는 보통은 아홉 명의 천신을 상징하는 그림이 그려져 있거나, 아홉 개의 홈이 파여져 있다. 그러나 81(9×9)개의 홈이 파여진 것도 있다.

어트거니 푸레브 교수에 의하면 '무교의 사상을 아직도 지키는 무당들은 무교는 모든 것을 아홉 명의 천신天神에만 맡긴다고 본다. 흑무당 중에는 99명의 천신에 대한 개념은 없다.'고 한다.[148] 수많은 천신(텡그리) 가운데 샤먼들이 섬기는 주요 천신은 아홉 명인 것이다. 차찰이 보통은 아홉 개의 홈이 파여져 있거나 아홉 명의 천신을 상징하는 그림이 그려진

---

145) 이필영, 「몽골 훕스굴 지역의 샤머니즘: 현지조사 보고를 중심으로」, 101쪽.

146) 데. 마르하호, 「초원의 옹고드에게 올리는 제사의식」, 고려대 민족문화연구원 민속학연구소 편, 『몽골의 무속과 민속』(서울: 도서출판 월인, 2001), 79쪽.

147) 어트거니 푸레브, 「몽골 무교의 전반적 성격」, 고려대 민족문화연구원 민속학연구소 편, 『몽골의 무속과 민속』(서울: 도서출판 월인, 2001), 27쪽.

148) 보통 몽골 샤머니즘에서는 천신이 아흔아홉명 이라고 하는데, 이것도 구구(9×9=81)의 용법으로 81을 의미하는 것이다. 상세한 것은 아래의 논문을 참조할 것.
「몽골문화와 '3수 분화의 세계관(1-3-9-81)' - Ⅱ: 9·9의 상징성을 중심으로」, 한국몽골학회, 『몽골학』 제27호(2009), 87-118쪽 참조.

것은 이 아홉 명의 천신에게 기원하기 위한 것이라고 볼 수 있다.

여행을 떠나면서 안전을 기원할 때와 같이 작은 일에는 차찰에 말젖이나 우유를 묻혀서 세 번 혹은 아홉 번 뿌리고, 큰 의식에서는 여든한(9×9) 번 뿌린다.

초원의 옹고드에게 제사지낼 때 무당은 의뢰인들과 함께 의례을 위한 임시 제단인 아사르에 아홉 종류의 음식(유제품과 고기)을 올린 후에 시계 방향으로 세 바퀴 돌고 신들에게 여든한(9×9) 번 우유를 뿌리고 복을 빈다.[149] 곧, 제상을 차린 후 '아사르'의 중심부에 네모반듯한 흰 펠트나 천을 깔고 의식을 주도하는 무당이 그 위에 서서 차찰로 우유를 여든한 번 뿌려 복을 기원한다.[150]

일곱째, 대흥안령 북단에 위치한 어룬춘(鄂倫春, Oroqen, Orochon)족 샤머니즘에서는 소상신도 아홉 명으로 상징화된다. 이들의 전설에 의하면 아홉 명이 공동으로 생사고락을 같이 하며 민족을 일으켰다고 한다. 아홉 명의 조상신 관념은 어룬춘족과 기원이 같고 현재도 인접해서 살고 있는 어원커(鄂溫克, Ewenki)족에서도 똑같다.

여덟째, 만주족들은 고대에 그들의 마을이 여든한 명의 샤먼이 나누어 맡고 있는 여든한 개의 부락으로 구성되었다고 한다. 1937년 겨울에 만주족 샤먼(이름은 中吳宝財)이 구술한 자료에는 아래와 같은 기록이 남아 있다.

『우부시번마마(烏布西奔媽媽)』에 기록되어 있기를, 우부시번(烏布西奔) 대

149) 「몽골문화와 '3수 분화의 세계관(1-3-9-81)' - Ⅱ: 9·9의 상징성을 중심으로」, 한국몽골학회, 『몽골학』 제27호(2009), 83쪽.

150) 「몽골문화와 '3수 분화의 세계관(1-3-9-81)' - Ⅱ: 9·9의 상징성을 중심으로」, 한국몽골학회, 『몽골학』 제27호(2009), 85쪽.

샤만 아래에는 구구팔십일인九九八十一人의 소녀小女 샤만이 있어서, 구구팔십일개九九八十一个의 부락을 나누어 맡았다.[151]

〈자료 8-9〉 아홉 개의 홈이 파여진 몽골의 차찰Цацал, Tsatsal
* 아홉 개의 홈이 파여 있거나 아홉 명의 천신을 상징하는 그림이 그려져 있다.

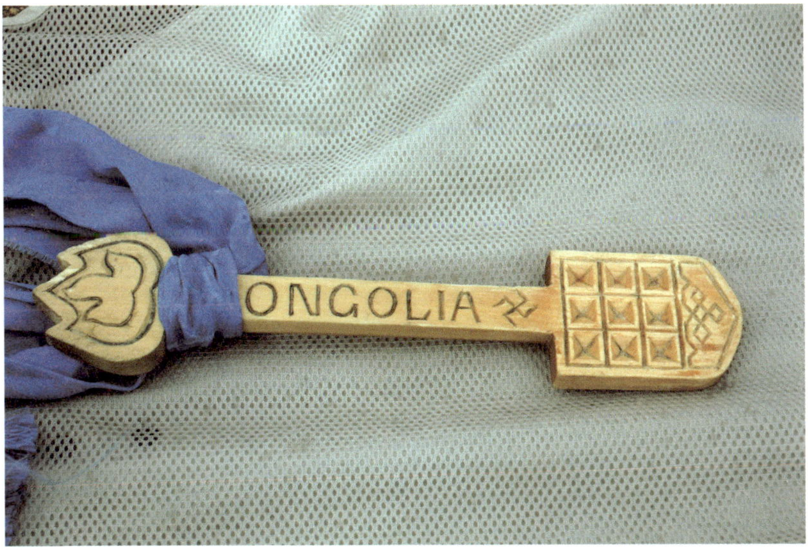

151) 富育光, 『薩滿教與神話』(沈陽: 遼寧大學出版社, 1990), 202쪽.

* 말젖이나 우유를 담은 통에 차찰을 적셨다가 뿌린다.

* 동몽골 답사중인 우리 일행의 안전을 기원하며 차 바퀴에 '차찰 의식'을 행하고 있다. 작은 일에는 세 번이나 아홉 번, 큰 의식에서는 여든한(9×9) 번 말젖이나 우유를 뿌리고 있다. 사진 속의 여성은 샤먼이 아니고 관광용 게르 촌에 소속된 직원이다.

〈자료 8-10〉 여든한 개의 홈이 파여진 몽골의 차찰Цацал, Tsatsal: 박원길 박사 제공
* 상징성을 극대화하기 위해서 여든한(9×9) 개의 홈이 파여져 있다.

〈자료 8-11〉 어룬춘(鄂倫春, Oroqen, Orochon)족의 아홉 명의 조상신[152]

152) 王宏剛, 『北方薩滿文化』(四川: 四川文藝出版社, 2007), 48쪽.

이 기록에는 그냥 여든한 명이나 여든한 부락으로 기록하지 않고 '구구팔십일'이라고 기록되어 있다. 이것은 81수의 상징성을 드러내기 위한 것이다. 우부시번 대샤먼은 여성신을 나타내는 마마媽媽를 붙여서 '우부시번마마'로 불리는 것으로 보아 샤먼의 시조신이라고 보인다. 1937년에 위의 내용을 구술했던 샤먼은 특별히 '구구팔십일'을 강조해서 구술했다. 곧 만주족 샤먼은 대샤먼 아래에 81명의 소녀 샤먼이 있었고 이들이 81개로 부락을 나누어 하나씩 맡았다는 것이다.

아홉째, 만주족 샤머니즘에서는 머리가 아홉 개 달린 구두태양모신九頭太陽母神인 거루둔마마(葛魯頓媽媽)가 등장한다. 1934년 만주족 대샤먼(이름은 吳勒仲阿)의 구술을 받아 적은 자료인 『오씨아사고제보吳氏我射庫祭譜』에는, '9만 9천 번의 생일'을 지낸 '머리가 아홉이고 팔이 여덟 개인 거루둔마마'(九頭八臂的 葛魯頓媽媽)가 등장한다.

샤먼 의례의 첫 머리에는 흔히 우주의 기원과 천지창조 등에 대한 신화적 내용이 샤먼을 통해서 구술된다.

거루둔마마는 세상에 아무 것도 존재하지 않던 태초의 시기에 탄생한 태양모신太陽母神으로 입김을 불어서 대지와 하늘, 산림과 초목을 만든 창조의 여신이다. 거루둔(葛魯頓)은 다른 샤먼 이야기에서 많이 등장하는 우루둔(烏魯頓)의 다른 음사音寫로 햇빛이나 별빛의 의미이다. 곧 거루둔마마(葛魯頓媽媽)는 태양모신太陽母神이자 광명의 신, 빛의 신, 생명의 신이 된다. 창세신화에 해당하는 이 구술 자료에 보이는 거루둔마마는 여성으로 표현되어 있다. 이것은 이 창세신화가 최초로 형성된 시기가 모계씨족사회였다는 것을 나타낸다. 이 창조신은 만주족의 선조인 여진족 각 부락에서 숭배하던 광명신이자, 태양모신이고, 창세대신創世大神이었

다.[153)]

열째, 1936년에 흑룡강성 손오현孫吳縣의 부富씨 씨족의 대샤먼의 구술 자료에는, 천지가 처음 열릴 때에 머리가 아홉 개이고 손도 아홉 개인 여신 아오야준(奧雅尊)이 등장한다. 이 구두여신九頭女神의 아홉 개의 머리는, (1) 아홉 색을 내는 신비스런 아홉 개의 신석神石으로 되어 있는데, (2) 이 여신의 '아홉 개의 돌로 된 머리'가 깨지면서 그 조각들이 하늘의 무수한 별이 되었으며, (3) 머리카락은 무지개로 변하였고, (4) 땀방울은 빗물과 강으로 변했으며, (5) 아홉 개의 손은 무수한 산과 고개가 되었다고 한다.[154)]

아오야준 여신과 앞서 살펴본 거루둔마마는 다른 계통으로 전승되어 온 같은 신을 지칭하는 것으로 보인다. 이들은 모두 광명여신·태양여신이자, 천지·산천 등 모든 만물을 창조하는 조물주·조물여신인 것이다. 이런 태양여신은 북방의 다른 소수민족들에게도 보이는데 중국 동북방의 따월족(達斡爾族)에게는 아오야(奧雅)의 변음으로 보이는 마오야(毛雅)라고 불리는 태양마마·광명여신이 있다.[155)]

북방 샤머니즘의 '3수 분화의 세계관'의 흔적들은 이 외에도 너무나 많이 남아 있다. 앞서 살펴 본 바와 같이, 샤먼의 입무 의식인 차나르Chanar 의식의 절차에서도 대부분의 숫자는 3, 9, 81과 관련되어 있다. 또한 샤먼들의 복식이나 기불에도 이런 성수들이 빈복적으로 사용됨을 볼 수 있다.

'3수 분화의 세계관'이라는 일정한 이론적 틀을 통해서 보면, 아무렇지

153) 富育光, 『薩滿教與神話』(沈陽: 遼寧大學出版社, 1990), 211-213쪽.
154) 富育光, 『薩滿教與神話』(沈陽: 遼寧大學出版社, 1990), 213-214쪽.
155) 富育光, 『薩滿教與神話』(沈陽: 遼寧大學出版社, 1990), 214쪽.

도 않게 나열된 숫자처럼 보이는 것들이 하나의 체계를 지니고 있음을 알 수 있다. 이런 이론적 틀을 통해서 북방 민족들의 기층문화를 살펴보면 우리가 미처 생각하지 못했던 많은 새로운 것들이 보일 것이다.

제9장

'3수 분화의 세계관'의 확산 가설: 동북아 모태문화에서 북방 유라시아 모태문화로

1. '3수 분화의 세계관'의 확산 가설

필자는 '3수 분화의 세계관'에 대해서 연구해 오면서, (1) 북방 샤머니즘을 공유한 지역에서 발원하여, (2) 요서 지방 일대 요하문명의 홍산문화紅山文化(BC 4500~BC 3000), 특히 후기(BC 3500~BC 3000)에 체계화되었다고 보고 있다. 신석기시대 이래로 중앙아시아—알타이 산맥—몽골 초원—시베리아 남단—만주 일대에 이르는 초원의 길은 수많은 유목민족들이 왕래하던 공간이었다.

이 고대의 초원길을 통해서 북방 샤머니즘의 '3수 분화의 세계관'은 (1) 민족 이동, (2) 문화 전파, (3) 물적·인적 교류 등 다양한 경로를 통해 전파·전승되었을 것이다. 이들이 수시로 교류, 접촉, 왕래하면서 '3수 분화의 세계관'은 여러 지역으로 전파되고 공유되었을 것이다. 확산과정에 대해서는 필자도 연구를 확대하고 있고, 현재 켈트족Celts과 드루이드교Druidism에 깔려있는 많은 흔적들을 찾아 또 다른 글을 쓰고 있다. 필자가 이 글에서 제시한 확산 과정에 대해서도 자료를 수집하고 있고 많은 성과가 있다. 혹시 '3수 분화의 세계관'에 흥미를 지닌 독자들을 위해서 일단 필자의 '가설'을 간략하게 정리하면 아래와 같다.

첫째, 북방 샤머니즘 지역에서 기원하여 홍산문화 지역에서 최초로 체계화되었다.

둘째, 몽골 등 북방 소수민족의 샤머니즘 안에 잘 보존되어 있다.

셋째, 유목민족들의 이동과 교류를 통해서 중앙아시아의 샤머니즘에 전승되었다.

넷째, 몽골리안 루트를 따라 간헐적으로 이동이 이루어지면서 남북 아메리카 지역에서도 전승되었다.

다섯째, 중앙아시아를 넘어 북유럽의 기층문화를 이루는 북유럽 신화나 고대 켈트족의 드루이드교에 전승되었다.

여섯째, 기원전 2,000~1,500년 사이에 대대적으로 이루어진 고대 아리안족의 남방 이동으로 이들이 점령한 인더스 문명 지역에도 전승되었다.

일곱째, 한반도 쪽으로는 내려오면서 선도와 풍류도 그리고 각종 민족종교에 전승되었다.

여덟째, 중원 쪽으로 남하하면서 도가철학, 황노학, 도교, 신선사상 등에 전승되었다.

아홉째, 이러한 확산 과정은, (1) 민족 이동, (2) 문화 전파, (3) 인적·물적 교류 등 다양한 경로를 통해서 이루어졌을 것으로 보고 있다.

〈자료 9-1〉 '3수 분화의 세계관'의 확산에 대한 우실하의 가설

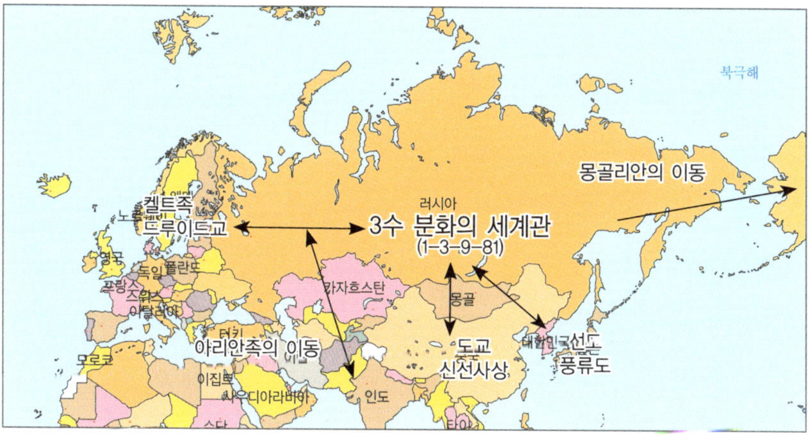

2. 북유럽 신화와 '3수 분화의 세계관'

북유럽 신화는 북방 샤머니즘의 세계관을 바탕으로 하고 있고, 필자가 이야기하는 '3수 분화의 세계관'을 공유하고 있다. 좀 더 체계적인 연구는 별도의 책을 통해서 소개하겠지만, '3수 분화의 세계관'을 '북방 유라시아의 모태문화'로 확장하려는 필자의 논지를 좀 더 알리기 위해서 북유럽의 신화나 기층문화 남겨진 '3수 분화의 세계관'의 흔적들을 간략하게 소개한다.

서양 신화라고 하면 대부분의 사람들은 그리스·로마 신화를 떠올린다. 그러나 서양의 신화는 남쪽의 그리스·로마 신화 계통과 북쪽의 북유럽 신화 계통으로 양분되고, 이 둘의 신화세계나 사유체계는 전혀 다르다.

북유럽 신화는 북방 샤머니즘의 세계관을 기저에 깔고 있다. 예를 들어, 3·1신神, 아홉 개의 세계, 이그드리실Yggdrasil이라는 아홉 세계를 연

결하는 우주수宇宙樹, 하늘세계-인간세계-지하세계의 삼계를 연결하는 까마귀와 독수리, 삼계를 세 개씩 나눈 아홉 개의 세계인 삼계구천설 등 많은 것이 닮아 있다. 아래에서는 북유럽 신화나 기층문화에 남겨진 성수 3. 9, 81의 사례들을 간략하게 소개하기로 한다.

첫째, 북유럽 고대 문화에서는 3·1관념이 있었고, 북유럽 신화의 신들도 3·1신이다. 북유럽의 신화에서는 삼계를 연결하는 거대한 물푸레나무인 이그드리실Yggdrasil이라는 우주수 주변에 살면서 우리의 삼신三神, 산신產神 할머니와 같이 인간에게 생명을 준다는 '운명의 세 여신'이 있다.

'운명의 여신'은 세 자매로 표현되며 하나이자 셋인 삼위일체의 3·1신이기도 하다. 곧, '운명의 여신'으로 총칭할 때는 노르느스Norns라고 불리고[156], 역할에 따라서 기능적으로 분화될 때에는 (1) 생명의 실을 잣는 여신은 우르드Urd, (2) 생명의 실의 길이를 재는 여신은 베르단디Verdande, (3) 생명의 실의 길이를 잘라서 인간의 수명을 확정해주는 여신은 스쿨드Skuld라고 각각 별칭으로 불린다.[157]

여기서는 일일이 다 설명하기 어렵지만 이러한 3·1신은 북유럽 신화에서 '운명의 세 여신' 이외에도 많다. 이러한 3·1관념을 도상화한 것이 아일랜드의 국장國章이기도 한 세 잎 클로버다. 이외에도 뒤에서 자세히 보겠지만, 우리나라의 삼일태극과 같은 문양들이 3·1관념의 상징으로 사용된다.

둘째, 북유럽 신화도 샤머니즘의 삼계구천설과 유사한 삼계구층설을

156) 阿 海, 『北歐的神話傳說』(沈陽: 遼寧大學出版社, 1992), 223쪽의 부록3: 명사 대조 색인 참조.

157) 阿 海, 『北歐的神話傳說』(沈陽: 遼寧大學出版社, 1992), 46-48쪽 참조.

공유하고 있다. 일반적으로 북방 샤머니즘에서는 이런 세계관이 형성된 시기가 너무 오래 전이어서 그런지, 9층이 각기 어떤 특징이 있는지 등은 매우 혼란스럽다. 그러나 북유럽 신화에서는 이런 삼계가 각각 3층으로 분화되어 9층을 이루고 있다는 점이 상대적으로 정연하게 정리되어 있다.

여기서는 북유럽 신화에 삼계구층설에 의한 9층의 세계 명칭만 소개해 둔다. 이러한 북유럽 신화의 기본 구조를 이루는 다양한 형태의 신과 인간이 섞여 사는 9층 세계를 바탕으로 거대한 서사시를 써낸 것이 '반지의 제왕'인 것이다.

〈자료 9-2〉 북유럽 신화의 삼계구층설에 따른 9층 세계[158]

상층	1. 화염국火焰國 무스펠하임Muspelheim 2. 신국神國 아스가드Asgard 3. 정령국精靈國 알프하임Alfheim
중층	1. 바나신의 세계 바나하임Vanaheim 2. 인간세계 중간국 미드가드Midgard 3. 거인국 요툰하임Jotunheim
하층	1. 난쟁이국 혹은 흑정령국黑精靈國 스바르탈프하임Svartalfheim 2. 빙설국氷雪國 니플하임Niflheim 3. 사망의 여신 헬Hel이 통치하는 사망국死亡國 헬Hell

셋째, 삼계구층의 9층 세상의 한가운데 있으면서 이들을 연결하는 우주수가 바로 북유럽 신화에 등장하는 이그드라실이다. 거대한 물푸레나무인 이그드라실은 삼계구층의 우주를 뚫고 솟아있는데, 세계창조 후에

158) 입장에 따라서는 중간층의 흑정령국인 스바르탈프하임을 난쟁이들이 사는 동굴 니다벨리르Nidavellir와 구별하고 불의 나라인 무스펠하임을 제외하여 아홉 세상을 이야기하기도 한다. 케빈 크로슬리-홀런드Kevin Crossley-Holland, 서미석 옮김, 『북유럽 신화』(서울: 현대지성사, 2002중판〈1999〉), 25쪽 참조.

주신主神인 오딘이 심었다고 한다.

북유럽 신화에서는 세 갈래(혹은 아홉 갈래)로 갈라진 뿌리를 지닌 우주수인 이그드리실이 있으며, 북유럽 민간 전설에서는 이 우주수 위에 삼계구층 세계가 있다고 보기도 한다.

일반적으로 이그드라실은 세 줄기의 거대한 뿌리가 있어, 그 중 하나는 지하의 나라 또는 안개의 나라 니플하임으로, 또 하나는 인간세계인 미드가드로, 그리고 마지막 하나는 신의 세계인 아스가드로 뻗어 있다고 한다. 삼계구층 세계를 이어주는 이그드라실은 북방 샤머니즘의 우주수와 같이 각 세계를 연결하는 역할을 한다.

넷째, 북유럽 신화에서도 숫자 9는 반복적으로 사용되는 성수다. 특히 북유럽 신화에 대해서 연구를 하는 학자들은 한결같이 9라는 숫자에 주목을 한다.

> 아홉 세상은 이그드라실이라는 나무에 의해서 전부 둘러싸여 있다(그래서 이그드라실은 신화학자들에게는 세계수로 알려져 있는 보편성의 상징이 되었다). 오딘은 아홉 개의 마법의 노래를 거인으로부터 배웠다. 헤임달은 어머니가 아홉 명이었다. 오딘의 아들인 헤르모드(Hermod)는 발데르를 저승에서 데려오기 위하여 아흐레 동안 여행했다. 우프살라(Uppsala) 신전에서 거행되던 성대한 종교의식은 매 9년마다 9일 동안 계속되며 아홉 명의 사람과 모든 종류의 짐승을 아홉 마리씩 제물로 바쳐야했다. 9라는 숫자가 북유럽 신화에서 왜 가장 중요한 숫자인지는 아직 만족할 만하게 해명되지 않았지만 어떤 특정 숫자가 주술적인 특질이 있다고 믿는 것은 비단 스칸디나비아에만 국한된 일은 아니었다.

> 프레이저(J.G. Frazer)는 『황금가지(The Golden Bough)』에서 웨일스(Wales), 리투아니아(Lithuania), 시암(Siam), 멘타와이 제도(Mentawai chain)에 있는 니아스(Nias)섬 등과 같이 멀리 떨어져 있는 여러 나라에서 행해지는 아홉이라는 숫자와 관련된 의식에 대해서 기록해 놓았다. 물론 9는 한 자리 수의 끝이며 아마도 이런 이유 때문에 많은 신화 속에서 죽음과 부활을 상징하게 되었는지 모른다. 그러므로 9는 또한 전체를 상징하기도 한다.[159)]

인용문을 꼼꼼히 읽은 분들은 느끼겠지만, 북유럽 신화에서도 9라는 숫자가 반복적으로 등장한다는 것을 알 수 있을 것이다. 이는 앞서 설명한 만주족의 『천궁대전』에 반복적으로 등장하는 각종 9수와 유사하다.

케빈 크로슬리-홀런드Kevin Crossley-Holland는 수없이 반복되는 '9라는 숫자가 북유럽 신화에서 왜 가장 중요한 숫자인지는 아직 만족할 만하게 해명되지 않았다.'고 보고 '특정 숫자가 주술적인 특질이 있다고 믿는 것은 비단 스칸디나비아에만 국한된 일은 아니었다.'고 지적하고 있다. 필자는 그가 말하는 '만족할 만한 해명'은 바로 '3수 분화의 세계관'이라는 사유체계에 대한 이해에서 출발한다고 본다.

다섯째, 특히 북방 민족들의 구구예법九九禮法이 고대 북유럽에서도 있었을 가능성이 높다. 금, 은 등 각종 기물 아홉 가지를 아홉 벌로 선물하는 구구예법은 『몽골비사』 등 각종 사서史書에서도 보이는 것이다. 또한 몽골의 배상법에서도 가축 아홉 마리를 한 벌로 해서 총 여든한 마리를

159) 케빈 크로슬리-홀런드Kevin Crossley-Holland, 서미석 옮김, 『북유럽 신화』(서울: 현대지성사, 2002중판〈1999〉), 28쪽. 이 책에서는 '윱살라'로 번역했으나 뒤에 다른 책과 통일하기 위해서 '우프살라'로 옮긴다.

배상하는 9벌9九罰九가 있다.

이와 마찬가지로 고대 북유럽에서도 이런 구구예법이 있었을 가능성이 있는 부분을 다시 한 번 더 인용한다.

> 우프살라(Uppsala) 신전에서 거행되던 성대한 종교의식은 매 9년마다 9일 동안 계속되며 아홉 명의 사람과 모든 종류의 짐승을 아홉 마리씩 제물로 바쳐야 했다.[160)]

고대 스웨덴의 우프살라 신전에는 최고신 오딘Odin의 신전이 있었다. 여기에서 거행된 종교의식은, (1) 매 9년마다, (2) 9일 동안 거행되었고, (3) 아홉 명의 사람과 모든 종류의 짐승을 아홉 마리씩 제물로 바쳤다는 것이다. 이것은 필자에게는 매우 중요하고 인상적인 기록이다. 이것은 칭기스칸을 알현했던 부르칸이 '모든 것을 아홉 가지씩 아홉 벌'로 갖추어서 알현을 했다는 기록과 매우 유사하다.

특히 '모든 종류의 짐승을 아홉 마리씩'이라는 표현에 필자는 주목하고 있다. 9가 왜 중요한 숫자인지 잘 모르겠다고 고백하는 케빈 크로슬리-홀런드가 어떤 자료를 바탕으로 이런 기록을 했는지 현재로서는 필자가 알 수 없다. 그러나 '모든 종류의 짐승을 아홉 마리씩'은 구구예법의 다른 표현일 수 있다는 것이 필자의 생각이이다.

여섯째, 스웨덴의 우프살라에 있는 최고신 오딘의 신전에서 '아홉 명의 사람'을 제물로 바친 것은, 미노타우로스에게 '총각 일곱 명과 처녀 일곱

---

160) 케빈 크로슬리-홀런드Kevin Crossley-Holland, 서미석 옮김, 『북유럽 신화』(서울: 현대지성사, 2002중판〈1999〉), 28쪽.

명'을 제물로 바친 그리스·로마 신화와 대비되는 것이다. 고대 북유럽의 성수 9와 고대 그리스·로마 지역의 성수 7의 차이를 볼 수 있다.

성수 7은 고대 수메르와 메소포타미아 지역에서 기원하지만 이른 시기에 인접한 고대 그리스·로마 지역으로도 유입된다. 그리스 문명의 원형이라고 알려진 크레타섬의 미노아문명에서는 인간을 제물로 바칠 때는 남녀 각각 일곱 명을 바쳤다. 크레타섬과 그 섬의 전설의 왕인 미노스왕에 대해서 알렉상드르 파르누Alexandre Farnoux는 다음과 같이 설명하고 있다.

> 그 섬(크레타섬: 필자)은 제우스가 탄생한 섬인 동시에 헤라클레스와 테세우스가 싸워 물리친 황소의 섬이며, 법률과 예술의 고향이다. 또한 해적과 위선자들의 고향이며 정의의 고향이자 당당하고 격렬한 힘의 고향이기도 하다. 이러한 양면성을 상징하는 것이 제우스와 에우로파 사이에 태어난 전설적인 인물 미노스이다. 미노스는 변덕스럽고 잔인하며 바다를 지배하고 있었는데, 아테네인들로 하여금 라비린토스에 갇혀 있는 괴물 미노타우로스에게 총각 7명과 처녀 7명을 바치게 했다. 그는 또한 현명한 왕이었으며 제우스의 법을 지키는 입법자였다. 그리고 공정해서, 죽은 다음에는 지옥의 심판관이 되었다.[161]

크레타의 미노아문명은 기원전 3,200년경에 시작되며, 미노아문명을 일군 사람들은 수메르와 메소포타미아 지역에 인접한 소아시아 지역에서 이주한 사람들이라고 알려져 있다. 소아시아는 흑해, 마르마라해, 에게

161) 알렉상드르 파르누Alexandre Farnoux 지음, 이혜란 옮김, 『크노소스: 그리스의 원형 미노아 문명』(서울: 시공사, 1997), 1415쪽.

해, 지중해 등에 둘러싸인 반도로 지금의 터키 지역을 말한다.

미노타우로스는 '황소의 머리에 사람의 몸을 지닌 괴물'로, 미노스왕의 저주받은 자식이었다. 크레타섬을 지배하던 미노스왕이 아테네인들에게 '일곱 명의 처녀 총각'을 괴물로 변한 미노타우로스에게 제물로 바치게 했다는 것이다. 스웨덴 우프살라의 신전에서 '아홉 명의 사람'을 제물로 바친 것과는 확연히 구별된다.

이것은 단지 숫자의 차이가 아니라 성수의 차이이고, 성수의 차이는 사유체계의 차이에서 오는 것이다. 앞의 장들에서 살펴본 것과 같이 북방 샤머니즘의 '3수 분화의 세계관'을 공유한 지역에서는 각종 제물은 세 개, 아홉 개, 여든한(9×9) 개가 사용된다.

일곱째, 우프살라에 있는 최고신 오딘의 신전과 관련하여 구구(九九, 9×9=81)의 관념이 있었음을 볼 수 있는 전설도 전하고 있다. 고대 스웨덴의 왕들은 9년 동안만 통치를 하고 살해되거나 자기를 대신해서 죽을 대리자를 찾아야 했다.

그런데 스웨덴의 왕 아운Aun 혹은 온On은, (1) 아들 한 명을 제물로 바칠 때마다 9년의 생명을 연장하고, (2) 아홉 번째 아들을 신에게 제물로 바쳐서 81(9×9)년까지 수명을 연장하지만, (3) 열 번째 아들을 신에게 제물로 바치려 하자 백성들은 이를 받아들이지 않고 왕을 살해하고 만다. 제임스 조지 프레이저는 『황금가지』에서 이 전설을 채록해 놓았다. 먼저 이와 관련된 부분을 보면 아래와 같다.

① 스칸디나비아의 전설에는, 그 옛날에 스웨덴 왕들이 9년 동안만 통치하고 그 후에는 살해되거나 혹은 자기를 대신해 죽을 대리자를 발견해야

했다는 한 암시를 보여준다. 예를 들면 스웨덴의 왕 아운(Aun) 혹은 온(On)은 며칠 동안 오딘(Odin)에게 제물을 바치고, 9년마다 자기 아들을 하나씩 제물로 바치는 동안에는 그를 살려준다는 답을 신으로부터 들었다고 한다. 이렇게 왕은 9년마다 아들을 차례로 제물로 바치다가 드디어 10번째의 마지막 아들을 제물로 바치려 했는데 스웨덴인들은 그것을 허락하지 않았다. 그래서 그는 죽고 우프살라(Upsala)에 있는 묘에 매장되었다. … 우프살라에서 9년마다 집행되는 대제사는 왕이나 대리자가 살해되는 기회인 듯하다. 인간 제물을 바치는 것이 그 의식의 일부가 되었다는 것을 우리는 알고 있다.[162)]

② 우리가 이미 보아 온 바와 같이 전설에 따르면, 스웨덴 왕 아운 혹은 온은 그의 생명을 연장하기 위해서 아홉 명의 아들을 우프살라에서 오딘에게 제물로 바쳤다. 그 두 번째 아들을 바친 후에 그는 그 신으로부터 9년마다 아들을 하나씩 바치는 동안에 살려주겠다는 답을 얻었다. 일곱 번째 아들을 바쳤을 때에 아직 살아 있었으나 이미 걸어 다닐 수 없으리만큼 허약해져 의자에 앉은 채 운반되어야 했다. 다음 여덟 번째 아들을 바치고, 자리에 누운 채 9년을 더 살았다. 그리하여 아홉 번째 자식을 바치고 다시 9년 동안의 수명이 주어졌으나, 갓 젖 떨어진 아기처럼 뿔로 된 그릇으로 마셔야 했다. 그는 단 하나 남은 아들을 바치려고 결심했다. 그러나 스웨덴인은 그것을 허락하지 않았다. 그는 죽어서 우프살라의 묘지에 매장되었다.[163)]

---

162) 제임스 소지 프레이저, 이경덕 옮김, 『그림으로 보는 황금가지』(서울: 까치, 1995), 362쪽.
163) 제임스 조지 프레이저, 이경덕 옮김, 『그림으로 보는 황금가지』(서울: 까치, 1995), 374쪽.

스웨덴의 왕이 제물을 바친 곳은 우프살라에 있는 최고신 오딘의 신전이었다. 그는 아홉 명의 아들을 제물로 바쳐서 81(9×9)년을 더 살았지만 더 이상은 아니었다. 왜 하필이면 81년이었을까?

'3수 분화의 세계관'에서 81(9×9)은 최고, 최상을 의미하는 '변화의 완성수' 9을 아홉 번 반복한 '우주적 완성수'로 모든 것을 갖춘 더 이상 클 수 없는 수이다. 9년마다 새로운 생명을 얻는 변화가 완성되고, 81(9×9)년이 지나면 모든 것이 완성되고 다시 근본으로 돌아간다. 당시 스웨덴인은 왕의 수명에 대한 욕심을 지켜보았지만, '우주적 완성수' 81마저 넘어서려는 과욕을 허용하지 않았던 것이다. 이런 전설에 담긴 속뜻이 '3수 분화의 세계관'이라는 틀을 통해서 보면 의외로 쉽게 풀릴 수 있는 것이다.

여덟째, 동북아시아에서 북방 샤머니즘이 도가나 선도계통에 체계화되듯이, 북유럽 지역에서 북방 샤머니즘이 나름대로 체계화되고 종교화된 것이 켈트족이 중심이 된 드루이드교이다. 따라서 켈트족이나 드루이드교의 문화에는 3·1관념에 입각한 도상들이 많이 보인다.

특히 켈트족의 신화와 민속에서는 '셋이 한 조가 된(Three in one)' 트리프리서티Triplicity 형태의 도형이 매우 일반화되어 있다. 기독교의 삼위일체론(Trinitarianism)은 초기 기독교가 유럽으로 전파되면서 새롭게 생겨난 관념으로 북유럽의 기층문화에 깔려있던 3·1관념을 받아들인 것이다.

특히 트라이퀴트라Triquetra(Triqueta) 도형은 세 마리의 물고기가 얽혀 있는 모양으로, 켈트족의 3·1신을 상징하던 것이 기독교 유입 이후 켈트족 교회에서도 삼위일체의 상징으로 사용되었다.

오원Awen은 세 줄기의 빛을 상징하는 세 개의 기둥과 그 위의 세 개의 점으로 구성되어 있다. '오원'은 고대 켈트족 언어에서 영감(Inspiration),

본질(Essence) 등을 의미하는 것으로, (1) 좌측 기둥과 점은 여성 에너지, (2) 우측 기둥과 점은 남성 에너지, (3) 가운데 기둥과 점은 둘의 조화를 의미한다. 또한 (1) 드루이드의 세 가지 미덕인 용기(Courage), 형제애(Brotherhood), 헌신적 봉사(Selfless service), (2) 하늘, 땅, 바다, (3) 몸, 마음, 영혼, (4) 사랑, 지혜, 진리 등을 의미하기도 한다.

세 잎 크로버인 샴록Shamrock은 현재 아일랜드의 국장國章이기도 하다. 샴록은 가장 오래된 켈트족의 도상 가운데 하나로 3·1(Three in one) 관념을 상징하며 악을 물리치는 마력을 지닌 것으로 본다. 이 도상은, (1) 켈트족의 삼계관인 하늘, 땅, 바다, (2) 삶의 세 과정, (3) 드루이드의 세 가지 미덕 등을 상징한다.

유럽에서 '트라이스켈/트리스켈Triskel', '셀틱 스피랄Celtic Spiral', '트리플 스피랄Triple Spiral' 등으로 불리는 것이 있다. 동심원 세 개가 세 가지로 뻗은 도상으로 다양한 모양의 변형문이 있다. 이것은 3·1관념, 3·1신, 삼위일체 등의 상징으로 사용된다. 켈트족의 드루이드교에서, (1) 땅, 바람, 불, (2) 드루이드의 세 가지 미덕인 용기, 형제애, 헌신적 봉사, (3) 삶의 세 단계를 의미하기도 한다. 이러한 켈트족의 3·1 관념을 나타내는 다양한 모습의 도상을 정리한 것이 〈자료 9-3〉이다.

특히 '셀틱 스피랄Celtic Spiral'로 통칭되는 문양 가운데, (1) 하나의 동심원이 두 줄로 회전하는 형태는 동양의 음양태극과 똑같은 모습으로 단독으로 도상화되고, (2) 동심원이 세 줄로 회전하는 형태는 동양의 삼일태극과 똑같은 모습으로 단독으로 도상화된다. 이런 모습은『켈즈의 서(Book of Kells)』에 장식된 도판에도 보인다(〈자료 9-4〉 참조).

물론 음양태극이나 삼일태극과 똑같은 모양이지만, 동양에서와 같은

〈자료 9-3〉 켈트족의 3·1(Three in one)관념의 상징 도상들

명칭	도형	기원과 의미
트라이퀴트라 Triquetra (Triqueta)		·세 마리의 물고기가 얽혀 있는 도상 ·켈트족의 3·1신을 상징하던 것이 기독교 유입 이후 켈트족 교회에서도 삼위일체의 상징으로 사용됨
오원Awen		·오원은 세 줄기의 빛을 상징하는 세 개의 기둥과 그 위의 세 개의 점으로 구성 ·고대 켈트족 언어에서 영감(Inspiration), 본질(Essence) 등을 의미하는 것으로, (1) 좌측 기둥과 점은 여성 에너지, (2) 우측 기둥과 점은 남성 에너지, (3) 가운데 기둥과 점은 둘의 조화를 의미한다. ·또한 (1) 드루이드의 세가지 미덕인 용기(Courage), 형제애(Brotherhood), 헌신적 봉사(Selfless service), (2) 하늘, 땅, 바다, (3) 몸, 마음, 영혼, (4) 사랑, 지혜, 진리 등을 의미하기도 한다.
세 잎 크로버 Shamrock		·세 잎 크로버로 현재 아일랜드의 국장國章이기도 하다. ·가장 오래된 켈트족의 도상 가운데 하나로 3·1(Three in one) 관념을 상징하며 악을 물리치는 마력을 지닌 것으로 본다. ·이 도상은, (1) 켈트족의 삼계관인 하늘, 땅, 바다, (2) 삶의 세 과정, (3) 드루이드의 세 가지 미덕 등을 상징한다.
트라이스켈 Triskel = 트리플 스피랄 Triple spiral = 셀틱 스피랄 Celtic Spiral	    	·동심원 세 개가 세 가지로 뻗은 도상으로 다양한 모양의 변형문이 있다. ·켈트족의 드루이드교에서, (1) 땅, 바람, 불, (2) 드루이드의 세 가지 미덕인 용기, 형제애, 헌신적 봉사, (3) 삶의 세 단계인 시기를 의미하기도 한다.
트리플-트리플 스피랄 Triple-Triple Spiral	  	·세 가닥으로 회전하는 트리플 스피랄Triple spiral 세 개가 원 안에 모여 있는 도상 ·트리플 스피랄의 모든 의미를 지니고 있고, 그 의미를 증폭시킨다.

〈자료 9-4〉『켈즈의 서(Book of Kells)[164]』에 보이는 '셀틱 스피랄Celtic Spiral'

164) 『켈즈의 서(Book of Kells)』는 800년경에 아일랜드 켈즈의 수도원이 소장했다가 현재는 더블린의 트리니티 컬리지 도서관에 소장되어 있는 켈트족계 장식사본의 대표작으로 그림을 곁들인 복음서다. '세상에서 가장 아름다운 책'이라고도 한다. 33x25cm의 대형 양피지 339장 중 일부는 분실되었으나 행간이나 여백의 도처에 다양한 그림들이 그려 넣어져 있다. 동물 등을 풍부하게 그려 넣은 대관표對觀表, 사복음서기자四福音書記者, 성보자, 그리스도의 상, '그리스도의 유혹'과 '그리스도의 체포'의 두 설화도 등이 그려져 있다. 섬세하고 장식적이며 호화로운 색감 등에서 켈트계 사본화의 정점을 잘 보여주고 있다. 800년경, 아이오나 수도원에서 제작된 작품으로 추정된다.

음양론이나 천지인 삼재론을 바탕으로 한 똑같은 철학적 의미를 지니고 있지는 않다. 음양태극이나 삼일태극과 똑같은 모습의 문양을 서구에서는 '셀틱 스피랄'이라고 통칭한다. 그러나 삼일태극과 똑같은 문양은 '셀틱 스피랄' 가운데 3·1관념을 지니고 있기 때문에 '트리플 스피랄' 혹은 '트라이스켈/트리스켈'의 하나로 본다. 이 관계를 정리한 것이 〈자료 9-5〉다.

〈자료 9-5〉 '셀틱 스피랄Celtic Spiral'과 음양태극, 삼일태극의 비교

* 동심원을 이루는 '셀틱 스피랄' 가운데 세 줄로 도는 것은 '트라이스켈', '트리플 스켈'이라고 부른다.

고대 켈트족의 암각화 등에 보이는 셀틱 스피랄	『켈즈의 서』에 보이는 셀틱 스피랄	동양에서 보이는 음양태극, 삼일태극 문양
	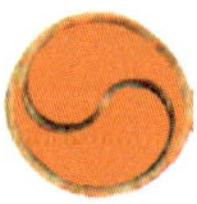	  
	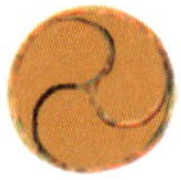	  

필자는 '3수 분화의 세계관'이라는 틀을 통해서 보면 북유럽 신화나 북유럽의 고대 종교인 드루이드교 그리고 북유럽의 기층문화 등을 새롭게 이해할 수 있다고 본다. 또한 북방 샤머니즘의 사유체계를 공유하면서 서로 다르게 변형되었지만, 그 공통분모는 '3수 분화의 세계관'이라고 본다.

이와 관련해서 필자는 이미 많은 자료들을 수집하여 분석하고 있다. 이에 대한 상세한 소개는 후속의 책들로 미룬다. 필자의 가설을 바탕으로 연구가 지속되면 '3수 분화의 세계관'은 '유라시아 모태문화'로서의 위상을 지닐 수 있을 것으로 믿는다.

3. 글을 마치며

필자는 이 책을 통해서 고대 북방 샤머니즘의 고유한 사유체계인 '3수 분화의 세계관(1-3-9-81)'의 모습들을 다양한 측면에서 제시하였다. 이제 그 내용들을 정리하면 아래와 같다.

첫째, '3수 분화의 세계관'을 이루는 가장 핵심적인 논리인 '하나이면서 셋이고, 셋이면서 하나'라는 3·1관념은, 신으로 여겼던 태양(태양신)이 세 개가 떠오르는 '환일幻日현상'에서 기원한 것이다.

이러한 3·1관념을 일상 생활세계에서 지속시킬 수 있었던 것은 '세 가닥으로 꼬인 탯줄'을 통한 반복적 경험이다. 생명줄로서 탯줄은 '탯줄-새끼줄-뱀'으로 그 의미 영역을 확대해 간다.

그러나 탯줄 관념은 '성수 3'의 보편적 존재를 설명할 수 있지만, 필자가 이야기하는 '3수 분화의 세계관'에서 보이는 지속적인 3수 분화를 설명할 수는 없다. 그래서 필자는 '세 가닥으로 꼬인 탯줄' 관념은, 3·1관념을 지속적으로 유지시킨 보완적 역할을 했을 것으로 본다.

특히 북방 샤머니즘 지역은 대부분 유목 지대이고, 유목문화에서는 인간의 탯줄만이 아니라 그들이 기르는 가축의 탯줄을 수도 없이 경험했을 것이다. 환일현상을 통해 경험된 3·1관념이 이런 유목문화에서 지속적으로 반복 경험되었다고 보는 것이다.

둘째, '3수 분화의 세계관'이 최초로 체계화된 것은 요하문명의 핵심적인 신석기문화인 홍산문화紅山文化(BC 4500~BC 3000)시기, 특히 후기(BC 3500~BC 3000)라고 본다. 홍산문화 후기의 각종 유적과 유물에는, (1) 천지인 삼계관, (2) 원·방·각 관념, (3) 환일현상을 조형화한 옥기 등이 보이기 때문이다.

셋째, '3수 분화의 세계관'은 기본적으로 우주를 3층 9층으로 나누는 삼계구천설三界九天說과 그 여러 층의 세계들을 연결하는 우주수宇宙樹 관념을 통해서 우주를 이해하고 있다.

넷째, '3수 분화의 세계관'은 '하나이면서 셋이고, 셋이면서 하나'라는 3·1관념에 입각한 3·1철학을 본체론으로 지니고 있다.

다섯째, '3수 분화의 세계관'은 3·1관념을 바탕으로 하나에서 셋으로 지속적으로 분화하는 '3수 분화의 프랙탈 구조'를 우주론적 자기 전개의 논리로 지니고 있다.

여섯째, '3수 분화의 세계관'에서는 '3수 분화의 프랙탈 구조'라는 우주론적 자기 전개의 과정에서 생성된 수들 가운데, (1) 3은 '변화의 계기수(Number of Chance for Change)', (2) 9(3×3)는 '변화의 완성수(Number of Completing Change)', (3) 81(9×9)은 '우주적 완성수(Number of Universal Completeness)'라는 상징성을 지닌 성수聖數로 사용된다.

일곱째, '3수 분화의 세계관'은, (1) 동북아시아에서는 선도, 신선사상, 도가, 도교, 풍류도, 대종교, (2) 북유럽에서는 켈트족의 드루이드교 등으로 철학화 혹은 종교화된다.

여덟째, '3수 분화의 세계관'의 핵심 논리인 '하나이면서 셋이고, 셋이면서 하나'인 3·1관념은, (1) 동북아시아에서는 삼일태극도三一太極圖로, (2) 북유럽에서는 켈트족과 드루이드교를 중심으로 사용되던 트라이스켈Triskel, 트리플 스피랄Triple spiral, 트라이퀴트라Triquetra(Triqueta), 오원Awen, 세 잎 크로버 샴록Shamrock, 트리플-트리플 스피랄 Triple-Triple Spiral 등으로 도상화된다.

아홉째, '3수 분화의 세계관'은, (1) 홍산문화 시기에 최초로 체계화되어, (2) 북방 샤머니즘 안에 잘 보존되어 있으며, (3) 북방 유라시아 초원 루트를 통한 민족과 문화의 이동, 교류, 전파를 통해서 중앙아시아 샤머니즘, 북유럽 신화, 고대 켈트족의 드루이드교 등을 통해 이들의 기층문화에 전승되었고, (4) 몽골리안 루트를 따라 간헐적으로 이동이 이루어진 남북 아메리카 지역에도 전승되었으며, (5) 기원전 2,000~1,500년 대대적인 고대 아리안족의 남방 이동으로 이들이 점령한 인더스 문명 지역에도 일부 전승되었고, (6) 한반도 쪽으로는 내려오면서 선도와 풍류도 그리고 대종교 등 각종 민족종교와 기층문화에 전승되었으며, (7) 중원 쪽으로 남하하면서 신선사상, 도가, 황노학, 도교 등과 기층문화에 전승되었다.

북방 유라시아 초원 벨트에서 공유되던 '3수 분화의 세계관'은, 고대 북유럽의 여러 민족들의 이동과 교류를 통해 프랑스 남부 갈리아 지역이나 스페인 지역까지도 일부 전승되었다. 여기서는 간략하게 북유럽 신화와 고대 켈트족 전설 등을 통해서 북유럽 지역에 남겨진 흔적들만을 살펴보았다. 기타 지역에 남겨진 명백한 흔적들에 대해서도 필자는 이미 연구를 시작했고 많은 자료들을 찾았다. 그 결과들은 이어지는 책들을 통해서 선보일 것이다.

우리나라 속담에 '구슬도 꿰어야 보배다'라는 속담이 있다. 동북아시아 기층문화 이곳저곳에 흩어져 있는 구슬들을 '3수 분화의 세계관'이라는 하나의 이론적 틀로 꿰려는 것이 이 책의 목적이다. '3수 분화의 세계관'과 그 성수인 '변화의 계기수' 3, '변화의 완성수' 9(3×3), '우주적 완성수' 81(9×9)라는 이론적 틀을 통해서 동북아시아의 기층문화, 사상, 문학, 예술 등을 읽으면 기존에 미처 보지 못했던 것들을 해독할 수 있을 것이라

〈자료 9-6〉 '3수 분화의 세계관(1-3-9-81)' 정리

3·1관념의 기원	1. '환일幻日(Sundog, Mock sun, Parhelion)현상' 2. '세 가닥으로 꼬인 탯줄'은 일상적 생활에서 3·1관념을 지속시키고 확산시키는 역할을 함(탯줄-새끼줄-뱀).
최초의 체계화	·홍산문화紅山文化(BC 4500~BC 3000). 특히 후기(BC 3500~BC 3000)
우주관	·삼계구천설三界九天說, 우주수宇宙樹
본체론	·'하나이면서 셋이고, 셋이면서 하나'인 3·1신, 3·1관념, 3·1철학
우주론	·'3수 분화의 프랙탈fractal 구조'
성수(聖數)	1. '변화의 계기수(Number of Chance for Change)' 3 2. '변화의 완성수(Number of Completing Change)' 9(3×3) 3. '우주적 완성수(Number of Universal Completeness)' 81(9×9)
철학화, 종교화	1. 동양: 선도, 신선사상, 도가, 도교, 풍류도, 대종교 2. 서양: 켈트족의 드루이드교Druidism
상징 도상	1. 동양에서 3·1관념을 도상화한 것이 삼일태극도三一太極圖 2. 북유럽의 켈트족과 드루이드교를 중심으로 사용되던 트라이스켈Triskel, 트리플 스피랄Triple spiral, 트라이퀴트라Triquetra(Triqueta), 오원Awen, 세 잎 크로버인 샴록Shamrock, 트리플-트리플 스피랄Triple-Triple Spiral 등
확산	1. 홍산문화 후기(BC 3,500-BC 3,000)에 최초로 체계화된다. 2. 북방 샤머니즘 안에 잘 보존되어있다. 3. 북방 초원 루트를 통한 민족과 문화의 이동, 교류, 전파를 통해서 중앙아시아 샤머니즘과, 북유럽 신화, 고대 켈트족의 드루이드교 등을 통해 기층문화에 전승되었다. 4. 몽골리안 루트를 따라 간헐적으로 이동이 이루어진 남북 아메리카 지역에도 전승되었다. 5. 기원전 2,000~1,500년 대대적인 고대 아리안족의 남방 이동으로 이들이 점령한 인더스 문명 지역에도 일부 전승되었다. 6. 한반도 쪽으로는 내려오면서 선도와 풍류도 그리고 각종 민족종교에 전승되었다. 7. 중원 쪽으로 남하하면서 신선사상, 도가, 황노학, 도교 등에 전승되었다.

고 본다.

이제는 '3수 분화의 세계관(1-3-9-81)'을 '북방 유라시아 모태문화'로 위상을 자리매김하기 위해서 또 다른 책을 준비할 것이다.

이곳저곳에 낱개로 흩어져 있는 구슬을 한 줄로 꿰어 멋진 목걸이를 만드는 즐거움을 독자 여러분들도 느껴보시길 바란다.

참고문헌

[한국]

『고려사高麗史』.

『국립경주박물관』(1995).

김병환, 「태극도 연원 연구」, 한국동양철학회, 『동양철학』 제7집(1996).

김성배, 『한국의 민속』(서울: 집문당, 1995[1980초판]).

김영균, 「탯줄과 숫자 3 연구」, 비교민속학회, 『비교민속학』 제44집(2011).

김영균·김태은, 『탯줄 코드: 새끼줄, 뱀, 탯줄의 문화사』(서울: 민속원, 2008).

김재용·이종수, 『왜 우리 신화인가 – 동북아 신화의 뿌리 「천궁대전」과 우리 신화』(서울: 동아시아, 1999).

김택규, 『한국민속문예론』(서울: 일조각, 1980).

大倧教倧經倧史編修委員會, 『大倧教重光六十年史』(서울: 大倧教總本司, 1971).

박원길, 『몽골의 문화와 자연지리』(서울: 두솔, 1996).

______, 『유라시아 초원제국의 샤머니즘』(서울: 민속원, 2001).

박원길·김기선·최형원, 『몽골비사의 종합적 연구』(서울: 민속원, 2006).

『삼국사기三國史記』.

『삼국유사三國遺事』.

선정규, 『중국신화연구』(서울: 고려원, 1996).

성세영, 『부인경符印經』.

______, 『일청사고一晴私稿』.

송재국, 『송재국 교수의 역학담론: 하늘의 빛 正易, 땅의 소리 周易』(서울: 예문서원, 2010).

우실하, 「구구가九九歌, 구구소한도九九消寒圖의 기원과 '3수 분화의 세계관'」, 동양사회사상학회, 『동양사회사상』 제13집(2006).

______, 「도교와 민족종교에 보이는 '3수 분화의 세계관'」, 한국도교문화학회, 『도교문화연구』 제24집(2006).

______, 「동북공정의 최종판 '요하문명론'」, 단군학회, 『단군학연구』 제15집(2006).

______, 「동북아 샤머니즘의 성수(聖數: 3, 7, 9, 81)의 기원에 대하여」, 단군학회, 『단군학연구』 제10집(2004).

______, 「동북아시아 모태문화와 '3수분화의 세계관'」, 한국문화심리학회 편, 『문화와 사람』 창간호(서울: 사계절, 2000).

______, 「몽골 지역 석인상의 기원과 요하문명(遼河文明)」, 한국몽골학회, 『몽골학』 제29호(2010).

______, 「몽골문화와 '3수 분화의 세계관(1-3-9-81)'」, 한국몽골학회, 『몽골학』 제27호(2009).

______, 「몽골문화와 '3수 분화의 세계관(1-3-9-81)'」, 단군학회, 『단군학연구』 제18집(2008).

______, 「'3수 분화의 세계관(1-3-9-81)'의 기원과 홍산문화: 홍산문화에 보이는 성수(聖數) 3, 9, 81을 중심으로」, 비교민속학회, 『비교민속학』 제44집(2011).

______, 「삼태극(三太極)/삼원태극(三元太極) 문양의 기원에 대하여」, 한국정신문화연구원, 『정신문화연구』 제29권 제2호, 통권103호(2006년 여름호).

______, 「삼태극/삼원태극 문양의 기원과 삼파문의 유형 분류」, 동양사회사상학회, 『동양사회사상』 제21집(2010).

______, 「삼태극/삼원태극의 상징적 의미와 훼손 실태: 송광사 약사전(보물 302호)과 영산전(보물 303호)을 중심으로」, 계명대 한국학연구원, 『한국학논총』 제39집(2009).

______, 「삼태극의 논리와 5音 12律의 산율 수리(數理) 체계」, 한국음악사학회, 『한국음악사학보』 제32집(2004).

______, 「오리엔탈리즘의 해체를 위한 인식 전환으로서의 동도동기론東道東器論」, 동양사회사상학회, 『동양사회사상』 제1집(창간호, 1998).

______, 「'요하문명론'의 초기 전개 과정에 대한 연구」, 단군학회, 『단군학연구』 제21집(2009).

______, 「천부경」,「삼일신고」의 수리체계와 '3수 분화의 세계관(1-3-9-81)'」, 선도문화연구원, 『선도문화』 제1집(2006).

______, 「최근 중국의 역사 관련 국가 공정들과 한국의 과제」, 단군학회, 『단군학연구』 제12집(2005).

______, 「최초의 태극 관념은 음양태극이 아니라 삼태극/삼원태극이었다」, 동양사회사상학회, 『동양사회사상』 제8집(2003).

______, 「'통일적 다민족국가론'의 전개와 적용」, 고구려연구회, 『고구려연구』 제29집(2007).

______, 「한국 전통 문화의 구성 원리에 대한 연구」, 연세대 사회학과 박사학위논문(1997).

______, 「한국문화의 심층구조 '3수 분화의 세계관(1-3-9-81)'」, 한민족학회, 『한민족 연구』 제9집(2009).

______, 「홍산문화 옥저룡(玉猪龍)·쌍수수황형기(雙獸首璜形器)·쌍수수삼공기(雙獸首三孔器)의 상징적 의미와 '환일(幻日: Sundog)' 현상」, 동아시아고대학회, 『동아시아고대학』 제24집(2011).

______, 『오리엔탈리즘의 해체와 우리 문화 바로 읽기』(서울: 소나무, 1997).

______, 『전통문화의 구성원리』(서울: 소나무, 1998).
______, 『전통음악의 구조와 원리: 삼태극의 춤 동양음악』(서울: 소나무, 2004).
______, 『고조선의 강역과 요하문명』(서울: 동아지도, 2007).
______, 『동북공정 너머 요하문명론』(서울: 소나무, 2007).
______, 『동북공정의 선행 작업과 중국의 국가 전략』(서울: 울력, 2004).
유원수 옮김, 『몽골비사』(서울: 혜안, 1994).
이어령, 『지성에서 영성으로』(서울: 열림원, 2010).
이이, 『율곡전서栗谷全書』.
이평래, 「17-18세기 몽골법전에 등장하는 도물(盜物)의 분석」, 중앙아시아학회, 『중앙아시아연구』 제3집(1998).
이필영, 「몽골 홉스굴 지역의 샤머니즘: 현지조사 보고를 중심으로」, 고려대 민족문화연구원 민속학연구소 편, 『몽골의 무속과 민속』(서울: 도서출판 월인, 2001).
임승국 옮김, 『한단고기』(서울: 정신세계사, 1986).
임헌규, 「사암思庵, 율곡 태극논변과 율곡의 태극론」, 한국사상문화연구회, 『한국사상과 문화』 제29집(2005).
______, 「주·육 태극논변朱陸 太極論辨과 형이상학」, 한국철학사연구회, 『한국철학논집』 제17집(2005).
장윤수, 「한국 성리학에서 '무극태극' 논쟁」, 대한철학회, 『철학연구』 제61집(1997).
정수일, 『고대 문명 교류사』(서울: 사계절, 2002).
정재서, 『사라진 신들과의 교신을 위하여』(서울: 문학동네, 2007).
『조선왕조실록朝鮮王朝實錄』.
조철수, 『수메르 신화: Ⅰ』(서울: 서해문집, 1996).
최진석, 『노자의 목소리로 듣는 도덕경』(서울: 소나무, 2001).
한국구비문학 『한국구비문학대계』 8집 14책.
한국기상학회, 『대기과학개론(개정판)』(서울: 시그마프레스, 2009(5쇄)).
황병익, 「『三國遺事』 '二日竝現'과 「兜率歌」의 의미 고찰」, 한국어문교육연구회, 『어문연구』 제30권 3호, 통권115호(2002).

[중국]

葛兆光 지음, 심규호 옮김, 『道敎와 中國文化 : 도교와 우주론 '의례와 방술' 신들의 계보』(서울: 동문선, 1987).
孔子, 『論語』.
郭大順, 『紅山文化』(文物出版社, 2005), 이종숙·조영란·모진석 옮김, 『홍산문화』(동북아역사재단, 2007) 재단 내부자료.
郭淑雲, 『原始活態文化 : 薩滿敎透視』(上海: 上海人民出版社, 2001).
郭淑雲·王宏剛 主編, 『活着的薩滿 : 中國薩滿敎』(沈陽: 遼寧人民出版社, 2001).

金晟煥, 『黃老道探源』(北京: 中國社會科學出版社, 2008).
老子, 『道德經』 제42 「道化」.
凌純聲, 『松花江下流的赫哲族 : 上册』(南京: 國立中央研究院歷史言語研究所, 中華民國23).
道潤梯步 (譯著), 『蒙古秘史』(呼和浩特: 內蒙古人民出版社, 1979).
鄧淑苹, 「試論紅山系玉器」, 許倬云, 張忠培 主編, 『新世紀的考古學』(北京: 紫禁城出版社, 2006).
廖名春·康學偉·梁韋弦 지음, 심경호 옮김, 『주역철학사』(서울: 예문서원, 1994).
柳冬青, 『紅山文化』(呼和浩特: 內蒙古大學出版社, 2002).
孟康, 『漢書音義』.
班固(顔師古 注), 『漢書』(北京: 中華書局, 1992).
富育光, 『薩滿教與神話』(沈陽: 遼寧大學出版社, 1990).
司馬遷 撰, 『史記』(北京: 中華書局, 1982) 卷25
『山海經』「海外東經」.
徐强, 『紅山文化古玉鑑定』(北京: 華藝出版社, 2007).
徐中舒, 『甲骨文字典』(四川: 四川辭書出版社, 1989).
『說文解字』.
邵國田 主編, 『敖漢文物精華』(赤峰市: 內蒙古文化出版社, 2004).
神州收藏网(http://yourcollect.net/products/200953012515180.htm).
阿 海, 『北歐的神話傳說』(沈陽: 遼寧大學出版社, 1992).
額爾登泰·烏云達賚 (校勘), 『蒙古秘史校勘本』(呼和浩特: 內蒙古人民出版社, 1980).
楊力 지음, 김충렬·홍원식 외 옮김, 『주역과 중국의학: 상』(서울: 법인문화사, 1995).
揚雄, 『太玄經』.
『禮記』.
王宏剛, 『北方薩滿文化』(四川: 四川文藝出版社, 2007).
王圻, 王思義 編集, 『三才圖會』(上海: 上海古籍出版社, 1985) 영인본 上, 人物九卷,.
王先謙, 『漢書補注』.
王弘力 編注, 『古篆釋源』(瀋陽: 遼寧美術出版社, 1997).
遼寧省文物考古研究所, 『牛河梁紅山文化遺址與玉器精粹』(北京: 文物出版社, 1997).
遼寧省文物保護與長城基金會(籌備)·遼寧省文物考古研究所 編著, 『遼寧重大文化事迹』(瀋陽: 遼寧美術出版社, 1990).
遼寧省博物館·文物考古研究所, 『遼河文明展 文物集萃』(瀋陽: 遼寧省博物館·文物考古研究所, 2006).
于建設 主編, 『紅山玉器』(呼和浩特: 遠方出版社, 2004).
袁珂 지음, 전인초·김선자 옮김, 『중국신화전설Ⅰ』(서울: 민음사, 1998).
劉国祥, 「西辽河流域新石器时代至早期青铜时代考古学文化概論」, 『遼寧師範大學學報(社会科学版)』 第1期(2006年).

劉熙, 『釋名』「釋天」.
『理藩院則例(Regulation of the Chinese Boatd of Foreign Relation)』.
『爾雅』.
張君房, 『雲笈七籤』.
1. 文淵閣本 『四庫全書』 濟南開發區彙文科技開發中心 硏制, 『四庫全書』(城都 : 武漢大學出版社, 1997).
2. 張君房, 『雲笈七籤: 上,中,下』(臺北: 自由出版社, 中華民國 66年) 영인본.
趙承楷, 『考古文化』(北京: 文化藝術出版社, 2009).
『周易·繫辭上傳』.
『周易·繫辭下傳』.
『周易·說卦傳』.
朱子, 『性理大全』 卷28.
陳鼓應 지음, 최진석·김갑수·이석명 옮김, 『주역: 유가의 사상인가 도가의 사상인가』(서울: 예문서원, 1996).
『晉書』.
策·達賴 지음, 丁師浩·特爾根 譯, 『蒙古薩滿教簡史』(北京: 中國社會科學院民族硏究所, 1978).
天壇編輯委員會 編, 『天壇』(北京: 新華出版社, 1994).
馮友蘭, 『中國哲學史』(京都: 中文出版社, 1973).
馮雲鵬·馮雲鵷, 『金石索』(北京: 書目文獻出版社, 1996) 영인본.
何寧, 『淮南子集釋』(北京: 中華書局, 1998).
『漢書』「天文志」.

[일본]

시마다 마사오島田正郎 지음, 임대희·박원길·우덕찬·이광수 옮김, 『아시아 법사』(서울: 서경문화사, 2000).
安井息軒, 服部宇之吉 校訂, 『漢文大系』 第21卷 『管子纂詁』(東京: 富山房, 1972).
紫田淸孝 지음, 김영섭·김경익 옮김, 『대기광학과 복사학』(서울: 시그마프레스, 2002).

[기타]

게. 강토그토흐, 장장식 옮김, 「몽골 보리야드 족 샤마니즘의 이해」, 고려대 민족문화연구원 민속학연구소 편, 『몽골의 무속과 민속』(서울: 도서출판 월인, 2001).
데. 마르하호, 「초원의 옹고드에게 올리는 제사의식」, 고려대 민족문화연구원 민속학연구소 편, 『몽골의 무속과 민속』(서울: 도서출판 월인, 2001).
데. 엘. 브로단스키 지음, 정석배 옮김, 『연해주의 고고학』(서울: 학연문화사, 1996).
데. 체렌소드놈 지음, 이평래 옮김, 『몽골 민간 신화』(서울: 대원사, 2001).

둘 람, 「「항갈 이흐 차간 톡」 깃발의 상징 및 제례의식」, 몽골반점동족세계평화연합, 『몽골반점 동족과 세계평화』(2006).
미르치아 엘리아데M. Eliade 지음, 이윤기 옮김, 『샤머니즘; 고대적 접신술』(서울: 까치, 1992).
「서울신문 나우뉴스」, 2007. 11. 15일자 〈태양이 두개로 보이는 '환일' 中서 떴다〉.
「서울신문 나우뉴스」, 2010. 1. 10일자 〈종말 징조? 태양이 3개로 보이는 '환일현상'〉.
알렉상드르 파르누Alexandre Farnoux 지음, 이혜란 옮김, 『크노소스: 그리스의 원형 미노아 문명』(서울: 시공사, 1997).
어트거니 프레브Otgony Purev 지음, 「몽골 무교의 전반적 성격」, 고려대 민족문화연구원 민속학연구소 편, 『몽골의 무속과 민속』(서울: 도서출판 월인, 2001).
[연합뉴스] 2011. 9. 1일자 '〈인터뷰〉 中 역사 수정 연구 우실하 교수' 참조.
제임스 조지 프레이저James George Frazer 지음, 이경덕 옮김, 『그림으로 보는 황금가지』(서울: 까치, 1995).
케빈 크로슬리-홀런드 Kevin Crossley-Holland 지음, 서미석 옮김, 『북유럽 신화』(서울: 현대지성사, 2002중판〈1999〉).
『켈즈의 서(Book of Kells)』.
Czaplicka, M. A., 『Aboriginal Siberia: A Study in Social Anthropology』(1914). 이필영 옮김, 『시베리아 샤머니즘』(서울: 탐구당, 1984).
Frederick K. Lutgens, Edward J. Tarbuck 지음, 안중배·김준·류찬수 외 옮김, 『대기과학』(서울: 시그마프레스, 2009).
http://en.wikipedia.org/wiki/Sun_dog의 사진 자료.
Trudy E. Bell 지음, 송영운 옮김, 『기상학』(서울: 도서출판 이치, 2010).
V. A. 랴자노프스키 지음, 서병국 옮김, 『몽골의 관습과 법』(서울: 혜안, 1996).

찾아보기

[ㄱ]
갈홍葛洪 • 256
갑골문甲骨文 • 208
강신형降神形 • 254
거루둔마마(葛魯頓媽媽) • 276, 277
게르Ger • 148, 267, 268
결태結胎 • 256
『고려사高麗史』 • 168, 179, 181
공자 • 45, 72~75, 116, 117
『관자管子』 • 158~160
9(3×3) • 35, 40, 43, 72, 77, 108, 113, 118, 133, 161, 164, 191, 242, 296, 297
구구가九九歌 • 42, 135
구구곡九九谷 • 136, 138, 139
구구九九(9·9, 9×9=81) • 118, 133~139, 142, 143, 147
구구동九九洞 • 138
구구랑九九郎 • 137
구구벌九九罰 • 135
구구법九九法 • 143
구구소한도九九消寒圖 • 42, 135
구구소한시도九九消寒詩圖 • 42, 135
구구예九九禮 • 147
구구예법九九禮法 • 147, 285, 286
구구지례九九之禮 • 142
구구지례九九之禮·진구구進九九·구구예물九九禮物 • 135
구구천九九天 • 136
구두여신九頭女神 • 277
구두태양모신九頭太陽母神 • 276
구미호九尾狐 • 133
구백지공九白之貢 • 132
구벌구九罰九(9벌9) • 135, 144, 286
「구변삼화도설九變三化圖說」 • 67
「구변삼화생성도九變三化生成圖」 • 60, 65, 67
구십구九十九 • 134, 136, 137
9주州 • 53, 54, 60
구천설九天說 • 242, 243
『금석색金石索』 • 209
기년전祈年殿 • 216
길가메쉬 • 29, 111

[ㄴ]
나담 축제 • 147
나일사태那日斯台 • 206
나한존자羅漢尊者 • 260
내단법內丹法 • 256
내삼문內三門 • 87
내훈內暈(Infralateral Arc) • 167, 169, 186, 214, 215
노르느스Norns • 282
『논어』 • 73, 117
뉴턴Isaac NewtOn • 27

[ㄷ]
「단공명심도端拱冥心圖」 • 257
『대송천궁보장大宋天宮寶藏』 • 80

대종교大倧教 • 31, 34, 49, 59, 60, 71, 77, 98, 296, 297
데르벨게Derbelge • 266
데. 엘. 브로단스키 • 186, 187
도가道家 • 30, 31, 34~36, 52, 58, 72, 77~81, 86, 89, 90, 101, 102, 151, 159, 247, 256, 257, 260, 280, 290, 296, 297
도교道教 • 31, 34, 42, 78~80, 85, 86, 191, 203, 257, 280, 296, 297
『도덕경道德經』 • 86, 102, 151
『도덕경지귀道德經指歸』 • 52
도소삼인상陶塑三人像 • 202, 203, 232, 241
도솔가兜率歌 • 177, 178
동도동기론東道東器論 • 32, 33
동이東夷 • 116, 117, 172, 186
드루이드교Druidism • 279, 280, 290, 291, 294, 296, 297
따월족(達斡爾族) • 255, 277

[ㄹ]
레비 스트로스 • 44

[ㅁ]
막스 베버Max Weber • 73
만주족 • 30, 152, 153, 243, 244, 246, 248, 251, 261, 265, 272, 276, 285
만지크мангиг • 269
말르개малгай • 269
망혼亡魂 • 253, 254
맹강孟康 • 94~97
명혼命魂=생명혼生命魂=주혼主魂 • 253
모친목母親木 • 266
모태문화母胎文化 • 43, 279, 294, 299
『몽골비사蒙古秘史』 • 42, 124, 125, 128, 131, 141, 142, 285
『몽골율례』 • 146
몽골족 • 30, 145, 244, 252, 262, 264
무리해 • 167~169, 172
무씨사武氏祠 화상석畵像石 • 210
무지개 • 24, 27, 29~32, 132, 172, 179, 180, 185, 208~210, 213~215, 277
문화적 문법(Cultural Grammar) • 24, 33, 34, 38
문화적 산물(Cultural Products) • 32~34, 38
문화적 텍스트(Cultural Text) • 33, 34, 38
미노아문명 • 287

[ㅂ]
바나무허허(巴那姆赫赫) • 247
바르닥Bardaag • 267, 268
바리공주(바리데기) 신화 127, 128
반복진행자(IterantiOn Generator) • 104
방원형옥벽方圓形玉璧 • 220~222
방형옥벽方形玉璧 • 220~222
배背 • 169~171
배기背氣 • 169~171, 178, 180
베르단디Verdande • 282
변화의 계기수繼起數(Number of Chance for Change) • 41, 113, 119, 120, 122, 124, 126~128, 142, 149, 266, 268, 296, 297
변화의 완성수(Number of Completing Change) • 41, 113, 127, 128, 130, 149, 290, 296, 297
복희 64괘 방위시도伏羲六十四卦方位之圖 • 49, 50, 69
복희 64괘 차서지도伏羲六十四卦次序之圖 • 47, 48, 67
본체론 • 35, 36, 78, 82, 84, 85, 89, 103, 105, 106, 164, 202, 296
『부인경符印經』 • 49, 59, 63, 71, 106
부친목父親木 • 266
부하문화富河文化 • 195

부혼浮魂=사상혼思想魂=유혼游魂 • 254
북방 샤머니즘 • 30, 34, 40~43, 72, 73, 77~79, 101, 103, 108, 117~120, 127, 131, 133, 139, 164, 165, 166, 191, 202, 232, 242, 245, 246, 248, 249, 251, 254~257, 261, 263, 265, 277, 279~281, 283, 284, 288, 290, 294, 295, 297
북유럽 • 43, 86, 280~287, 290, 294, 296, 297
브리야트족 • 145, 266, 268

[ㅅ]
『사기史記』 • 159, 160
사상혼思想魂 • 252, 254
사해문화査海文化 • 194
산신産神할머니 • 248, 282
『산해경山海經』 • 209
삼계관三界觀 • 28, 110, 113, 216, 219, 220, 241~243, 291, 295
삼계구천설三界九天說 • 35, 42, 242~245, 265, 282, 296
삼계구층설 • 282, 283
삼계다층설三界多層說 • 243
삼공기三孔器 • 204, 206~208, 215, 216
『삼국사기三國史記』 • 168, 177, 209
『삼국유사三國遺事』 • 168, 177, 178
삼궤구고지례三跪九叩之禮 • 131
삼극三極 • 90, 92
삼극지도三極之道 • 44, 47, 88~90, 92
삼련벽三聯璧 • 206
삼련옥벽三聯玉璧 • 206, 207
삼련옥벽三連玉璧 • 220, 221, 222
삼망三妄 • 72
3방方 • 53, 54, 60
삼분손익법三分損益法 • 98, 158, 159
3수 분화 • 40, 49, 52, 53, 60, 67, 69, 71, 97, 98, 100, 108
3수 분화의 세계관 • 30, 31, 34, 35, 37~39, 41~47, 52, 58~60, 71~73, 76~79, 81, 82, 84, 88~90, 98, 103, 105, 106, 108, 113, 116~119, 127, 131, 134, 136, 139, 142, 149, 152, 157, 160, 161, 164, 166, 190~192, 201, 202, 241, 242, 246, 256, 265, 268, 277, 279, 281, 285, 288, 290, 294~297
3수 분화의 세계관(1-3-9-81) • 40, 41, 43, 72, 98, 101, 161, 164, 295, 299
3수 분화의 세계관(The World View of Trichotomy: 1-3-9-81) • 30, 34, 40
3수 분화의 프랙탈 구조 • 35, 78, 103, 105, 106, 114, 164, 202, 296
삼신사상三神思想 • 34
삼신할머니 • 203, 248, 282
삼신일체三神一體 • 72
삼원태극三元太極 • 35, 36
삼위일체론三位一體論(Trinitarianism) • 119, 290
「삼일결三一訣」 • 81, 82
3·1신神 • 77~79, 103, 119, 165, 166, 188, 202~204, 241, 246, 281, 282, 290, 291
3·1철학 • 34~36, 42, 44, 46, 72, 77~81, 83~86, 88~91, 94, 97, 98, 100~103, 106, 119, 164, 166, 191, 202, 247, 296
삼일태극三一太極 • 35, 36, 42, 86~93, 95, 97, 98, 106, 149, 151, 152, 161, 189, 265, 282, 291, 294
삼일태극도三一太極圖 • 35, 47, 88~92, 97, 101, 106, 296
삼재三才 • 35, 45, 90, 91
삼재관三才觀 • 216, 219
『삼재도회三才圖會』 • 260
삼재론三才論 • 34, 35, 38, 44, 46, 47, 72,

86, 241, 294
삼재지도三才之道 • 44, 47, 88~92
삼진三眞(性, 命, 精) • 72
삼칠일三七日 • 137
삼태극三太極 • 35
삼혼신앙三魂信仰 • 248, 251, 263
삼혼일체설三魂一體說 • 42, 248, 251, 263, 265
상난집호上段接弧(Upper Tangent Arc) • 169~172
상대부上大夫 · 중대부中大夫 · 하대부下大夫 • 115
생명혼生命魂 • 252, 253
생성자(Generator) • 104
샴록Shamrock • 291, 296
『석명釋名』 • 82, 209
석인상石人像 • 232, 234
선도仙道 • 31, 34, 35, 72, 77, 191, 203, 247, 256, 257, 260, 280, 290, 296, 297
『설문해자說文解字』 • 209
『성리대전性理大全』 • 250
성리학性理學 • 36, 75, 76, 85~87, 250
성세영成世永 • 49, 59, 60, 62, 63, 65, 67, 69, 71, 106
성수聖數 • 27~31, 35, 40, 43, 72, 77, 108, 110~114, 116~119, 125~127, 132, 133, 142, 143, 146, 147, 152, 157, 161, 164, 191, 202, 226, 236, 241, 242, 248, 265, 266, 268, 277, 282, 284, 287, 288, 295~297
3개의 태양 • 165, 177, 179, 181, 184, 186, 208
세네카Lucius Annaeus Seneca • 27
셀틱 스피랄Celtic Spiral • 291, 294
소하서문화小河西文化 • 194
소하연문화小河沿文化 • 195
수메르Sumer • 27~29, 31, 108, 109, 110, 112, 113, 287
수메르 신화 • 28, 29, 108, 110~113, 248
「수진도修眞圖」 • 257
시버족(錫伯族) • 245
시어핀스키 삼각형 • 104, 106
시해尸解 • 257
신선사상神仙思想 • 30, 31, 34, 77, 78, 151, 280, 296, 297
신전 • 231, 284, 286, 288, 290
쌍련옥벽雙聯玉璧 • 206
쌍련옥벽雙連玉璧 • 207, 220~222
쌍수수삼공기雙獸首三孔器 • 204, 207, 215
쌍수수황형기雙獸首璜形器 • 213, 214
쌍수수황형기雙首獸璜形器 • 215
쌍용수옥황雙龍首玉璜 • 213
쌍웅수삼공기雙熊首三孔器 • 204, 205
쌍인수삼공기雙人首三孔器 • 204

[ㅇ]

아르할리Arhaali • 268
아리스토텔레스Aristoteles • 27, 168
아부카허허(阿布卡赫赫) • 246, 247
아오야준(奧雅尊) • 277
아운Aun 288, 289
아홉 빛깔 무지개 • 30, 31, 132
아흔이홉 • 136~139, 142
아흔아홉날 • 138, 139
안사고顔師古 • 94, 95, 97
앙소문화仰韶文化 • 199
양신養神 • 256
양웅揚雄 • 49, 52, 53, 58, 60, 63
어룬춘(鄂倫春, Oroqen, OrochOn) • 272
어원커(鄂溫克, Ewenki) • 255, 272
에드워드 사이드Edward Said • 32
여동빈呂洞賓 • 257

여신묘女神廟 • 192, 220, 226, 231, 232
『열자列子』 • 86, 102
예순친Iyesunchin • 267
예羿 • 172, 186
『예기禮記』 • 114~117
『예케-자사크 Yeke Jasag』 • 145
오딘Odin • 284, 286, 288~290
오리엔탈리즘Orientalism • 32, 38
오보Ovoo • 126
오웬Awen • 290, 296
5음音 • 37, 42, 98, 117, 157, 158~160
오행론五行論 • 29, 36, 37, 38
옥저룡玉猪龍 236, 240
옥조신 232
온On • 288, 289
옹고드онгод • 271, 272
와러두허허(臥勒多赫赫) • 247
외단법外丹法 • 256
외삼문外三門 • 87
외훈外暈(Supralateral Arc) • 169, 186, 214
요하문명遼河文明 • 117, 192~194, 198~202, 241, 279, 295
용수존자龍樹尊者 • 260
우니Uni • 148, 267
우르드Urd • 282
『우부시번마마(烏布西奔媽媽)』 • 272, 276
우주론 • 35, 36, 78, 89, 103, 105, 106, 202, 296
우주수宇宙樹 • 42, 132, 189, 242, 244, 245, 265, 282~284, 296
우주수宇宙樹·우주목宇宙木·천수天樹·샤먼수薩滿樹·생명수生命樹 • 245
우주적 완성수(Number of Universal Completeness) • 41, 114, 133, 136, 142, 149, 268, 290, 296, 297
우프살라(Upsala) • 284, 286, 288~290
우하량 유적 • 195, 216, 219, 220
『운급칠첨雲笈七籤』 • 80, 81, 101
운명을 결정하는 일곱 신(dingir-nam-tar-ra 7-bi) • 28, 29, 108, 109, 111
원(○)·방(□)·각(△) • 63, 217, 220, 241
원신元神 • 257, 260
원형옥벽 • 221, 222
월명사月明師 • 177
위백양魏伯陽 • 256
윌리엄 패리William Edward Parry • 170
유가 • 34~36, 72, 73, 75, 76, 89, 90
유교 • 36, 37, 72, 75, 76, 118, 120, 131, 132, 249, 250
유순 술드 • 131, 132
유카기르Yukagir족 • 263, 264
유혼游魂 • 252, 254
윤회설 • 262, 263
율려律呂 • 96
「율력지律曆志」 • 42, 79, 94~96, 98
음양론陰陽論 • 29, 35~38, 44, 45, 47, 75, 88, 89, 105, 106, 153, 249~251, 294
음양오행론陰陽五行論 • 29~31, 36~38, 76, 118, 120, 132
음양태극도陰陽太極圖 • 37, 47, 87~93, 105
음양혼백론陰陽魂魄論 • 249
이그드리실Yggdrasil • 281, 282, 284
이법천理法天 • 75
2수 분화 • 40, 45~47, 49, 52, 53, 67, 69
2수 분화의 세계관 • 36~38, 44~47, 75, 84, 88~90, 105
2수 분화의 세계관(The World View of Dichotomy: 1-2-4-8-64) • 36, 44
2수 분화의 프랙탈 구조 • 36, 106
27부部 • 53, 60
이팔소녀二八少女 • 137
인격천人格天 • 75

일관日冠 • 169~171, 181
일포日抱 • 169, 181
「일화삼오단팔십일도一化三五段八十一圖」 • 60~63, 67, 69, 106
1천자天子→3공公→9경卿→27대부大夫→81원사元士 • 114
『일청사고一晴私稿』 • 49, 59, 63, 71, 106
1현玄 • 53, 60, 63
1황후皇后→3부인夫人→9빈嬪→27세부世婦→81어처御妻 • 114

[ㅈ]
장군방張君房 • 80, 81
『장자莊子』 • 86, 102
전생혼轉生魂 • 252, 261, 262
『정역正易』 • 45
제곱수 • 28, 41, 77, 108, 110~113, 158, 202
조보구문화趙寶溝文化 • 195
『조선왕조실록朝鮮王朝實錄』 • 168, 181
종서척縱黍尺 • 157
『주역周易』 • 33, 36, 44~47, 52~55, 58, 63, 67, 69, 75, 86~93, 95, 106
주혼主魂 • 252, 253
중양절重陽節 • 136
진고응陳鼓應 • 89
진혼眞魂(반주족)=전생혼轉生魂(허쩌족)=전세혼轉世魂(몽골족) • 252, 261
『진서晉書』 • 184, 185

[ㅊ]
차나르Chanar • 266~268, 277
자살Цацал • 271, 272
『천궁대전天宮大戰』 • 246, 248, 285
천단天壇 • 152, 216
『천부경天符經』 • 60, 71, 98, 99, 101, 151
천심석天心石 • 152
천원지방天圓地方 • 217, 241
천정호天頂弧 • 170, 171
축치Chookchee족 • 263, 264
칭기스칸 • 125, 128, 130, 131, 141, 142, 145, 147, 286

[ㅋ]
『켈즈의 서(Book of Kells)』 • 291
켈트족Celts • 86, 279, 280, 290, 291, 296, 297
코흐 곡선 • 104, 106
크세노폰Xenopōn • 27

[ㅌ]
탈혼형脫魂形 샤먼 • 255~257
『태극도설太極圖說』 • 36
태극원기 함삼위일太極元氣 函三爲一 • 42, 94, 95, 97, 98
태극원기 함삼위일太極元氣 含三爲一 • 79
태극원기 함삼위일泰極元氣 含三爲一 • 97
『태백일사』 • 99, 100
태양모신太陽母神 • 276
태양신太陽神 • 29, 111, 166, 187, 208, 295
『태을금화종지太乙金華宗旨』 • 257
『태현경太玄經』 • 49, 52~54, 56~58, 60, 63, 64, 67, 69, 106
톳줄 • 187~191, 295
통지의기通地儀器 • 221, 222
통천의기通天儀器 • 221, 222
통천인의기通天人儀器 • 222
통천지인의기通天地人儀器 • 222
트라이스켈/트리스켈Triskel • 291, 294, 296
트라이퀴트라Triquetra(Triquera) • 290, 296
트리플 스피랄Triple spiral • 291, 294, 296
트리플-트리플 스피랄 Triple-Triple Spiral • 296

[ㅍ]
81가家 53, 54, 60
81수首 • 53, 54, 56, 57, 63, 64, 69, 106, 149, 276
파히리온Parhelion • 167
패리 호弧(Parry Arc) • 169~172
『포박자抱朴子』 • 86, 102
풍류도風流徒 • 31, 34, 77, 280, 296, 297
프랙탈Fractal • 103, 104, 105, 106, 113

[ㅎ]
하가점하층문화夏家店下層文化 • 195
『한서漢書』 • 42, 79, 94~98, 160
햇귀(兩珥) • 177, 181, 183~186
햇귀(日珥) • 169, 177, 178, 180, 181
햇무리(日暈, Halo) • 169, 171, 172, 178~181, 183~185, 214
허쩌족(赫哲族) • 245, 252, 255, 262, 265
헝히노르хонхинуур • 270
헤세Hese • 268
「현문대론삼일결玄門大論三一訣」 • 81
호익хоуяг • 270
홍산문화紅山文化 • 42, 43, 77, 166, 187, 192, 193, 195, 201, 202, 204, 206~208, 213, 215, 216, 219~222, 226, 232, 234, 236, 241, 279, 280, 295, 297
홍전문紅箭門 • 87
『효경孝經』 • 118
환구圜丘 • 152, 216
환월현상 • 187
환월幻月(무리달) • 167, 168
환일幻日 • 164~167, 169, 172, 176~181, 184, 186~188, 190, 191, 204, 208, 214~216, 241, 295
환일환幻日環(Parhelic Circle) 167, 168, 172
환일幻日(Sun Dog, Sundog, Mock Sun, ParheliOn) • 43
황강태黃康泰 • 236, 240
황노학黃老學 • 31, 34, 77, 78, 280, 297
『황제내경난경黃帝內經難經』·『황제내경소문黃帝內經素問』·『황제내경영추黃帝內經靈樞』 • 151
황종대수黃鐘大數 • 96, 158, 160
황종수黃鐘數 • 96, 158, 159, 160
황종척黃鐘尺 • 98, 157, 158, 160
『회남자淮南子』 • 86, 95, 102
횡서척橫黍尺 • 157
후르지Hurji • 267
흥륭와문화興隆洼文化 • 194